Behrens | Adorno-ABC

»Mich interessiert nicht, ob das, was ich denke, wahr ist, weil ich weiß, daß es wahr ist.«
Theodor W. Adorno, Diskussion über Positivismus und materialistische Dialektik

Adorno hat es seinen Lesern nicht leicht gemacht. Seine Texte gelten als schwierig, unzugänglich oder unverständlich, was ihm den Vorwurf einbrachte, mindestens »elitär«, schlimmstenfalls »esoterisch« zu sein. Tatsächlich ist Adornos Schreibstil eine Provokation: Er fordert auf, selbst zu denken und reflektierend in die eigenen Gedanken einzugreifen. Darüber hinaus sperrt sich Adornos kritische Philosophie gegen den schnellen Zugriff, weil sie keinem strikten Programm folgt und kein abgeschlossenes System darstellt. Dennoch hat Adorno versucht, in Bruchstücken und Splittern das gesellschaftliche Ganze zu erfassen; seine kritische Theorie umfasst sowohl Soziologie, Philosophie, Ästhetik und Musikwissenschaft als auch Kulturtheorie. – Das bietet eine Chance, in die kritische Theorie des Querdenkers eben quer einzusteigen: In Stichworten werden die zentralen Begriffe der Theorie Adornos ebenso vorgestellt wie Anekdoten aus seinem Leben.

Roger Behrens, Philosoph, Soziologe und Kunsttheoretiker, ist Lehrbeauftragter an der Universität Hamburg, der Bauhaus-Universität Weimar und der Universität Lüneburg, Redakteur der ›Zeitschrift für kritische Theorie‹ und Mitherausgeber des Halbjahresmagazins ›testcard. beiträge zur popgeschichte‹. Buchpublikationen u.a.: *Ton Klang Gewalt* (1998), *Kritische Theorie* (2002), *Krise und Illusion – Beiträge zur kritischen Theorie der Massenkultur* (2003).

Roger Behrens
Adorno-ABC

RECLAM
LEIPZIG

Besuchen Sie uns im Internet:
www.reclam.de

© Reclam Verlag Leipzig, 2003
Reclam Bibliothek Leipzig, Band 20064
1. Auflage, 2003
Reihengestaltung: Gabriele Burde | Kurt Blank-Markard
Umschlaggestaltung: Gabriele Burde unter Verwendung von:
Theodor W. Adorno hält die Einführung zur Poetik-Vorlesung
H. M. Enzensbergers in der Frankfurter Universität, November 1964,
Bildarchiv Preußischer Kulturbesitz; Theodor W. Adorno in seinem
Arbeitszimmer, um 1963, Bildarchiv Preußischer Kulturbesitz –
Abisaq Tüllmann Archiv
Autorenfoto: privat
Gesetzt aus ITC Slimbach
Satz: Reclam Verlag Leipzig
Druck und Bindung: Reclam, Ditzingen
Printed in Germany
ISBN 3-379-20064-6

»Eat, drink, and love; what can the rest avail us?
…
Tenho por meu palácio as longas ruas;
Passeio a gosto e durmo sem temores;
Quando bebo, sou rei como um poeta,
E o vinho faz sonhar com os amores.
O degrau das igrejas é meu trono,
Minha pátria é o vento que respiro,
Minha mãe é a lua macilenta,
E a preguiça a mulher por quem suspiro.
Escrevo na parede as minhas rimas,
De painéis a carvão adorno a rua;
Como as aves do céu e as flores puras
Abro meu peito ao sol e durmo à lua.
Sinto-me um coração de lazzaroni;
Sou filho do calor, odeio o frio,
Não creio no diabo nem nos santos …«

Álvares de Azevedo, ›Vagabundo‹

Meinen tropikalistischen Freunden,
Dora Ramos und Eduardo Soares Neves Silva

Stichwortverzeichnis

Abgebrochensein, Abschaffung, Absterben, Ende (der Kunst) 19
Adornitisch, adornesk, adornoesk 22
Adorno-Ähnlichkeitswettbewerb 23
Adorno lesen 23
Adorno-Nacht 26
Adorno-Preis 27
Aktionismus 27
Aktualität der kritischen Theorie Adornos 28
Amerika (Vereinigte Staaten von Amerika) 29
Amorbach 30
Amüsierbetrieb, Amüsierwaren 31
›Anbruch‹ 31
Anders, Günther 32
Angst 34
Anhänger 35
Antisemitismus 36
Aporie 39
Auschwitz 40
Autofriedhof 42
Autoritäre Persönlichkeit 43
»Bangemachen gilt nicht« 45
Barbarei 45
The Beatles 46
Beethoven, Ludwig van 48
Begriff, Begriffe, das Begriffliche und das Begriffslose 49
Benjamin, Walter 50
Berg, Alban 52
Bescheidwissen 53
Betrieb 54
Bilder, Bilderverbot, Abbilder 55
Bloch, Ernst 57
Blues 59
Communication Industry 60
Computer 60
The Consolidated 61
Cool 61
Crooner 62
Cultural Studies 63
»Das Ganze ist das Unwahre.« 67
Deutschland, die Deutschen, das Deutsche 69
Dialektik 70
›Dialektik der Aufklärung‹ 72
›Doktor Faustus‹ 75
Donald Duck 75
Dummheit 76
»Eigenartiges Gebilde spätbürgerlicher Ideologie« 77
Eisler, Hanns 79
Elfenbeinturm 80
›Endspiel‹ 81
Ernsttal 82
»Es gibt kein richtiges Leben im falschen.« 82
Exzentrikclowns 84
F-Skala 85
Fetischcharakter 86
Filmmusik 88
Flaschenpost 89
Fortzusetzen 90
Frankfurt am Main 93
Französische Philosophie 94
Fremdwörter 95

Froschkönig 96
Gänsehaut 96
Gedicht 96
Gesellschaft, Gesellschaftstheorie, Soziologie 97
Glück, Glücksversprechen 98
Grand Hotel Abgrund 99
Griechenland 99
Halbbildung 100
Hegel, Georg Wilhelm Friedrich 101
Heidegger, Martin 101
»Heldenschatz« 102
Hobbys 103
Hoffnung 104
Horkheimer, Max 104
Humor, Lachen 105
ICE Theodor W. Adorno 106
Ich (»Bei vielen Menschen ist es bereits eine Unverschämtheit, wenn sie Ich sagen.«) 107
Ideologie 108
Immanente Kritik 109
Indianer-Joe 110
Institut für Sozialforschung 111
›Jargon der Eigentlichkeit‹ 113
Jazz 114
Jazzverbot, ›Abschied vom Jazz‹ 117
Kälte 118
Kant, Immanuel 119
Karplus, Margarete 120
Katastrophe 121
Kategorischer Imperativ 122
Kierkegaard, Søren 122
Kindheit 123
Klopapier 124
Kommunikation 124
Kompositionen 125
Konferenzen 126
Kracauer, Siegfried 127
Kraftfeld, Kraftfelder 128

Kränzchen 128
Kritiker Adornos 128
Kritische Theorie 130
Kulturindustrie 132
Kulturpessimismus 136
Kunst 138
Liebe 139
Löwenthal, Leo 139
»Logik des Zerfalls« 140
Lurche 140
Mädchen, Ladenmädchen 141
Mahler, Gustav 142
Marcuse, Herbert 144
Marx, Karl 145
Massenkultur 146
Mathematik 148
Metaphysik 149
Mit den Ohren denken 150
Mückenkuchen 151
Müll 152
Musik im Fernsehen 152
Musique informelle 152
›Nadelkurven‹ 153
Narben 154
Nationalsozialismus, Faschismus 155
Natur (Naturgeschichte, Naturbeherrschung) 157
›Negative Anthropologie‹ 159
›Negative Dialektik‹ 159
Neger 161
Neue Musik 162
Nietzsche, Friedrich 164
Nilpferd 165
»Ontologie des falschen Zustands« 166
Oxford 167
Patriarchale Ordnung des Lebens, Patriarchat 168
Pfeifen 170
Philosophie 170
Polizeieinsatz 173

Pollock, Friedrich 174
Popkultur 176
Pornografie 181
Positivismusstreit 181
Postmoderne 182
Praxis 184
Profitmotiv 185
Psychoanalyse 186
Punk 187
Racket 188
Radio 189
Rätsel, Rätselcharakter 191
Realer Humanismus 192
Reklame 192
Resignation 193
Rettung 193
Rottweiler, Hektor 194
Schönberg, Arnold 195
Sciencefiction 196
Sexualität, Sex, Erotik 197
Spießer 199
Standpunktphilosophie 200
›The Stars Down to Earth‹ 200
Strawinsky, Igor 201
Sturz 201
System 202
Teddie 203
Theodor-W.-Adorno-Archiv 204
Theorie und Praxis 204
Tod 205

Totalität, totalitär 207
Umfragen 209
Universalgeschichte 210
Unterhaltung 210
Unverständlichkeit, Adornos Sprache 211
Utopie 214
Verblendungszusammenhang 216
Verdinglichung 218
Verfransung der Künste 220
Veröffentlichungen 221
Versöhnung 223
Verstummen 224
Verwaltete Welt 225
Verzweiflung 226
Vorrang des Objekts 227
Wagner, Richard 229
Wahrheitsgehalt 230
Wien 231
Wiesengrund 232
Wittgenstein, Ludwig 233
Wohnen im Text, Schreiben im Café 233
Zärtlichkeit 234
Zum Ende 235
Zwergobst 236
Zwitschern 237
Zwölftonmusik 238
Zwutsch 240

Vorwort

»Sein Werk wird leben, solange es Menschen gibt, deren Denken nicht einzig um exakte Kenntnis, sondern darüber hinaus um Wahrheit bemüht ist, Wahrheit in dem Sinn, die Kenntnisse so auszudrücken, daß ihre Formulierung zum rechten Urteil über das schlechte Bestehende führt. [...] Wenn für einen heute lebenden, geistig produktiven Menschen [...] der Begriff des Genies angemessen ist, so für Theodor W. Adorno.«

Max Horkheimer, ›Theodor W. Adorno zum Gedächtnis‹

»Adorno war ein Genie, und sein Werk, das inzwischen in mehr als zwanzig Bänden vorliegt, umschließt das intellektuelle Spektrum der westlichen Zivilisation.«

Leo Löwenthal, ›Adorno und seine Kritiker‹

»Wir ehren ein Genie dieses Jahrhunderts, sein Werk ist für uns alle eine Herausforderung.«

Siegfried Unseld bei der Enthüllung der Gedenktafel für Theodor W. Adorno

Es ist nicht übertrieben, kurz und bündig zu behaupten: Theodor W. Adorno ist einer der wichtigsten Theoretiker des zwanzigsten Jahrhunderts. Er hat nicht nur Philosophie und Sozialwissenschaften nachhaltig geprägt, sondern ebenso Musiktheorie, Kunst und Ästhetik, Kulturwissenschaften, Psychoanalyse und Literatur und schließlich sogar in die neueren Diskussionen über die Popkultur Eingang gefunden. Adorno, der am 11. September 2003 einhundert Jahre alt geworden wäre, entwickelte eine kritische Theorie der Gesellschaft, die im neuen Jahrhundert nichts von ihrer Aktualität verloren hat. Seine Thesen sind Diskussionsstoff in Universitätsseminaren, in Musikmagazinen und Kunstzeitschriften, gelegentlich sogar in einschlägigen Kneipen und Clubs des großstädtischen Nachtlebens. Seine Werke wurden in viele Sprachen übersetzt und haben in den Vereinigten Staaten ebenso ihre Leserschaft gefunden wie in

Russland, Japan, Indien, Australien, Südafrika oder Brasilien. Einige der Befreiungsbewegungen Mittel- und Südamerikas versuchten, Adornos kritische Theorie für die politische Praxis nutzbar zu machen. Und mittlerweile spielen Adornos Thesen auch in solchen Bereichen eine Rolle, in die er sich selbst nicht vorwagte: beispielsweise in den Debatten um feministische Theorien oder in der Geschlechterforschung (Gender Theory), in den Auseinandersetzungen mit Rassismus, im so genannten Popdiskurs und in den Cultural Studies.

Ist heute von kritischer Theorie oder von der Frankfurter Schule die Rede, von den »geistigen Vätern« der Studentenbewegung der Sechziger, dann fällt der Name Adornos zuerst – obwohl Adorno, und das ist charakteristisch für seine Art von Berühmtheit, bei allen Sympathien eine kritische Distanz zu den Rebellen wahrte; obwohl nicht er den Begriff der »kritischen Theorie« prägte, sondern seine beiden Freunde und Kollegen Max Horkheimer und Herbert Marcuse; obwohl die Zuordnung zu einer Schule – nicht zuletzt zur so genannten Frankfurter Schule – dem kritischen Denken Adornos zuwider läuft ... Die zusammen mit Horkheimer verfasste ›Dialektik der Aufklärung‹ von 1944/47 gilt weit über die Fachgrenzen hinaus als ein Schlüsselwerk der kritischen Sozialphilosophie des vergangenen Jahrhunderts. Kaum ein Buch – das zudem noch als Sammlung von Fragmenten angelegt ist – hatte größeren Einfluss auf die unterschiedlichsten Diskussionen, hat mehr Kontroversen, Gegenthesen, Verteidigungen, Revidierungen provoziert als diese Gemeinschaftsarbeit. Aber auch mit der Berühmtheit dieses Textes ist es eine besondere Sache: Das so außerordentlich wichtige Buch galt bis in die späten sechziger Jahre als Geheimtipp und war lediglich als Raubdruck zu haben. Zudem hat Horkheimer längst nicht denselben Bekanntheitsgrad wie Adorno erlangt, obwohl er, wie übrigens auch Marcuse und andere aus Adornos Umfeld, wesentlich »einfacher«, also zugänglicher und verständlicher schrieb als Adorno. Dieser war verpönt und berüchtigt für eine Sprache, die als kompliziert, überzogen und elitär galt. Einiges spricht dafür, dass er bei vielen gerade deshalb auch so beliebt war: Zum einen bietet seine Sprache die Möglichkeit, sie sich als Jargon anzueignen, ohne sie verstanden zu haben. Teilweise redet man über, mit oder gegen Adorno oder beruft sich auf sein Werk, ohne je eine Zeile davon gelesen zu haben. Zum anderen brachte Adornos Sprache ihn gleichzeitig in Misskredit – und viele Feinde machen schließlich auch bekannt.

Mit der Fragment gebliebenen und erst nach seinem Tod 1969 erschienenen ›Ästhetischen Theorie‹ hat Adorno, wie gemeinhin anerkannt wird, die letzte große philosophische Ästhetik geschrieben – und somit das Werk verfasst, das in den siebziger und dann vor allem in den achtziger und neunziger Jahren die Diskussionen um Kunst und Künste, Ästhetik und Massenkultur bestimmen sollte. Adorno wurde nun weniger als Gesellschaftskritiker, sondern eher als Kulturkritiker gesehen und gelegentlich als Ästhetiker sogar der Postmoderne zugeordnet, die – bei allen theoretischen Binnendifferenzen – für einen ästhetik- und kunstzentrierten Blick auf die Wirklichkeit stand. Ohnehin ermöglicht Adornos Sprache eine Lektüre, die mit radikalem Gestus vorgeben kann, kritisch zu sein, ohne sich allzu sehr um gesellschaftliche Verhältnisse kümmern zu müssen. Kurzum: »Ästhetik«, also das wissenschaftliche Interesse an Wahrnehmungsweisen, an den Sinnen, die Philosophie des Schönen und Erhabenen, die Theorie der Künste, wurde zu einer Modetheorie, und Adorno zu einem Kunsttheoretiker umgemodelt. In dieser Optik blieb seine Gesellschaftskritik allein hübsches Beiwerk der Ästhetik. – Auch in der außeruniversitären Rezeption, wo man sich – in mitunter sektenartig erstarrten Gruppierungen – aus der außerparlamentarischen Opposition heraus bemühte, das Projekt einer kritischen Theorie fortzusetzen, gab es gleichsam eine Adorno-Mode. Es galt als chic, so zu reden und zu schreiben wie Adorno, nicht zuletzt, um mit Hilfe dieses Jargons andere zu denunzieren. Der Theorie, zumal einer kritischen, brachte das wenig.

* * *

Bei Moden geht es um das Sich-Ähnlich-Machen, um die Anverwandlung eines bestimmten Persönlichkeitsideals. Bei der Theoriemode mit dem Etikett »Adorno« war dieses Ideal sicherlich der Intellektuellentypus, den Adorno verkörperte: ein Universalgelehrter und Bildungsbürger, der mit breitem Wissen und dezidierten Stellungnahmen öffentlich kritisch Position beziehen kann.* Adorno war Philosoph, Soziologe, Komponist, Musikkritiker. Zum Prinzip seiner kritischen Theorie machte er den Widerspruch, ohne dadurch »unlogisch« oder »falsch« zu argumentieren. Er war ein Spezialist der Vielseitigkeit; er behielt sich eine besondere Sprache vor und bekannte sich zum Elfenbeinturm, ohne sich in ihm zu verkriechen oder zu verlaufen. Zugleich trat er im Radio, im Fernsehen, in der Presse, auf Konferenzen und Veranstaltungen als Aufklärer und Anwalt einer kritischen Öffentlichkeit auf. Adorno verkörperte ein intellektuelles Engagement, um vor einer Überschätzung der praktischen Reichweite ebendieses Engagements zu warnen. Er war ein Pessimist, der den Medien theoretisch kaum eine Chance einräumte und sie zugleich offensiv nutzte. In dieser intellektuellen Praxis kamen die dialektischen, widersprüchlichen Begriffe der kritischen Theorie zur Anwendung: Resignation beispielsweise hieß bei Adorno nichts anderes, als weiterzumachen, um nicht zu resignieren. Solche Paradoxien zeichneten ihn aus, in der kritischen Analyse der Gesellschaft ebenso wie etwa in der Beurteilung der material-ästhetischen Zusammenhänge einzelner Kunstwerke. Dennoch gibt es über die Widersprüche hinweg, oder – philosophisch gesagt – durch sie hindurch, das Verbindende in Adornos Werk und Denken, eine Programmatik ohne Programm: dass die Welt, in der wir leben, nicht die beste aller möglichen Welten sei, und vor allem: dass eine bessere hier und jetzt möglich wäre. Gerade solche kritischen Impulse werden von einer zur Mode gewordenen Theorie vernachlässigt. Die Mode verfährt mit der Theorie nicht anders

---

* Adorno kann im Sinne Antonio Gramscis als »organischer Intellektueller« bezeichnet werden oder nach Sergej Tretjakow und Walter Benjamin als »operativer Schriftsteller«. Nach Michel Foucaults Unterscheidung könnte Adorno sowohl als »universeller« wie auch »spezieller« oder »spezifischer Intellektueller« gelten. In seiner öffentlichen Bedeutung als Kritiker konkurriert Adorno damit einerseits mit den damaligen Wirtschaftsführern (zum Beispiel Henry Ford), andererseits mit den Stars der Kulturindustrie, die heute vollends jenen Intellektuellen abgelöst haben, den Adorno noch repräsentierte.

als mit der Bekleidung: Alle Zeichen, Bedeutungen, Symbole und Begriffe werden zu Accessoires umfunktioniert. In seinem Hauptwerk ›Negative Dialektik‹ hatte Adorno bereits geahnt: »Dem Markt entgeht keine Theorie mehr: eine jede wird als mögliche unter den konkurrierenden Meinungen angeboten, alle zur Wahl gestellt, alle geschluckt.« (GS Bd. 6, S. 16) – Mancherorts ist Adorno längst zum Bildungsgut herabgesunken. An geeigneter Stelle das Wort »Kulturindustrie« einzuwerfen oder sich keck darauf zu berufen, dass es »kein richtiges Leben im falschen« gebe, bringt die nötige Anerkennung als »kritischer Konsument«, wie sich heute die liberal gesinnten Konformisten nennen, und hilft ihnen, in dem falschen Leben zu bestehen, das die Kulturindustrie reproduziert.

Eine Mode wäre keine Mode, wenn sie nicht so schnell verginge, wie sie gekommen ist; ihre Aktualität ist die Kehrseite ihrer Vergänglichkeit. Modetheorien sind ein formloses Produkt jener Kulturindustrie, die Adorno mit kritischer Besorgnis beobachtete – und deren Opfer seine Theorie gleichwohl wurde: Auch die Kritik der Kulturindustrie wird heute von der Kulturindustrie als eines ihrer raffiniertesten Angebote verwaltet. Als Moden werden Theorien nicht mehr danach beurteilt, ob sie wahr sind, logisch stringent oder wenigstens überzeugend, sondern ob sie »Chic« haben, »in« oder »out« sind. Und danach ist Adorno, so ist es etwa in Dietrich Schwanitz' vermeintlichem Kompendium ›Bildung‹ nachzulesen, »mega-out« (Schwanitz 2002, S. 454).

Allerdings zog bereits Adornos alter und guter Freund Walter Benjamin in Erwägung, dass es »gerade in der Mode Motive der Rettung« gebe (BGS Bd. I·2, S. 677). – Adorno ist Mode; nicht die neueste, nicht die schönste, aber eine mit diesem sonderbaren Glanz der Rettung, Clubwear des radikalen Bewusstseins der bestimmten Negation...

* * *

Adorno hat sich als Philosoph und Gesellschaftskritiker ausgiebig mit den kulturellen und sozialen Veränderungen des zwanzigsten Jahrhunderts auseinander gesetzt. Im Zentrum seiner

Schriften stehen insbesondere jene geschichtlichen Kräfte, die zum Nationalsozialismus, schließlich zum systematischen Massenmord führten. Ist es nicht zynisch, sich einem Werk, das diese terroristische Logik der Geschichte reflektiert, mittels eines Abc anzunähern, das kleine Informationshäppchen bietet? Es ist wohl nicht weniger zynisch als die Wirklichkeit selbst. Der Einfluss der Kulturindustrie auf Wissensaneignung und -vermittlung ist nicht mehr rückgängig zu machen, ob es sich dabei nun um Zerfallsformen des klassischen humanistischen Bildungsideals handelt oder Informationswissen der fortgeschrittenen, demokratischen Massenkultur. Adorno, der diese Entwicklung voraussah und schärfste Kritik an ihr übte, profitiert doch zugleich davon: Seine Schriften sind als Taschenbücher zu haben, seine Kompositionen als CDs verfügbar – und auch das vorliegende Buch ist ein Massenprodukt im Zeitalter der Popkultur. Ohnehin kommt man nicht darum herum, Adorno gewissermaßen durch die Brille der Kulturindustrie zu lesen. Und gerade das Abc, eine Miniaturausführung der Idee des Enzyklopädischen, wie sie der französischen Aufklärung vorschwebte, kann sich als ausgesprochen hilfreiches Mittel zur kritischen Reflexion im Sinne Adornos erweisen.

Das sei vorausgeschickt, falls sich der – gewiss nicht unberechtigte – Verdacht erhebt, dieses Abc wolle Adorno und das mit seinem Namen verbundene kritische Denken auf eine Weise für den allgemeinen Gebrauch zurechtstutzen, wie sie Adorno selbst als Mode und ihre Ergebnisse als verdinglichte Form des Wissens und als bloßes Informiertsein, als Halbbildung, monierte. In der ›Dialektik der Aufklärung‹ heißt es: »Im Zeitalter der dreihundert Grundworte verschwindet die Fähigkeit zur Anstrengung des Urteiles und damit der Unterschied zwischen wahr und falsch.« (GS Bd. 3, S. 228) Hier sind es weit weniger »Grundworte«, nach denen in Adornos Denken ein- und herumgeführt werden soll: nicht um die Anstrengung zu vermeiden, sondern vielmehr um sie zu provozieren. Systematische Abhandlungen zu verschiedensten Aspekten der Theorie Adornos gibt es viele. Die Stichwörter können keinen Anspruch auf Vollständigkeit erheben, es zählt das Fragmentarische und wie im Essay das Beiläufige, die Anekdote. Ebenso wenig soll eine Biografie geliefert werden, ein theoriegeschichtlicher Beitrag oder eine philosophische Interpretation. Das Abc ist ein Buch zum Nachschlagen, zum Hineinlesen und Abschweifen: Gerade die Verweise sind Aufforderungen zum »Querdenken«. Man könne, so Frithjof Hager und Hermann Pfütze, »Adornos Bücher an jeder Seite aufschlagen und zu lesen beginnen [...]. Aber man kann nichts damit beweisen und nie sicher sein, wohin es führt.« (Hager und Pfütze 1990, S. 9) Das Abc vermag der sich gegen jedes System wendenden Systematik von Adornos Philosophie gerecht zu werden, indem es die Begriffe in neue Konstellationen bringt.

* * *

Bei Verweisen auf Personennamen steht der Verweispfeil vor dem Vornamen, auch wenn die Person nach dem Anfangsbuchstaben ihres Nachnamens in das Abc eingeordnet ist. Artikel sind bei Begriffen und Buchtiteln für die alphabetische Einordnung vernachlässigt worden, nicht aber bei Zitaten und ganzen Sätzen. Im Anhang des Buches finden sich knappe Angaben zur Literatur von und über Adorno.

Roger Behrens
Hamburg, Weimar und Belo Horizonte 2002

Abgebrochensein, Abschaffung, Absterben, Ende (der Kunst)
Die geschichtlichen Katastrophen der Kriege und der Massenvernichtung, der Hunger und das Elend, in die nach Adorno die humanen Absichten der Aufklärung im zwanzigsten Jahrhundert vorerst gemündet sind, finden ihren Ausdruck auch in der Entwicklung der bürgerlichen Künste. Eine wichtige Funktion der Künste war es, die Ansprüche der bürgerlichen Gesellschaft ästhetisch zu legitimieren, das Ideal des bürgerlichen Subjekts zu repräsentieren. Aber in der Moderne zeichnet sich auch in den Künsten ab, inwiefern die fortschrittlichen Kräfte ins Gegenteil umschlagen. Die geschichtliche Zerstörungsgewalt kristallisiert sich in den Kunstwerken nicht nur inhaltlich, sondern ebenso in der Form – als Tendenz zur Abschaffung der Künste, als deren Absterben: James Joyce ›Finnegans Wake‹ evoziert die Selbstauflösung des Romans; Samuel Beckett vollzieht mit Dramen wie dem ↑›Endspiel‹ einen ähnlichen Schritt für das Theater; Marcel Duchamp stellt zunächst Alltagsgegenstände als Kunstwerke aus (ein Pissoir oder einen Flaschentrockner) und beschließt schließlich, vollends zu schweigen; in der Malerei verschwinden die Farben, bis hin zu Kasimir Malewitschs ›Schwarzem Quadrat auf weißem Grund‹, bis zur Zerstörung der Leinwand oder der Überschreitung des Bildrahmens (zum Beispiel in der dadaistischen Montage); in der Musik wird die bekannte Tonsprache bis zur Unhörbarkeit aufgelöst – eine Tendenz, die mit der ↑Zwölftonmusik verbunden ist: Auf die Harmonie folgt die Disharmonie, auf die Disharmonie das Geräusch oder die vollständige Aufhebung des Klangs in der Stille. Für Adorno verkörpert sich darin zwar nach wie vor ein künstlerischer Gehalt, ebenso möglich ist jedoch eine Deutung, die von einer gänzlichen Liquidation der Kunst ausgeht.
»Sie wissen«, schreibt Adorno am 18. März 1936 an Walter Benjamin, »daß der Gegenstand ›Liquidation der Kunst‹ seit vielen Jahren hinter meinen ästhetischen Versuchen steht.« (AB, S. 168) In

der posthum publizierten und Fragment gebliebenen ›Ästhetischen Theorie‹ heißt es: »Das Rätselhafte der Kunstwerke ist ihr Abgebrochensein.« (GS Bd. 7, S. 191;) – Das Konzept des Abgebrochenseins, der Liquidation, also der Abschaffung oder sogar Vernichtung, ist nicht nur zentral für Adornos Ästhetik, sondern für seine ↑Philosophie überhaupt. Eine ähnliche Denkfigur findet sich mit der ↑»Logik des Zerfalls« in dem Hauptwerk ↑›Negative Dialektik‹. Zu diesem Komplex gehören eine ganze Reihe von Adornos Denkfiguren wie etwa ↑Angst, ↑Autofriedhof, ↑»Das Ganze ist das Unwahre«, ↑›Dialektik der Aufklärung‹, ↑Katastrophe, ↑Verzweiflung etc.

Insgesamt geht es bei dem Gedanken, dass bestimmte geschichtliche Entwicklungen gerade in ihrer vermeintlichen Fortschrittlichkeit in das Gegenteil umschlagen und einen Rückschritt markieren, um eine philosophische Auseinandersetzung mit ↑Hegel. Hegel hat einerseits eine dialektische Logik des Werdens begründet, gleichwohl aber die Möglichkeit eines Endes der Kunst in Betracht gezogen. Adorno knüpft an Hegel an und versucht, diesen dialektischen Widerspruch weiterzuführen. In diesem Sinn sind die Begriffe Abgebrochensein, Abschaffung, Absterben, Ende (der Kunst) also dialektisch zu verstehen.

»Die schönen Tage der griechischen Kunst wie die goldene Zeit des späteren Mittelalters sind vorüber« (Hegel, Ästhetik, S. 24), lautet bei Hegel die These vom Ende der Kunst. Mit dem Anbruch der Neuzeit habe Kunst ihre Funktion und Bedeutung eingebüßt; die Vernunft werde durch die Reflexion des Geistes realisiert, nicht durch das romantische Kunstwerk der Moderne. »Deshalb ist unsere Gegenwart ihrem allgemeinen Zustande nach der Kunst nicht günstig.« (Hegel, Ästhetik, S. 25) Für Hegel hat die geschichtliche Entwicklung die Kunst überholt. Adorno korrigiert dieses Bild im Sinne einer Dialektik der Aufklärung: In der Gegenwart kann man keineswegs von einer Einlösung der ästhetischen Ideale der Kunst sprechen, sondern muss vielmehr von deren Vernichtung ausgehen. Kunst ist machtlos, und gerade ihr Versuch, mit der Entwicklung der Gesellschaft Schritt zu halten, führt zu ihrer Selbstliquidation, zu ihrem Abbruch. Gleichzeitig verschwinden die Künste aber nicht aus der Gesellschaft, sondern verharren in diesem Zustand des Abgebrochenseins. Kunstwerke, die genau auf diesen Prozess ihrer Abschaffung reflektieren, bewahren auf diese Weise zugleich die ↑Utopie einer Rettung.

So kristallisiert und konzentriert sich in den Kunstwerken die Dialektik sich überlagernder Widersprüche und Spannungen. Kunst ist selbst von der Barbarei erfasst, sogar ein Moment von ihr; nicht zuletzt findet sie tatsächlich in der ↑Kulturindustrie ihr Ende. Das markiert ein weiteres Moment des Abgebrochenseins von Kunst, das Adorno ↑Rätselcharakter nennt. Kunst überlebt paradox ihre Abschaffung, indem sie sich selbst liquidiert. Die Dissonanz in der Musik ist dafür ebenso ein Beispiel wie das ↑Verstummen der Künste.

Dialektisch ist diese Denkfigur, insofern sie auf Hegels Begriff der Aufhebung reflektiert: Alle lebendigen Beziehungen bewegen sich in Widersprüchen, und zwar in Aufhebungsprozessen. Die sich widersprechenden Verhältnisse heben sich dabei gegenseitig – dreifach – auf: Sie vernichten sich gegenseitig, werden aber bewahrt in dem dadurch erreichten neuen Zustand, der eine Hebung auf eine höhere Stufe bedeutet. Es scheint, als habe Adorno versucht, diese dialektische Aufhebungsbewegung noch auf die Dialektik der Kunst selbst anzuwenden, indem der permanente Prozess der Aufhebung schließlich zur Liquidation dieser Aufhebungsbewegung führt. Das ist zum einen ein innerkünstlerischer, ästhetischer Prozess, der zum anderen in Beziehung zu geschichtlichen Ereignissen steht: Dass die Kunst der Moderne abzusterben droht, wird durch die Entwicklung der Moderne, die im Terror von ↑Auschwitz mündet, bestätigt. Die Dialektik der Kunst schlägt um, insofern Kunst unter dem Gebot steht, sich ihrer Abschaffung zu widersetzen: »So sehr alle Kunst heute ein schlechtes Gewissen hat und haben muß, wofern sie sich nicht dumm machen will, so falsch wäre doch ihre Abschaffung in einer Welt, in der immer noch das herrscht, was als seines Korrektivs der Kunst bedarf: der Widerspruch zwischen dem was ist und dem Wahren, zwischen der Einrichtung des Lebens und der Menschheit.« (GS Bd. 14, S. 167)

Ein anderes Moment der möglichen Abschaffung der Kunst ergänzt zugleich die Dialektik der Kunst um einen weiteren Aspekt. Kunstwerke, die thematisch mit dem Ende der Kunst arbeiten, können ebenso als Utopien von einer Gesellschaft gedeutet werden, in der Kunst tatsächlich nicht mehr nötig ist, weil sie im befriedeten und befreiten Zustand der Menschen aufgehoben ist. Diese ästhetische Reflexion auf eine gelungene Abschaffung der Kunst verweist auf eine Gesellschaft, in der es keine Differenz zwischen Leben und Kunst mehr gibt. Auch hier fehlt die Dialektik nicht, denn diese Vorstellung bedeutet nicht nur die Liquidation der Kunst, sondern zugleich ihren Neubeginn. Adorno hat dies 1942 in dem kleinen Text ›Thesen über Bedürfnis‹ ausgeführt: »Wenn die klassenlose Gesellschaft das Ende der Kunst verspricht, in dem sie die Spannung von Wirklichem und Möglichem aufhebt, so verspricht sie zugleich auch den Anfang der Kunst, das Unnütze, dessen Anschauung auf die Versöhnung mit der Natur tendiert, weil es nicht länger im Dienste des Nutzens für die Ausbeuter steht.« (GS Bd. 8, S. 396; ↑Natur, ↑Versöhnung)

Adornitisch, adornesk, adornoesk Im neunzehnten Jahrhundert wurde es mit der wachsenden Popularität und Öffentlichkeit von Künstlern, Politikern und Denkern üblich, in ihrem Namen Schulen zu gründen – beziehungsweise Schulen durch Verwendung ihres Namens zu charakterisieren. »Marxismus« ist das beste Beispiel. Ebenso gängig sind Adjektivierungen von Namen zur Kennzeichnung einer bestimmten philosophischen oder künstlerischen Ausrichtung: kantisch, hegelsch etc. Längst nicht alle kommen zu genügend Ruhm, um derart verewigt zu werden, und auch nicht alle Namen eignen sich dafür. Mit einigen dieser Wortschöpfungen werden Eigenschaften bezeichnet, wobei sich der Gebrauch der Wörter verselbstständigen kann und in keinem Zusammenhang mit der Person mehr stehen muss. Einen eigentümlichen Fall stellt das Wort »kafkaesk« dar, womit eine aussichtslose oder surreale Situation, eine zum Scheitern verurteilte Handlung gemeint ist.

Aus dem Kreis der ›kritischen Theoretiker‹ ist Adorno der einzige, dessen Name gleich bei der Prägung zweier Adjektive Verwendung fand: adornitisch und adornesk (beziehungsweise adornoesk). Beide Wörter zielen weniger auf die Theorie als vielmehr auf die sprachlichen Eigenheiten und die daran festgemachte Denklogik Adornos. Ein komplizierter Satzbau mit nachgestelltem »sei« und dergleichen wird als »adornesk« bezeichnet (trefflicherweise, weil »Adorno« in romanischen Sprachen »Verzierung« bedeutet). Als Adorniten gelten die ↑Anhänger Adornos. Oft werden damit auch abfällig Adepten bezeichnet, die allein Adornos ↑Sprache nachahmen, vor allem Schreibweise und Satzbau.

Adorno-Ähnlichkeitswettbewerb Unter diesem Titel führte das Satiremagazin ›Titanic‹ Ende der neunziger Jahre des zwanzigsten Jahrhunderts eine Lesetour durch. Unter den Teilnehmern waren Fanny Müller, Reik Wieland, Wiglaf Droste und Rene Martens. Mit Adorno hatte das Ganze allerdings nur wenig zu tun, obwohl es aus diesem Kreis politischer Satire, der so genannten »Neuen Frankfurter Schule«, häufig ironische Anspielungen auf Adorno gibt. Hans Mentz' Rubrik »Humorkritik« in der ›Titanic‹ trägt als Logo ein Porträt, das Adorno mit aufgemaltem Ziegenbärtchen zeigt: Adorno, ein Leninist des kritischen ↑Humors.
Gemeinhin richten sich die satirischen Interventionen nicht gegen Adorno und die kritische Theorie, sondern gegen diejenigen, die sich berufen und berechtigt fühlen, Adorno Weltfremdheit, Realitätsblindheit und vor allem fehlende Sachkenntnis in Hinblick auf die Segnungen der Unterhaltungsindustrie zu unterstellen, und sich damit brüsten, Adorno nicht verstanden zu haben, was von ihnen blank als Beweis quittiert wird, dass kritische Theorie eben Unsinn sei. »Hier mußten wir dann doch sehr lachen«, schreibt Jürgen Roth über Martin Seel, den »Spezialist[en] für ›ästhetische Erfahrung‹«, der anlässlich eines Vortrags zu »50 Jahre [↑] ›Dialektik der Aufklärung‹« die These zum Besten gab, »Bobby MacFerrins A-capella-Heuler ›Don't worry, be happy‹ sei vorzüglich geeignet, die immense Selbstreflexivität gegenwärtiger Popkulturen zu verdeutlichen« (Roth 1999, S. 165). – Es wird Zeit für die Fortsetzung des Adorno-Ähnlichkeitswettbewerbs...

Adorno lesen Man kann nicht früh genug damit anfangen. Kurz bevor ich volljährig wurde, mir allerdings bereits darüber bewusst war, dass diese Welt grundlegend geändert werden müsse, legte ich mir die ↑›Dialektik der Aufklärung‹ zu. Ich wusste vom Kapitel über die ↑Kulturindustrie und hatte auch schon mitbekommen, dass Adorno a) ↑Jazz nicht mochte, sich allerdings b) damit angeblich gar nicht auskannte. Umso mehr interessierte ich mich für das Buch, ging es doch auch darum, meine Plattensammlung, die aus einer kruden Mischung zwischen Punk und Rock bestand (Crass, The Clash, Dead Kennedys, Deep Purple, Grand Funk Railroad, The Who, Emerson, Lake & Palmer ... ↑The Beatles, ↑Popkultur), theoretisch mit der Forderung nach einer fundierten, also praktischen Kulturkritik zu verbinden. Dafür kam mir die – auch das wusste ich längst vorher – verstiegene, schwierige Sprache von Adornos ›Dialektik der Aufklärung‹ gerade recht, ihre ↑Unverständlichkeit war äußerst reizvoll. Ich wollte ↑Bescheid wissen oder – wie man heute sagen würde – Distinktionsgewinne sammeln. Damals kursierte, zumal unter Jungs mit Brille, noch der Irrglaube, dass man, wenn sich schon auf den Partys nie die tollen Frauen für einen interessierten, wenigstens durch kluges Dahergerede beeindrucken könne. Der Feminismus hat das als Kopfwichserei diskreditiert, und heute verstehen sich die jungen Leute sowieso eher auf eine abgeklärte Unmittelbarkeit, die prahlt, mit Theorie nichts zu tun zu haben.

Jedenfalls fing ich mit dem Lesen an und legte mir ein Notizbuch zu, in das ich fein säuberlich eine Art Übersetzung des ersten Abschnitts des Kulturindustriekapitels übertrug. Ich schlug jedes der vielen ↑Fremdwörter im Lexikon nach – und verstand nichts. Ich wich auf ↑Marx' und Engels' ›Deutsche Ideologie‹ und ↑Herbert Marcuses ›Der eindimensionale Mensch‹ aus. Diesen Umweg empfehle ich auch heute noch jeder und jedem an der ›Dialektik der Aufklärung‹ Interessierten.

Querlesen. Adorno erlaubt, gerade weil er sich in seinen Schriften so systematisch dem Systematischen verweigert, seine Bücher beiseite zu legen; in ihnen herumzublättern; Zeilen, Absätze, ganze Seiten oder sogar Kapitel zu überlesen. Gleichzeitig schließt das allerdings die Pflicht ein, jedes Buch, jeden Beitrag, jeden Satz von Adorno mindestens zweimal zu lesen, und sei es im Abstand von Jahren. Vieles erschließt sich erst dann. Manches an hübsch formuliertem ↑Zwergobst bleibt im Kopf hängen.

Ansonsten: Die ›Minima Moralia‹ sind immer ein guter Einstieg. Wer einen Zugang zu dem umfangreichen und sperrigen Hauptwerk ↑›Negative Dialektik‹ sucht, findet im Aufsatz ›Zu Subjekt und Objekt‹ (GS Bd. 10·2, S. 741 ff.) einen grundlegenden Überblick über die Problematik; ebenso empfiehlt sich der frühe Aufsatz ›Die Aktualität der Philosophie‹ (GS Bd. 1, S. 325 ff.). Die ›Ästhetische Theorie‹ kann trotz des Umfangs aufgrund ihres fragmentarischen Aufbaus in kleinen Happen gelesen werden; sie reicht für einen ganzen Winter. Die Aufsätze ›Résumé über Kulturindustrie‹ (GS Bd. 10·1, S. 337) sowie ›Kulturkritik und Gesellschaft‹ (GS Bd. 10·1, S. 11 ff.) sind in vielen Punkten durchaus aufschlussreicher und konzentrierter als das Kapitel zur Kulturindustrie aus der ›Dialektik der Aufklärung‹; man sollte sie im Zusammenhang mit einem älteren Text lesen, etwa dem ›Zur gesellschaftlichen Lage der Musik‹ aus der ›Zeitschrift für Sozialforschung‹ von 1932 (GS Bd. 18, S. 729 ff.). Gerade im Hinblick auf die konkrete Anwendung der Kulturindustrie-These kann die zusammen mit ↑Hanns Eisler verfasste Arbeit ›Komposition für den Film‹ (GS Bd. 15) herangezogen werden.

Wo und wann man liest, ist nicht unwichtig: Gerne und unabhängig von der Jahreszeit kann das auch nachmittags sein – vielleicht in einem Café und wenigstens bei einer Tasse Kaffee (ab 18.00 Uhr geht auch Rotwein, vgl. ↑Zwutsch). Adornos kritische Theorie ist urban; in so manchen großstädtischen Cafés findet man im Publikum, das aufgeklärt und modern seinen Kaffee zum Mitnehmen als Galão bestellt, ein gutes Anschauungsobjekt für die Kritik der ↑autoritären Persönlichkeit.

Für Adornos Texte gilt insgesamt und allemal, was dieser über Hegel notierte: »Der war nie der schlechteste Leser, welcher das Buch mit despektierlichen Randglossen versah. Die pädagogische Gefahr, daß Studenten darüber ins Schwätzen und Räsonieren geraten, narzißtisch-bequem über die Sache sich stellen, braucht nicht geleugnet zu werden, hat aber mit dem erkenntnistheoretischen Sachverhalt nichts zu tun.« (GS Bd. 5, S. 373 f.)

Schließlich: immer mit Musik lesen. Sie sollte sorgfältig ausgewählt sein. Auch vier dicke Bände der Werkausgabe Adornos enthalten ›Musikalische Schriften‹. – In der Tat scheint allen Texten Adornos etwas Musikalisches innezuwohnen. Er schreibt musikalisch, seine Texte sind als Kompositionen zu verstehen, und mancher zunächst unverständliche Satz erhellt sich, wenn man ihn laut liest und sich selber beim Lesen zuhört (↑Mit den Ohren denken).

Adorno-Nacht Am 16. November 1993 fand in Hamburg im Theater- und Kulturzentrum Kampnagel-Fabrik die »Hamburger Adorno-Nacht« statt. Organisiert wurde sie von Christine Eichel, die in Hamburg bei dem Adorno-Schüler Herbert Schnädelbach mit der Arbeit ›Vom Ermatten der Avantgarde zur Verfransung der Künste‹ über Adorno promovierte. Auf dem Programm, das ausschließlich den ästhetischen Arbeiten Adornos gewidmet war, standen Musikdarbietungen, unter anderem ↑Kompositionen Adornos, Arnold Schönbergs und Jens-Peter Ostendorfs, außerdem Vorträge von Eichel und Schnädelbach, die auch einige persönliche Erinnerungen an Adorno-Seminare an der Frankfurter Universität enthielten: Man habe damals nichts verstanden, den Philosophen ob seiner ↑Unverständlichkeit aber geradezu angehimmelt (»ich liebte ihn«, »er war mein Übervater«). Eichel schreibt im Programmheft unter der Überschrift ›Von einem, der auszog, die Theorie ästhetisch werden zu lassen‹: »Adornos Sprache zwischen Begriffsterror und Metaphernklang. Texte, unzugänglich und wehrhaft wie Stacheldrahtverhaue, Texte voller syntaktischer Fußangeln [...]« Moment: Begriffsterror? Eine Schreckensherrschaft der Begriffe? Eine Theorie, wie die Vernichtungslager mit Draht und Fallen gesichert? Begriffsterror – und das Anfang der Neunziger, als gerade neofaschistischer Terror für Pogromstimmung sorgte?
In der ›taz-Hamburg‹ hieß es damals: »Vorgelesen wurde ein ›best of‹ mit den lustigsten Passagen (etwa Adornos Notiz, dass Kompositionslehrer [↑] Alban Berg sein Arbeitszimmer Konzentrationslager nannte – gelacht haben nicht wenige).« – Die Rückseite des Programmheftes war der Anzeige für einen »PC-Notruf für Firmen und private Anwender« vorbehalten: »Verflixte Technik: wenn man sie braucht, tut sie's nicht. Braucht man sie dann aber *ganz* dringend, hört sie bisweilen auf, uns zu gehorchen.« Darunter der Adorno-Satz vom »Elend der verwalteten Welt«. ↑Computer, ↑Konferenzen.

Adorno-Preis Seit 1977 verleiht die Stadt ↑Frankfurt am Main alle drei Jahre den mit 50 000,- DM dotierten ›Adorno-Preis‹ für hervorragende Leistungen in den Bereichen Philosophie, Musik, Theater und Film. Die bisherigen Preisträger waren: der Soziologe Norbert Elias (1977), der Soziologe und Adorno-Schüler Jürgen Habermas (1980), Adornos schwieriger Bekannter und Kritiker ↑Günther Anders (1983), der Komponist und Operndirigent Michael Andreas Gielen (1986), Adornos Kollege und Freund ↑Leo Löwenthal (1989), der ebenfalls mit Adorno befreundet gewesene Komponist Pierre Boulez (1992), der Filmemacher Jean-Luc Godard (1995), für den der Gesellschaftstheoretiker Klaus Theweleit die Laudatio hielt, der polnisch-britische Soziologe Zygmunt Bauman (1998) und der französische Philosoph Jacques Derrida (2001). – Über die Auswahl der Preisträger beziehungsweise darüber, auf welche Weise sie mit der ↑kritischen Theorie Adornos zu tun haben, mag man sich gelegentlich wundern. Während Löwenthal Ende der Achtziger in seiner Preisrede ›Das kleine und das große Ich‹ scharfe Kritik an der Postmoderne und deren zynischem Abschied von der Sozialphilosophie geübt hatte, erhielt zwölf Jahre später mit dem ↑französischen Philosophen Jacques Derrida ein mutmaßlicher Vertreter ebenjener Postmoderne den Preis. Derrida fürchtete allerdings selbst, »nicht recht« zu wissen, ob er »ihn verdient« (Derrida 2001).

Adorno übrigens bekam von der Stadt Frankfurt zu seinem 60. Geburtstag am 11. September 1963 die Goethe-Plakette verliehen.

Aktionismus »Ich glaube, daß der Aktionismus wesentlich auf [↑] Verzweiflung zurückzuführen ist, weil die Menschen fühlen, wie wenig Macht sie tatsächlich haben, die Gesellschaft zu verändern.« (GS Bd. 20·1, S. 405) – Nicht immer nur meckern, sondern Ärmel hochkrempeln und selbst anpacken. In diesem Aktionismus äußert sich nach Adorno jene Form gesellschaftlicher Praxis, die weitgehend auf das Denken, auf die kritische Reflexion, auf Theorie überhaupt verzichtet. Der Fetisch des Aktionismus ist die Unmittelbarkeit. Mit ihr versucht das ohnmächtige Individuum, doch noch seine gesellschaftliche Bedeutung, seine Relevanz zu demonstrieren: Das haben die Wohlfahrtsbälle mit dem »Do it yourself« des Heimwerkers und mit der pfiffigen Hausfrau, die ihre Tricks und Kniffe auf den Leserbriefseiten der Illustrierten preisgibt, ebenso gemeinsam wie mit dem Attentäter und dem pöbelnden Mob auf der Straße. Solcher Aktionismus ist Pseudo-Aktivität. »Pseudo-Aktivität ist generell der Versuch, inmitten einer durch und durch vermittelten und verhärteten Gesellschaft sich Enklaven der Unmittelbarkeit zu retten.« (GS. Bd. 10·2, S. 796)

Aktionismus ist die Praxis der ↑autoritären Persönlichkeit. Deren Parole hieß einmal »Jedem das Seine« und lautet im neoliberalen Zeitalter: »Jeder ist seines Glückes Schmied.« In der so genannten New Economy ging der Aktionismus vollends in der Idee des Self-Managements auf: Jeder ist Unternehmer seiner selbst und beweist das in Beschäftigungsverhältnissen, in denen die Pseudo-Aktivität als Kreativität deklariert wird: In diesem Sinne ist Aktionismus bedingungsloses Mitmachen im ↑Verblendungszusammenhang, Diktatur der Angepassten, allgemeiner Konformismus. Dem verweigert sich kritische Theorie und zieht damit Ressentiments auf sich: Die »repressive Intoleranz gegen den Gedanken, dem nicht sogleich die Anweisung zu Aktionen beigestellt ist, gründet in Angst« (GS Bd. 10·2, S. 795f.).

Aktualität der kritischen Theorie Adornos In einem Gespräch, das ›Der Spiegel‹ 1969 mit Adorno führte, findet sich folgender Wortwechsel: »›Herr Professor, gestern schien die Welt noch in Ordnung.‹ Adorno: ›Mir nicht.‹« (GS Bd. 20·1, S. 402) Adorno variierte gelegentlich den Satz Leibniz', dass diese Welt die beste aller möglichen sei: Diese Welt ist eben nicht die beste aller möglichen. Eine bessere ist machbar, auch wenn die Möglichkeit, sie einzurichten, verstellt ist. Solange noch jemand hungert und erst recht, wenn dies aufgrund von Bedingungen geschieht, die durch Menschen verursacht und von Menschen aufrechterhalten werden, bleibt ↑kritische Theorie aktuell. Die kritische Theorie Adornos behauptet nicht bloß, dass die vorgefundenen Zustände problematisch sind, sondern zeichnet die historischen Prozesse nach und untersucht die Logik, die zu dem Zustand, in dem sich die Welt befindet, geführt hat. Die ↑Anhänger Adornos unterscheiden sich nun gravierend darin, dass eine Fraktion in sozialdemokratischer Tradition auf den politischen Liberalismus und bürgerliche Freiheiten vertraut und ökonomische Ungerechtigkeit durch Umverteilung für abwendbar hält. Die andere Fraktion rekurriert auf das Grundmotiv der kritischen Theorie und beharrt darauf, dass ohne eine fundamentale Umwälzung der Produktionsverhältnisse alle Versuche von Reform und Veränderung nur Scheinlösungen sein können, mit denen die herrschenden Unterdrückungsverhältnisse so wenig gewandelt werden wie deren Bedingungen.

Die kritische Theorie Adornos behält ihre Aktualität, gerade weil sie Leerstellen aufweist, über die weiter zu diskutieren ist: Sie muss verstanden werden als eine offene, fortzuführende Theorie, die auch in diesem Punkt kritisch zu nennen ist. Adorno und Horkheimer sprachen selbst von der Notwendigkeit, die Kritik an der Kulturindustrie fortzusetzen. Was fehlt, ist beispielsweise eine kritische Theorie der Mode und der Popkultur, eine kritische Theorie des Comics, des Tourismus oder des Fernsehens. Mit den ↑Cultural Studies könnte Adornos kritische Theorie auch auf Themen wie Gender oder Rassismus bezogen werden.

Amerika (Vereinigte Staaten von Amerika) »Kommt man nach Amerika, sehen alle Orte gleich aus.« (GS Bd. 10·1, S. 304) Wie viele jüdische und linke Intellektuelle emigrierte auch Adorno in die USA: Ab Februar 1938 wohnte Adorno mit seiner Frau Gretel (↑Karpuls) zunächst in New York. Nach seiner Arbeit am ›Princeton Radio Research Project‹ siedelte er nach Los Angeles um, wo er mit ↑Horkheimer an der ↑›Dialektik der Aufklärung‹ schrieb. 1949 kehrte Adorno nach ↑Frankfurt am Main zurück. Wie Martin Jay herausgearbeitet hat, blieben Adorno und seine Kollegen in den Vereinigten Staaten isoliert und hatten kaum Forschungskontakte zu dortigen Wissenschaftlern, zumal zu Vertretern einer kritischen, marxistischen Gesellschaftstheorie (Jay 1993, S. 10ff.).
Auch vom kulturellen Leben sowohl in New York wie auch in Los Angeles und Hollywood haben sie wohl wenig mitbekommen: Die »urbane Guerilla« (Mike Davis) der zumeist schwarzen Jazzszene wurde von Adorno und Horkheimer ignoriert – ob-

wohl sie gerade mit der Ausarbeitung der Kritik der ↑Kulturindustrie beschäftigt waren. Allerdings heißt es in dem Aufsatz ›Wissenschaftliche Erfahrungen in Amerika‹: »In Amerika wurde ich von kulturgläubiger Naivität befreit, erwarb die Fähigkeit, Kultur von außen zu sehen.« (GS Bd. 10·2, S. 734) Leider merkt man davon in Adornos Kritik des ↑Jazz wenig ...
Nicht verschwiegen sei eine Begegnung keineswegs rein wissenschaftlicher Art, die Adorno um 1940 spät an einem Abend in der Untergrundbahn widerfuhr. Ein ↑Mädchen saß ihm gegenüber, er lächelte es an. Sie aber »machte sich unfreundlich und zog den Rock über die schlanken Knie. Wissen Sie nicht, sagte die Geste, daß wir in Amerika sind, wo man Frauen nicht ansprechen darf? Auch Anlächeln kommt für mich nicht in Frage. Wenn ich nach Hause fahre, fahre ich nach Hause; ich amüsiere mich nur, wenn ich mich amüsiere.« – »Das ist Hitlers Triumph, dachte ich. Er hat uns nicht nur Land, Sprache und Geld fortgenommen, sondern noch das bisschen Lächeln konfisziert.« Adorno nennt dies ›Kein Abenteuer‹. (GS Bd. 20·2, S. 585f.)

Amorbach Im Gastzimmer der Post von Amorbach im Odenwald, so erinnert sich Adorno an das Urlaubsstädtchen, in dem er als junger Mann gelegentlich die Ferien verbrachte, hing an der Wand eine Gitarre. Was nun in diesem Gastzimmer passierte, war für den Jugendlichen ein einmaliges Erlebnis – für die ↑Popkultur, vor allem für die Popmusik nach Adornos Tod, wurde es allerdings symptomatisch: Adorno, der nicht Gitarre spielen konnte, nahm das gute Stück von der Wand. Ohnehin fehlten dem Instrument »ein oder zwei« Saiten (bei sowieso nur sechs Saiten macht das schon einen Unterschied). Die restlichen Saiten waren »sehr verstimmt«. Adorno erinnert sich: »Ich konnte nicht Gitarre spielen, aber riß mit einem Griff alle Saiten zugleich an und ließ sie vibrieren, berauscht von der dunklen Dissonanz, wohl der ersten so vieltönigen, an die ich geriet, Jahre ehe ich eine Note von Schönberg kannte« (GS Bd. 10·1, S. 306). Wahrscheinlich hat Adorno eine solche Dissonanz nie wieder gehört. Musikgeschichtlich taucht sie stilprägend im Punk auf, bei Crass, aber auch bei den Sex Pistols. Anklänge gab es schon bei Velvet Underground, MC5, The Stooges oder Vanilla Fudge.

Adorno »fühlte den Wunsch: so müßte man komponieren, wie diese Gitarren klingen« (GS Bd. 10·1, S. 306). Der Komponist Glenn Branca und Sonic Youth sind diesem Wunsch gefolgt. Das alles in der kleinen Post von Amorbach – und im Amorbach einer besseren Welt müsste wohl ein Schild aus Messing unter diesem Instrument hängen: »Mit dieser Gitarre hat Theodor ›Teddie‹ Adorno die Musik erfunden, die für die Menschen zum Symbol des Widerstands wurde. Mit ihren dunklen Dissonanzen haben wir die freie Gesellschaft erstritten.« (↑Popkultur; ↑Utopie; ↑Zwölftonmusik)
Im Übrigen: Eine andere Geschichte, die bei Adorno als Wunschbild in Erinnerung blieb und die ebenfalls ein Moment von Pop hat, ereignete sich nicht unweit von Amorbach, in ↑Ernsttal.

Amüsierbetrieb, Amüsierwaren Gelegentlich ist von der ↑Kulturindustrie und ihren Produkten etwas verniedlichend als ›Amüsierbetrieb‹ und ›Amüsierwaren‹ die Rede (GS Bd. 3, S. 158 f.). Im ›Amüsement‹ steckt allerdings etwas Zynisches: der Verweis auf hohnlachende ↑Unterhaltung, auf die hämische Schadenfreude über das Unglück der anderen. »Vergnügtsein heißt Einverstandensein. [...] Vergnügen heißt allemal: nicht daran denken müssen, das Leiden vergessen, noch wo es gezeigt wird [...]. Die Befreiung, die Amusement verspricht, ist die von Denken als von Negation. Die Unverschämtheit der rhetorischen Frage: ›Was wollen die Leute haben!‹ besteht darin, dass sie auf dieselben Leute als denkende Subjekte sich beruft, die der Subjektivität zu entwöhnen ihre spezifische Aufgabe darstellt.« (GS Bd. 3, S. 167)

›**Anbruch**‹ 1920 wurde die Zeitschrift ›Musikblätter des Anbruch‹ gegründet, mit Redaktionssitz in ↑Wien. Erster Herausgeber war ↑Alban Berg. In den zwanziger und dreißiger Jahren hatte Adorno in der Musikzeitschrift zahlreiche ↑Veröffentlichungen. Anfang 1929 trat er der Redaktion bei, mit der Absicht, aus dem ›Anbruch‹ – der Name wurde auf Adornos Vorschlag hin verkürzt – eine »repräsentative Zeitschrift der Moderne« zu machen, die »in die Musikpolitik mit allen Kräften eingreift«. Ziel war, »gegen die musikalische Reaktion mit aller

Energie vor[zu]gehen« (GS Bd. 19, S. 595f.). Ende 1930 löste Adorno den Vertrag mit der Zeitschrift, »weil der Verlag das Blatt in ein pures Propagandaorgan verwandeln will«, wie er an Ernst Křenek schrieb (8. Oktober 1930). Im ersten Heft des ›Anbruch‹ aus dem Jahre 1931 zu lesen: »Dr. Theodor Wiesengrund-Adorno ist in freundschaftlichem Einvernehmen mit der Redaktion des ›Anbruch‹, der er zwei Jahre lang angehört hat, aus der Redaktion ausgeschieden. Er wird auch weiterhin seine wertvolle Mitarbeit dem ›Anbruch‹ zur Verfügung stellen.« (Zit. nach Steinert 1989 S. 133) Hartmut Scheible kommentiert in seiner Monografie über Adorno: »Damit ist die einzige Periode in Adornos Leben beendet, in der er die Illusion hegen konnte, seine künstlerische Tätigkeit komme unmittelbar der politischen Praxis zugute.« (Scheible, S. 57)

Anders, Günther (1902–1992) Auch wenn das Verhältnis zwischen Günther Anders und Adorno eher gespalten, mitunter auch unterkühlt war: Adorno zitierte Anders gelegentlich, etwa in der ↑›Negativen Dialektik‹ und der ›Ästhetischen Theorie‹. Und Anders sagte, als ihm 1983 der ↑Adorno-Preis verliehen wurde: »Wir zwei gehören [...] zur Generation derer, die nicht hatten fertig werden können mit der Tatsache der in Auschwitz Fertiggemachten und die die unverdiente Gunst, nicht selbst zu den Fertiggemachten zu gehören, niemals hatten bewältigen können. [...] Ein trauriges Team stellen wir dar. Voll tiefem Respekt und in nachholender Freundschaft grüße ich hinüber zu dem Grabe, in das der nach mir Geborene und vor mir Gestorbene viel zu früh gebettet worden ist.« (Frankfurter Rundschau, 12. September 1983)
Geboren als Sohn des Entwicklungspsychologen William Stern, der den Begriff »Intelligenzquotient« prägte, änderte er später seinen Namen in Anders – der Legende nach, weil er für eine Zeitung so viel schrieb, dass ihm der Redakteur empfahl, sich anders zu nennen – eben Anders. Das Studium bei Husserl und ↑Heidegger in Freiburg zu Beginn der zwanziger Jahre bestimmten seine Philosophie nachhaltig: Im Gegensatz zu Heidegger aber, der vom In-der-Welt-Sein spricht, sieht Anders in der Entwicklung der modernen Gesellschaft und ihrer Zerstörungsgewalt eher ein Aus-der-Welt-Sein. Anders emigrierte 1933 zu-

nächst nach Paris, 1936 dann in die Vereinigten Staaten, traf dort auch ↑Horkheimer und Adorno. 1950 kehrte er nach Europa zurück und lebte bis zu seinem Tod in Wien.

Über die Exilzeit in ↑Amerika schreibt Anders: »Nahe dem Haus [↑] Marcuses, in dem ich während meines Kalifornienaufenthaltes wohnte, lebte Brecht. Ein paar Straßen weiter [↑] Eisler. Nicht weit entfernt Thomas Mann, und (nicht bei seinem Bruder) Heinrich Mann. [↑]Schönberg lebte, wenn ich mich nicht irre, in Westwood. In vornehmer Gegend [↑]Horkheimer. In Hollywood Döblin. Und Adorno. Zuweilen versammelte man sich, um zu philosophieren. Ist es nicht absurd, daß es am Stillen Ozean eine solche Politisches, Soziologisches und Philosophisches diskutierende Gruppe gegeben hat, während in Europa Hitler wütete und in [↑] Auschwitz Millionen zu Asche verbrannten?« (Anders 1987, S. 36) Ein solches philosophisches Treffen war das Seminar über die Theorie der Bedürfnisse, das am 25. August 1942 stattfand, und an dem neben Anders auch Horkheimer, Ludwig und Herbert Marcuse, Brecht und Adorno teilnahmen. Adorno trug hier seine ›Thesen über Bedürfnis‹ vor, in denen er ↑Mückenkuchen zur Lösung des Hungerproblems empfahl.

Anders veröffentlichte einige Rezensionen in der ›Zeitschrift für Sozialforschung‹. 1943 schrieb er einen kleinen Dialog mit dem Titel ›Über die Esoterik der philosophischen Sprache‹ (Anders 1987, S. 181 ff.). Bei dem Disput zwischen einem »Professor T.« und dem »jungen Dr. A.« könnte es sich um eine Kritik an Adornos nur schwer zugänglicher Sprache, an deren ↑Unverständlichkeit handeln.

Anders blieb zeit seines Lebens ein Außenseiter; er hatte – ähnlich wie ↑Walter Benjamin – keinen akademischen Erfolg. Noch einmal Anders über die Emigration: »Benjamin war für mich nicht ein Teil des Adorno-Kreises, sondern Benjamin war mein Großvetter. Den kannte ich seit meinem ersten Lebensjahr. Ich kann nicht sagen, dass wir in Paris miteinander philosophiert hätten. Denn wir waren in erster Linie Antifaschisten, in zweiter Linie Antifaschisten, in dritter Linie Antifaschisten und *außerdem* mögen wir auch philosophiert haben. Sie stellen sich die Emigration etwas falsch vor, wenn Sie glauben, daß wir Zeit hatten, uns hinzusetzen und zu spekulieren. Dazu hatten vielleicht Adorno und Horkheimer Zeit, weil sie ein gesichertes Leben

führten. Adorno und Horkheimer haben ja nie die Misere der Emigration durchlebt.« (Anders 1987, S. 102)
Gleichwohl reüssierte Anders als Zivilisationskritiker und schrieb 1956 mit ›Die Antiquiertheit des Menschen‹ einen Bestseller. Sein Werk, zu dem auch Romane, Erzählungen und Gedichte gehören, thematisiert die atomare Bedrohung, die Gefahr der totalen Vernichtung des Lebens, wie sie durch eine entfesselte, nicht mehr beherrschbare Technik in Kraft gesetzt wird. Es ergeben sich durchaus zahlreiche Parallelen zur kritischen Theorie Adornos, etwa zur ↑›Dialektik der Aufklärung‹. Ähnlich wie Adorno argumentierte Anders auch gegen die modernen Massenmedien, insbesondere gegen das Fernsehen, das dem Menschen die Welt als »Phantom und Matrize« liefere. Damit hatte Anders einen wesentlichen Aspekt postmoderner Medienkritik angesprochen, den Jean Baudrillard Jahrzehnte später mit »Simulation« bezeichnete.
Für wenige Jahre, von 1929 bis 1936, war Anders übrigens mit Hannah Arendt verheiratet; die später eng mit ↑Heidegger befreundete Philosophin mochte Adorno überhaupt nicht.

Angst Bilder wie ›Der Schrei‹ (1893) oder ›Angstgefühl‹ (1894) des Malers Edvard Munch kanonisieren, wie Fredric Jameson bemerkt, die »großen Themen der Moderne: Entfremdung, Anomie, Einsamkeit, gesellschaftliche Fragmentierung und Isolation, programmatisch als Emblem all dessen, was als ›Zeitalter der Angst‹ bezeichnet wurde« (Jameson 1986, S. 56). Angst ist die Signatur des zwanzigsten Jahrhunderts und ein zentraler Begriff in der kritischen Theorie Adornos: Um ihn konzentrieren sich Motive der Ästhetik, Gesellschaftsanalyse, Psychologie und Kulturkritik gleichermaßen. »Ohne Angst leben«, der »uralte Einspruch der Musik« (GS Bd. 13, S. 145), ist deshalb der Kernpunkt der ↑Utopie Adornos von einer befreiten Gesellschaft: »Der Zweck der Revolution ist die Abschaffung der Angst. Darum brauchen wir keine Angst vor ihr zu haben und darum auch nicht unsere Angst zu ontologisieren«, heißt es in einem Brief an Benjamin (der im Übrigen auch gegen ↑Heidegger zielt; AB, S. 173f.) Durch ↑Kierkegaard ist ›Angst‹ in der neueren Philosophie zum kritischen Begriff geworden. »Sei nicht feige, Angst zu haben«, heißt es beispielsweise bei ↑Günther Anders in Anbetracht der permanenten Bedrohung durch Krieg und Atomkraft.

Die ↑Kulturindustrie appelliert an die Ängste der Menschen und spielt sie zugleich herunter. Sie nennt diejenigen, die nicht mitmachen wollen, Feiglinge oder Angsthasen, und verwandelt die Emotionen in ein Emblem: Eine Modefirma, die hauptsächlich Bekleidung für so genannte Extremsportler herstellt, hat als Label den Slogan »No fear« gewählt.

Der Sänger Jochen Distelmeyer von der Gruppe Blumfeld dürfte auch von Adorno inspiriert gewesen sein, als er den Text für ›Testament der Angst‹ schrieb: »Ich hab Angst vor morgen, ich hab Angst vor heute, ich hab Angst vor gestern. Ich hab Angst vor mir, ich hab Angst vorm Alleinsein, Angst vor anderen Leuten, vor meinen Freunden und vorm Zusammensein mit dir. [...] Ich hab Angst vor Deutschland, ich hab Angst vor Europa, den USA und der NATO und vor ihren Interessen. Ich hab Angst vor den Reichen, ich hab Angst vor den Armen, Angst vor der Geschichte und davor, sie zu vergessen. [...] Ich hab Angst vor den Dichtern, ich hab Angst vor den Denkern, Angst vor den Dummen, vor den Werbern und Bankern. Ich hab Angst vor den Lügen, Angst vor der Wahrheit, Angst zu [↑] verstummen und Angst, nur rumzustänkern [...].« (›Testament der Angst‹, auf: ↑Blumfeld, ›Testament der Angst‹, 2001)

Anhänger Eine bunte Mischung, die nicht immer genießbar ist: Die Anhänger Adornos bilden einen weitaus größeren Kreis als seine Schüler (Hans-Jürgen Krahl, Angela Davis, Oskar Negt, Hermann Schweppenhäuser etc.). Da ist zunächst die Gruppe von Akademikern, deren Nähe zu Adorno in Distanz zu seiner radikalen Gesellschaftskritik gründet. Als Hauptvertreter dieser Gruppe mag der Philosoph und Soziologe Jürgen Habermas gelten, der den Begriff ›Frankfurter Schule‹ prägte und zugleich deren Musterschüler wurde: Die ↑kritische Theorie und ihre Diagnose vom ↑Verblendungszusammenhang sei nicht normativ begründbar; statt um die ↑Utopie der ↑Versöhnung gehe es um die Verständigungsverhältnisse, um eine Verbesserung der Kommunikation: Wenn die Welt schon nicht vernünftig werde (beziehungsweise sei oder werden könne ...), so solle wenigstens vernünftig über sie gesprochen werden. – Dieser weitgehend an der Sozialdemokratie der Neuen Mitte orientierten Gruppe gesellt sich eine zweite Gruppe von Adorno-Anhängern hinzu, denen vor allem an der Verschönerung der Welt gelegen ist, sei ihr Zustand nun rational oder irrational. Sie reduzieren Adorno auf seine ästhetischen Schriften, vor allem die späten, weil hier die Sätze, in denen es um Gesellschaftskritik geht, am leichtesten überlesen werden können. Diese Gruppe versucht sich mit großem Engagement »kritisch« und »radikal« zu gebärden, indem sie Adorno in den ohnehin schon fragwürdigen Theorie-Entwurf der Postmoderne eingemeindet (↑französische Philosophie). – Ihr gegenüber stehen jene Adorno-Schüler, die als ↑Adorniten geschmäht werden, weil sie an der kritischen Theorie der Gesellschaft festhalten. Von ihnen geht die fruchtbarste Fortsetzung der kritischen Theorie aus, insbesondere hinsichtlich einer kritischen Theorie des Alltags und der neueren Massenkultur. Sie werden flankiert von kleinen politischen Gruppen, die sich bemühen, Adorno etwa für eine antinationale oder antideutsche Linke stark zu machen. Die Zeiten, wo darum gestritten wurde, wer der eigentliche Erbe der kritischen Theorie sei, sind vorbei (↑Konferenzen), nicht zuletzt weil der Erbschaftsstreit durch die Realität entschieden worden sein dürfte: Angesichts von ↑Antisemitismus und neofaschistischen ↑Rackets auf den Straßen, angesichts des Massenkonformismus ↑autoritärer Persönlichkeiten wirkt das Gezanke darum, wer Adorno nun besser verstanden habe, zynisch: Aus Adorno Kunsttheorie zu machen ist philosophisch gesehen dumm und aus gesellschaftstheoretischem Blickwinkel blind. Insofern die kritische Theorie Adornos eine der wichtigsten Theorien der Linken darstellt, spiegelt sich hier allerdings auch die defensive Lage einer radikalen, emanzipatorischen Bewegung wider. Für den kritischen Theoretiker, der sich vorsichtig als Anhänger Adornos ausgibt, bleibt also notwendigerweise die Haltung Adornos verbindlich, die sich in ↑Resignation und ↑Verzweiflung ausdrückt.

Antisemitismus Die beiden Abschnitte, in denen Adorno und ↑Horkheimer die geschichtsphilosophische These ihrer ↑›Dialektik der Aufklärung‹ an den gegebenen gesellschaftlichen Verhältnissen konkretisieren, sind einmal das Kapitel über ↑Kul-

turindustrie und, diesem folgend, die ›Elemente des Antisemitismus. Grenzen der Aufklärung‹. Dass es sich dabei keineswegs bloß um eine Ergänzung zum Kulturindustrie-Abschnitt handelt, wurde von ↑Leo Löwenthal, der an den ›Elementen ...‹ mitgearbeitet hat, Jahre später noch einmal hervorgehoben: Ziel sei gewesen, die Verschränkung und Strukturähnlichkeit von Kulturindustrie und Antisemitismus aufzuzeigen. »Es erfüllt mich mit Stolz und Genugtuung, daß Adorno meiner Kurzdefinition der ›faschistischen Agitation‹ und der ›Kulturindustrie‹ als ›umgekehrte Psychoanalyse‹ zustimmte und sie übernahm. Gemeint waren damit jene Techniken, die darauf abzielen, Menschen im Zustand psychischer Abhängigkeit zu halten, neurotisches und sogar psychotisches Verhalten so zu fördern und zu festigen, daß es schließlich in der totalen Abhängigkeit von einem ›Führer‹ oder von Institutionen oder Produkten kulminiert. Wir beide meinten, daß moderner Antisemitismus und Kulturindustrie letztendlich in denselben gesellschaftlichen Kontext gehört, auch wenn sie zeitweise verschiedene politische Funktionen haben.« (Löwenthal 1990, S. 61)
Die Mechanismen der Kulturindustrie unterscheiden sich von denen des Antisemitismus nicht wesentlich. Sowohl Kulturindustrie wie auch Antisemitismus beruhen auf Stereotypen, durch die der Mensch dort zum Konsumenten, hier zum Exemplar zugerichtet wird: »Daß einer Jude ist, wirkt als die Aufforderung, ihn zuzurichten, bis er dem Bilde gleicht.« (GS Bd. 3, S. 211) – »Der Antisemitismus ist das Gerücht über die Juden.« (GS Bd. 4, S. 125) »Der faschistische Antisemitismus muß sein Objekt gewissermaßen erst erfinden.« (GS Bd. 3, S. 233) Wie in der Kulturindustrie ist auch dem Antisemitismus der Mensch, was dessen »Wert« betrifft, gleichgültig, als Objekt ist dieser austauschbar. Die humanistische Idee von Wert und Würde des Menschen wird in das Ökonomische transformiert. So wie die Marktforschung den Idealkonsumenten beschwört, so die antisemitische Vorstellung vom Juden einen Prototypen des Juden überhaupt. Entscheidend ist der Profit; darüber hinaus haben die Produkte der Kulturindustrie so wenig Sinn und Bedeutung wie der Antisemitismus eine objektive Absicht – und genau darin ist er total wie totalitär: »Erst die Blindheit des Antisemitismus, seine Intentionslosigkeit, verleiht der Erklärung, er sei

ein Ventil, ihr Maß an Wahrheit. Die Wut entlädt sich auf den, der auffällt ohne Schutz. Und wie die Opfer untereinander auswechselbar sind, je nach der Konstellation: Vagabunden, Juden, Protestanten, Katholiken, kann jedes von ihnen anstelle der Mörder treten, in derselben blinden Lust des Totschlags, sobald es als die Norm sich mächtig fühlt. Es gibt keinen genuinen Antisemitismus, gewiß keine geborenen Antisemiten. [...] Zwischen Antisemitismus und Totalität bestand von Anbeginn der innigste Zusammenhang. Blindheit erfaßt alles, weil sie nichts begreift.« (GS Bd. 3, S. 195f.)
Dass der moderne Antisemitismus der kapitalistischen Verwertungslogik folgt, indem er im Klischee vom Juden den Menschen bis zu dessen Vernichtung ver- beziehungsweise entwertet, haben Adorno und Horkheimer auch in zahlreichen, die Arbeit an der ›Dialektik der Aufklärung‹ begleitenden Forschungsstudien belegt (sie finden sich in den Horkheimer-Schriften, vgl. HGS Bde. 5,12). »Alles Lebendige wird zum Material. [...] Immer ruft der Antisemitismus erst noch zu ganzer Arbeit auf.« (GS Bd. 3, S. 196)

Der Antisemitismus in ↑Deutschland kulminierte im ↑Nationalsozialismus in der Vernichtung der Juden. Er setzt sich als »sekundärer Antisemitismus« fort, indem den Opfern noch die Schuld an dem Verbrechen gegeben wird, sofern die Tat nicht überhaupt verdrängt, ↑Auschwitz gar geleugnet wird. Mit Blick auf die jederzeit wieder reaktivierbaren antisemitischen Ressentiments, heißt es 1959 in einem Vortrag Adornos: »Der Nationalsozialismus lebt nach, und bis heute wissen wir nicht, ob bloß als Gespenst dessen, was so monströs war, daß es am eigenen Tode noch nicht starb, oder ob es gar nicht erst zum Tode kam; ob die Bereitschaft zum Unsäglichen Fortwest in den Menschen wie in den Verhältnissen, die sie umklammern.« (GS Bd. 10·2, S. 555)
Und es gibt auch heute wieder oder immer noch den Antisemitismus, der sich offen gegen die Juden wendet: wo sie nicht mehr leben, gegen ihre Gräber und Gedenkstätten. »Was einer fürchtet, wird ihm angetan. Selbst die letzte Ruhe soll keine sein. Die Verwüstung der Friedhöfe ist keine Ausschreitung des Antisemitismus, sie ist er selbst.« (GS Bd. 3, S. 208) ↑Benjamin schreibt in ›Über den Begriff der Geschichte‹: »Auch die Toten werden vor

dem Feind, wenn er siegt, nicht sicher sein. Und dieser Feind hat zu siegen nicht aufgehört.« (BGS Bd. I·2, S. 695)

Aporie Ausweglosigkeit. Die ↑›Dialektik der Aufklärung‹ beschreibt nicht nur das Umschlagen der Aufklärung in den Mythos, die Regression, sondern auch die immanente Widersprüchlichkeit der Selbstaufklärung, also der Selbstkritik und Selbstreflexion der Aufklärung, auf die kritische Theorie verpflichtet bleibt: Das heißt, zur Kritik der Aufklärung und zur Kritik der Vernunft stehen vorerst keine anderen Instrumente zur Verfügung als ebendie Aufklärung und Vernunft selbst. Deshalb ist die kritische Theorie auf die ↑immanente Kritik verwiesen (vgl. GS Bd. 3, S. 13). Von Kritikern ist dies als unlogische, unbegründbare theoretische wie letztlich auch praktische ›Aporie‹ oder ›Ausweglosigkeit‹ verworfen worden: Entweder Vernunft und Aufklärung sind brauchbare Werkzeuge der Kritik, dann kann die Kritik allerdings nicht feststellen, dass Vernunft und Aufklärung vollständig dem Bann der Regression unterliegen; oder die geschichtliche Logik lässt Vernunft und Aufklärung unabdingbar in Mythos und Irrationalität umschlagen, dann sind aber keine kritischen Begriffe von Vernunft und Aufklärung bestimmbar.

Einige ↑Kritiker Adornos konstatieren die Aporie insbesondere in Bezug auf das Theorem des universellen ↑Verblendungszusammenhangs: Wenn alle Menschen verblendet sind, muss es auch Adorno sein, der den Verblendungszusammenhang feststellt. Dann wiederum kann er ihn nicht feststellen – es sei denn, es gibt eine Lücke im Zusammenhang. Dann wäre dieser allerdings nicht universell. Weil es ausweglos scheint, dies logisch lösen zu wollen, lassen einige dann lieber die Finger von der ↑kritischen Theorie: Nur kritisieren, was man auch begründen kann! – Inwiefern diese Ausweglosigkeit – gewissermaßen notwendigerweise paradox – zugleich den einzig möglichen Ausgangspunkt einer kritischen Theorie darstellt, hat Adorno in seinem berühmten Satz ↑»Das Ganze ist das Unwahre« (GS Bd. 4, S. 55) entwickelt.

Übrigens ist der ↑Elfenbeinturm keineswegs der Ausweg aus der Aporie. Adorno wandte sich gegen das »Pathos eines Philosophieprofessors, [...] der es nur deshalb mit der Moral so unbedingt nimmt, weil er im Ernst gar nicht daran glaubt, daß jemand sich danach richtet« (PT Bd. 1, S. 192). Man könne eben, so Adorno nicht sagen: »Ganz gleich, wie das auch sei, du gehst hier [im Elfenbeinturm, im Philosophieseminar; Anm. R.B] in das Reich der ewigen Ideen ein, und infolgedessen geht die Frage, wie sich das mit deiner Arbeit in einem Werbebüro verträgt, weder dich noch mich etwas an« (PT Bd. 1, S. 192), – eine Kritik, die das Problematische eines Lifestyle-Konformismus vorwegnimmt, wie er beispielsweise mit der Ideologie der New Economy einhergeht. Die Antwort der kritischen Theorie auf diese Aporie lautet: »Wer den Widerspruch nicht auszutragen vermag, der soll von der [↑] Philosophie die Hände lassen.« (PT Bd. 1, S. 192) – Die ganze Branche esoterischer Ratgeberphilosophie, von der Lebenshilfe bis zu ›Nietzsche für Manager‹, preist sich allerdings den Konsumenten mit Lösungen an, wie die Widersprüche ignoriert werden können, wenn sie nicht mehr auszuhalten sind. Immerhin für den Buchmarkt ein ökonomisch ganz lukrativer Ausweg aus der Aporie...

Auschwitz Über sechs Millionen Juden sind in den Konzentrations- und Vernichtungslagern der Nationalsozialisten ermordet worden. Dass dies planmäßig, nach Vorbild eines industriellen Systems passierte, dass Menschen freiwillig das Massentöten organisierten und ausführten, dass zynische Mitwisserschaft ebenso wie gleichgültiges Wegsehen das Verbrechen duldete, dass nach der Befreiung kaum jemand die Schuld am Terror wahrhaben wollte, manche der Täter nicht einmal den Terror selbst, dass von den Tätern nur wenige juristisch verfolgt wurden ... – all das trägt dazu bei, dass der Ortsname von Auschwitz, wo sich eines der größten Vernichtungslager befand, in denen Menschen im Akkord in den Tod getrieben wurden, zum Begriff für etwas wurde, das sich dem Begreifen wie dem Begrifflichen sperrt: Das Grauen, das den Opfern widerfuhr, hat keinen Namen; die Opfer selbst wurden zu namenlosen Exemplaren. Und doch wäre wenigstens der Name den Opfern zurückzugeben.

»Auschwitz, deutscher Name eines polnischen Provinzstädtchens, das harmlos Oświęcim genannt wurde, steht in Adornos

Texten nur als Signal, das herausrufen soll, was dort und in den anderen Vernichtungslagern geschehen ist.« (Tiedemann 1996, S. 11) ›Auschwitz‹ bildet das Epizentrum des zwanzigsten Jahrhunderts und einer jeden Philosophie, die sich ihm nähern will; hernach erscheint die Frage nach der ↑Aktualität kritischer Theorie als Hohn. Nach Adornos ↑Philosophie zu fragen heißt, sich ihrer zeitlichen Signatur bewusst zu werden: Es ist Philosophie *nach* Auschwitz. Ihr ↑kategorischer Imperativ lautet, »dass Auschwitz nicht noch einmal sei, [...] nicht sich wiederhole« (GS Bd. 10·2, S. 674).

Auschwitz steht für die totale Vernichtung: In Auschwitz wurde Leben an sich annulliert, wurde sinn- und bedeutungslos. »Schon vor Auschwitz war es angesichts der geschichtlichen Erfahrungen affirmative Lüge, irgend dem Dasein positiven Sinn zuzuschreiben.« (GS Bd. 7, S. 229) Nach dem Massenmord geht es erst recht darum, überhaupt Sinn in die Welt zu bringen. Die Begründung für die *negative* ↑Utopie der kritischen Theorie lautet: »Daß keine [Gesellschaft] soll besser gewesen sein als die, welche Auschwitz ausbrütete, fällt mir schwer anzunehmen ...« (PS, S. 141)

Angesichts des Terrors des Massenmordes versagt auch die Kunst: Sie verfügt über kein Mittel der Darstellung, mit dem Auschwitz begreifbar gemacht werden könnte. Um nicht Gefahr zu laufen, in der ästhetischen Auseinandersetzung dem Grauen nicht gerecht zu werden und es letztlich sogar zynisch auf etwas Ästhetisches zu reduzieren, muss Kunst ↑verstummen. Adorno nannte das ihr ↑Abgebrochensein: Schließlich betrifft das Problem, welche Kunst nach dem Massenmord noch möglich ist, nicht nur solche Werke, die den Massenmord thematisieren, sondern Kunst grundsätzlich. Nach Auschwitz wird Kunst tatsächlich zu dem, wodurch sie mit der dadaistischen Montage ästhetisch schockiert hatte: zu ↑Müll. Mit dem Nationalsozialismus ist die Provokation der Kunst vom Terror der Realität überholt worden. Darauf zielt Adornos Satz, »nach Auschwitz ein [↑] Gedicht zu schreiben, ist barbarisch« (GS Bd. 10·1, S. 30). – Dass Kunst aber im äußersten Bewusstsein des Schreckens doch möglich sein kann, ist nicht nur durch Arbeiten wie Schönbergs ›Ein Überlebender aus Warschau‹ oder Paul Celans ›Todesfuge‹ gezeigt worden, sondern auch im ↑Jazz, etwa in der zehnminütigen Komposition ›Kristallnacht‹ des New Yorker Saxofonisten John Zorn: Es handelt sich dabei um das mehrfach übereinander gelagerte Geräusch zerberstender Glasscheiben, gleich dem Bersten der vom faschistischen Mob eingeschlagenen Schaufenster in der so genannten Reichskristallnacht, das John Zorn zu einem schmerzvollen, in der empfohlenen Lautstärke unerträglichen Lärm verdichtet hat.

Autofriedhof »Die Auferstehung der Toten müßte auf dem Autofriedhof stattfinden«, schreibt Adorno in seinen ›Aufzeichnungen zu Kafka‹ (GS Bd. 10·1, S. 286). Dass Schrottplätze *Autofriedhöfe* heißen, wirft auch ein Licht auf die Bedeutung der Friedhöfe als letzter Ruhestätte der Verstorbenen: Die Friedhofsruhe ist eine trügerische, Unheil verheißende. In Großstädten sind Friedhöfe nicht selten in der Peripherie zu finden, umgeben von mehrspurigen Schnellstraßen und deren Verkehrslärm. Nach Adorno sollen die Toten nun dort auferstehen, wo sich die zivilisierte Gesellschaft sonst eines ihrer Fortschrittsfetische – dem Symbol für Individualität, Geschwindigkeit, Mobilität, Reichtum – entledigt, wenn er unbrauchbar geworden ist. Auch die Toten kehren als Wracks wieder: so wie man sie, als sie noch lebten, entwertet und zugerichtet hat. In zahlreichen Musikvideos wird genau dieses Motiv dargestellt: Jugendliche lungern nachts auf einem Autofriedhof herum und werden plötzlich von Zombies überrascht.

Amüsant wie anschaulich für die ↑autoritäre Persönlichkeit mag eine Neuerung sein, die von Autoschrottplätzen angeboten wird: Man bekommt – kostenlos – einen Vorschlaghammer, mit dem es erlaubt ist, ein zugewiesenes Autowrack für einige Stunden zu malträtieren; das soll dem Stressabbau dienen und helfen, etwa die Wut und die Aggressionen gegenüber dem Chef oder dem Ehepartner auf weniger gefährliche Weise abzubauen. Dass nebenbei noch das Statussymbol der modernen Konsumgesellschaft attackiert wird, scheint grotesk: Immerhin kann diese Veranstaltung auch als Grabschändung betrachtet werden. Zu Autos hatte Adorno offenbar ein gespaltenes Verhältnis. In der ↑›Dialektik der Aufklärung‹ wird die soziale Vereinzelung kritisiert, die durch den Autoverkehr entstehen kann: »Die Menschen reisen streng voneinander isoliert auf Gummireifen.« (GS

Bd. 3, S. 252) Allerdings wusste ↑Leo Löwenthal zu berichten, dass Adorno – im Gegensatz zu ↑Herbert Marcuse, der noch nicht einmal einen Führerschein besaß – sehr gerne mit dem Auto unterwegs war. Siehe auch ↑ICE Theodor W. Adorno, ↑Müll.

Autoritäre Persönlichkeit Wieso leben wir nicht in einer emanzipierten Gesellschaft, obwohl scheinbar alle technischen und sozialen Voraussetzungen dafür gegeben sind? Dies ist eine der Grundfragen der kritischen Forschung, die zunächst mit dem Verweis auf die psychische Organisation der Menschen beantwortet wird: Ohnmacht und Vorurteile reproduzieren fortwährend eine Affirmation der gegebenen Verhältnisse. Begründet ist dies in der sozialen Kernstruktur der bürgerlichen Gesellschaft, der Familie, die ↑Max Horkheimer gelegentlich treffend die »psychische Agentur der Gesellschaft« nannte. Bereits 1929/30 führte Erich Fromm seine Studie ›Arbeiter und Angestellte am Vorabend des Dritten Reiches‹ durch, die bei den Probanden untergründige autoritäre, patriarchale oder antisemitische Einstellungen untersuchte. Es zeigte sich, dass auch bei politisch fortschrittlichen Kräften, etwa der kommunistischen Arbeiterbewegung, ein tendenziell autoritärer, sexistischer, rassistischer und antisemitischer Charakter die individuelle Persönlichkeit bestimmte. Das ↑Kraftfeld von Individuum und Gesellschaft – Fromm spricht vom »Sozialcharakter« – wurde 1936 in den ›Studien über Autorität und Familie‹ unter der Leitung Horkheimers vom ↑Institut für Sozialforschung untersucht. »Das Verhältnis der Individuen zur Autorität, das durch die besondere Art des Arbeitsprozesses in der neueren Zeit vorgezeichnet ist, bedingt ein dauerndes Zusammenwirken der gesellschaftlichen Institutionen zur Erzeugung und Festigung der ihm entsprechenden Charaktertypen.« (Horkheimer 1936, S. 55)
1950 legte Adorno zusammen mit Else Frenkel-Brunswik, Daniel J. Levinson und R. Nevitt Sanford die Studie ›The Authoritarian Personality‹ vor, die zu den von Horkheimer und Samuel H. Flowerman geleiteten ›Studies in Prejudice‹ gehört. Die empirische Studie stützt sich auf Fragebögen, klinische Tests und Interviews und operiert mit speziell entwickelten Skalen, etwa der ↑F-Skala, zur Ermittlung von Charakterstrukturen, die ein

autoritätsgebundenes Weltbild unterstützen. Das philosophische Gerüst dieser Forschungen, die im Schatten der Erfahrung des ↑Nationalsozialismus standen, hatten Adorno und Horkheimer bereits mit der ↑›Dialektik der Aufklärung‹ geschaffen. Es ging um die Frage, wie Menschen disponiert sein müssen, um nicht nur für den Faschismus empfänglich zu sein, sondern aktiv an seinen Verbrechen teilzunehmen, also um den »psychologischen Aspekt des Faschismus« (Studien, S. 10; GS Bd. 9·1, S. 158). »Im Mittelpunkt des Interesses stand das *potentiell faschistische* Individuum, ein Individuum, dessen Struktur es besonders empfänglich für antidemokratische Propaganda macht.« (Studien, S. 1; GS Bd. 9·1, S. 149) Das zentrale Element der in ↑Amerika durchgeführten Untersuchungen war der ↑Antisemitismus. Der Antisemitismus kennzeichnet die autoritäre Persönlichkeit: Er ist »keine spezifische oder isolierte Erscheinung [...], sondern Teil eines breiteren ideologischen Systems« (Studien, S. 3; GS Bd. 9·1, S. 151).

Festzuhalten bleibt, dass die autoritäre Persönlichkeit in den Studien am Beispiel einer demokratisch strukturierten Gesellschaft untersucht wurde, was den Forschungen Aktualität verleiht: Konformität beispielsweise erscheint heute weniger als Folge des Anpassungsdrucks, sondern vielmehr als Vermögen, sich mit den gegebenen Verhältnissen zu arrangieren. Die gegenwärtige Gesellschaft basiert nicht zuletzt durch die ↑Amüsierwaren und die ↑Reklame der ↑Kulturindustrie weiterhin auf Ohnmacht und ↑Angst, auf Neid und Missgunst. Solidarität und Sympathie werden zu Ausnahmezuständen im Katastrophenfall, wenn die »Volksgemeinschaft« durch Erdbeben oder Hochwasser bedroht ist; geht es dem Einzelnen an den Kragen, so wird das im besten Fall als Schicksal deklariert und darf in Talkshows vorgeführt werden, im schlimmsten Fall veranstaltet der Mob Treibjagden durch die Straßen. So zeigen neuere Umfragen, dass weit über die Hälfte der ↑Deutschen der Meinung sind, Außenseiter sollten stärker bestraft und isoliert werden.

B

»Bangemachen gilt nicht« Adornos Lieblingssprichwort, das er in den ›Minima Moralia‹ als Titel einer Reflexion benutzt (GS Bd. 4, S. 77; ↑Angst, ↑Resignation, ↑Verzweiflung). Ein »wie leise doch obstinat mitgesummtes ›bange machen gilt nicht‹« hört ↑Benjamin als »wahrhaft erheiternde Unterstimme« aus einem Text Adornos heraus, den dieser ihm zur Durchsicht schickte (AB, S. 309; ↑Pfeifen).

Barbarei Horkheimers und Adornos Diagnose der ↑›Dialektik der Aufklärung‹ versucht eine kritische Antwort auf die Frage zu geben, »warum die Menschheit, anstatt in einen wahrhaft menschlichen Zustand einzutreten, in eine neue Art von Barbarei versinkt« (GS Bd. 3, S. 11). Auch ↑Benjamin konstatiert in seinen Thesen ›Über den Begriff der Geschichte‹ eine ↑Logik des Zerfalls, wenn er formuliert: »Es ist niemals ein Dokument der Kultur, ohne zugleich ein solches der Barbarei zu sein.« (BGS Bd. I·2, S. 696) Die geschichtliche Erfahrung des zivilisatorischen Rückfalls in die Barbarei, der in ↑Auschwitz kulminiert, ist das Grundmotiv der ↑kritischen Theorie, und begründet ihre ↑Aktualität, da das vergangene Unheil noch gegenwärtig ist. »Man spricht vom drohenden Rückfall in die Barbarei. Aber er droht nicht, sondern Auschwitz war er; Barbarei besteht fort, solange die Bedingungen, die jenen Rückfall zeitigten, wesentlich fortdauern.« (GS Bd. 10·2, S. 674) In einem Rundfunkgespräch mit Hellmut Becker erklärte Adorno die »Entbarbarisierung« zur Aufgabe der Pädagogik (Adorno 1971, S. 120 ff.; ↑Halbbildung).
Zusatz: Die Barbaren sind in der Antike die Nichtgriechen, die unzivilisierten Fremden, die von der Polis weitgehend ausgeschlossen blieben. In alltagssprachlicher Verwendung bedeutet »Barbarisch« das Ungehobelte, Wilde, Sittenlose. Adorno benutzt »Barbarei« in diesem alltagssprachlichen Sinn. Den Ethnozentrismus und den rassistischen Beiklang, mit denen das Wort seit der Antike verbunden ist, hat er nicht reflektiert; das ist pro-

blematisch, schon deshalb, weil der Begriff ja genau zur Kritik einer solchen Menschenverachtung verwendet werden sollte.

The Beatles Am 27. Dezember 1960 gaben John Lennon, Paul McCartney, George Harrison und der später durch Ringo Starr ersetzte Peter Best ihr erstes Konzert unter dem Namen The Silver Beatles. Der Name wurde dann bald auf das prägnantere The Beatles verkürzt. Sie traten im Gemeindesaal des Liverpooler Vorortes Litherland auf. Der Sound, den Manager Brian Epstein und Produzent George Martin schufen, die legendären Auftritte im Hamburger Star Club und schließlich die berühmten Pilzkopffrisuren – eine Kreation der Fotografin Astrid Kirchherr – trugen zu einer regelrechten »Beatlemania« bei. Bis 1973 wurden 90 Millionen LPs und 125 Millionen Singles verkauft. Neben den Rolling Stones oder The Who waren die Beatles eine der wichtigsten britischen Popgruppen – und immerhin so bekannt, dass auch Adorno von ihnen wusste. Über ein Jahrzehnt blieben sie die »stärkste schöpferische Kraft der modernen Populärkultur« (›Time‹). Sie lieferten den »Soundtrack der sechziger Jahre« (›Melody Maker‹), eine – an der Beatkultur orientierte – Weiterentwicklung eines von Chuck Berry, Little Richard bis Elvis Presley geprägten Rock 'n' Roll. Kennzeichnend für die Beatles und ähnliche Gruppen war die Verbindung von Jugendkultur, Mode, Konsum und Musikindustrie. Mit dem »Musik-Fan« wurde eine weitere Rezeptionsweise von Musik etabliert, die über den kollektiven Konsum hinaus einerseits subjektiv motivierte Momente genießender, körperbetonter Wahrnehmung einschließt (Tanzen), sich andererseits in einer leidenschaftlichen Beziehung zur Musik, in großem fachlichen Wissen über das Privatleben der Musiker oder im Bestreben, eine möglichst vollständige Plattensammlung zu besitzen, manifestiert. Adorno erkannte beim Jazzfan ein ähnliches Rezeptionsverhalten: Im Verhalten der Jazzfans kristallisiere sich ein harmlos gewordener Protest gegen die offizielle Kultur, ein – letzthin falsches – Bedürfnis nach »musikalischer Spontaneität, die dem vorgezeichnet Immergleichen sich entgegensetzt« (GS Bd. 14, S. 191), sowie ein sektenhafter Bezug zur Musik. Die Fans begegnen anderer Musik, zumal der ernsten Musik, mit Aversionen. Über den Jazzfan heißt es: »Dem gesellschaftlichen Bewußtsein nach ist der Typus vielfach progressiv; er findet sich selbstverständlich am meisten in der Jugend, wird wohl auch vom teenager-Geschäft gezüchtet und ausgebeutet. Schwerlich hält der Protest lange vor; dauern wird bei vielen die Bereitschaft zum Mitmachen. Die Jazz-Hörer sind sich untereinander einig, und die Gruppen pflegen ihre besonderen Varietäten.« (GS Bd. 14, S. 191) Gleichwohl distanziert sich der Jazz-Fan von der »grölenden Gefolgschaft des Elvis Presley« (GS Bd. 14, S. 192).

»Was gegen die Beatles zu sagen ist«, äußerte Adorno 1965 in einem Gespräch ›Über die geschichtliche Angemessenheit des Bewusstseins‹, »ist gar nicht so sehr etwas Idiosynkratisches, sondern ganz einfach das, was diese Leute bieten, womit überhaupt die ↑Kulturindustrie, die dirigistische Massenkultur uns überschwemmt, seiner eigenen objektiven Gestalt nach etwas Zurückgebliebenes.« (Adorno 1965, S. 494) Allerdings haben nun gerade die Beatles sich von den Maßgaben der »dirigistischen Massenkultur« losgesagt und mit den beiden Langspielplatten ›Revolver‹ (1966) und ›Sgt. Pepper's Lonely Hearts Club Band‹ (1967), von denen Adorno wohl nichts mitbekommen haben dürfte, den Weg avancierter Popmusik eingeschlagen. Die Beatles wichen vom traditionellen Songschema ab, experimentierten unter der Regie des Produzenten George Martin mit der damals neuesten Studiotechnik und mit nichteuropäischen Instrumenten, beispielsweise dem Sitar (bei ›Lucy in the Sky with Diamonds‹), griffen auf ein Orchester zurück (›Yesterday‹) oder arrangierten surreale Geräuschcollagen (›Revolution No. 9‹). Das ›Sgt. Pepper's‹-Album ist, inklusive der Covergestaltung und weiteren nicht primär musikalischen Aspekten, konzeptionell als ästhetisches Gesamtkunstwerk angelegt. All das ist zu messen an den Kriterien hochkultureller, vermeintlich »seriöser« Kunst, aber auch am ↑Abgebrochensein der Kunst, der ↑Verfransung der Künste. Spätestens jetzt galt nicht mehr, »daß die Ausdrucksmittel, die hier verwandt und konserviert werden, in Wirklichkeit allesamt nur heruntergekommene Ausdrucksmittel der Tradition sind, die den Umkreis des Festgelegten in gar keiner Weise überschreiten« (Adorno 1965, S. 494; ↑The Consolidated, ↑Popkultur, ↑Punk).
Nichtsdestotrotz zeigt sich an dem Phänomen der Beatles die

Dialektik der Kulturindustrie. Der Einfluss der Beatles auf den so genannten Mainstream der Popmusik ist noch immer ungebrochen: Der Brit-Pop von Bands wie Oasis oder Blur bezeugt nachgerade die Bedeutung der Musik der Beatles für die Kulturindustrie; ohnehin sind die berühmten Beatles-Songs so populär, dass sie von Radiostationen überall auf der Welt gespielt werden. Die Tatsache, dass Michael Jackson die Rechte an den Songs gekauft hat, verrät zudem etwas über die Struktur der Musikindustrie überhaupt: Die musikalische Form ist abhängig von ihrer ökonomischen Verwertung. Insofern ist Adornos Kritik an der Musik der Beatles und dem Phänomen selbst durchaus ernst zu nehmen. Fans nennen die von ihnen verehrten Musiker beim Vornamen, um persönliche Nähe zu suggerieren. Die »Fab four« bleiben für die Eingeweihten John, Paul, Ringo und George. »Kulturindustrie ruft ihre cracks mit Vornamen wie die Oberkellner und Friseure das jet set.« (GS Bd. 7, S. 376)

Beethoven, Ludwig van (1770–1827) Das Werk Beethovens ist nicht nur für Adornos musiktheoretische Schriften von zentraler Bedeutung; es steht gleichsam im Mittelpunkt der ↑kritischen Theorie Adornos, denn Beethoven repräsentiert laut Adorno den ↑realen Humanismus, zugleich sind seine Werke für uns heute »verloren« (Beethoven, S. 25): – Die Idee des ↑Abgebrochenseins der Kunst ist in Beethovens Musik bereits angelegt. In Adornos Fragment gebliebenem Buch ›Beethoven. Philosophie der Musik‹, dessen Konzept auf die dreißiger Jahre zurückreicht und für das Adorno zeit seines Lebens Notizen sammelte, heißt es über die Bedeutung des Komponisten: »Erst Beethoven hat gewagt so zu komponieren wie er wollte: auch darin steckt seine Einzigkeit. Und es ist vielleicht das Unglück der nachfolgenden Romantik, daß sie die Spannung von Erlaubtem und Gemeintem nicht mehr hat: Ort der Schwäche. Sie träumen nur noch was sie dürfen.« (Beethoven, S. 51) Daraus erklärt sich auch das Moment der ↑Utopie in Beethovens Musik, die Adorno mit ↑Hegels philosophischem ↑System vergleicht: »Vielleicht ist das Nicht-Veralten Beethovens nichts anderes als dass seine Musik noch nicht von der Wirklichkeit eingeholt ist: ›realer Humanismus‹. [...] Zu sagen, Beethovens Musik drücke den Weltgeist aus, er sei ihr Gehalt, oder irgend etwas Ähnliches wäre sicher grober Unfug. Wahr aber ist, daß seine Musik dieselben Erfahrungen ausspricht, die den Hegelschen Begriff des Weltgeistes inspirieren.« (Beethoven, S. 58f.) Diese Erfahrungen, die sich etwa in der berühmten neunten Sinfonie manifestieren, sind Ausdruck der Utopie der bürgerlichen Gesellschaft. Kaum eine Komposition ist im Übrigen derart vom Konzertbetrieb der ↑Kulturindustrie vereinnahmt worden wie Beethovens neunte Sinfonie (vgl. GS Bd. 3, S.180f.).

Begriff, Begriffe, das Begriffliche und das Begriffslose Das Leben des Begriffs, sagt Adorno in der ›Philosophischen Terminologie‹ (PT, S. 11) unter Verweis auf Hegel, sei eigentlich die ↑Philosophie. Wenn philosophisch vom Begriff die Rede ist, dann meint »sich einen Begriff machen«, etwas zu begreifen, anzufassen, abzutasten, sich also praktisch mit etwas auseinander zu setzen. In der neuzeitlichen Philosophie, vor allem bei Kant und Hegel, ist der Begriff wichtig für eine kritische Philosophie der Erkenntnis und des Bewusstseins: Schließlich geht es um die Frage der Selbsterkenntnis beziehungsweise des Selbstbewusstseins, zu deren Beantwortung nur ein reflektiertes begriffliches Denken in der Lage ist. Hegels dialektische Logik ist folglich eine Logik des Begriffs, in der expliziert wird, wie einerseits das Denken überhaupt Begriffe bildet, andererseits das Denken selbst ein Begriff gewordener Reflexionsprozess ist. In dem Wort *Logik* ist dieser Doppelcharakter enthalten: ›Logos‹ hat sowohl die Bedeutung von »Lehre« als auch die von »Wort«. Hegels Dialektik ist eine Logik der Identität: Es geht um die Übereinstimmung von Begriff und Gegenstand: Diese Übereinstimmung ist Hegels philosophischer Begriff von Wahrheit. In der dialektischen Begriffslogik Hegels findet die idealistische Philosophie ihren Höhepunkt.

↑Marx versuchte, nach seiner berühmten Redewendung, Hegel vom Kopf auf die Füße zu stellen, und übertrug die Begriffslogik in eine materialistische Praxislogik. Insofern steht das Begriffliche zwischen ↑Theorie und Praxis.

Adornos gesamte ↑kritische Theorie ist von dem Problem des begrifflichen Denkens bestimmt; in seinem Hauptwerk ↑›Negative Dialektik‹ geht es um eine fundamentale Kritik des begrifflichen Denkens als einem identifizierenden Denken, das die

Unterschiede zwischen Begriff und Gegenstand negiert. Das, was Hegel Wahrheit nennt, führt nach Adorno zur ↑Verdinglichung des Denkens, denn seiner Meinung kann der einzelne, besondere Gegenstand niemals völlig identisch mit dem allgemeinen Begriff von ihm sein. Beim identifizierenden Denken bleibt ein Rest, das Begriffslose, etwas, das nicht mittels Sprache ausgedrückt werden kann. Das gilt schon für die Bezeichnung der einfachsten Gegenstände, wie Tisch, Tasse, Stuhl, Bild, Lampe etc., und wird zunehmend problematischer, je mehr mit den Begriffen etwas über die strukturellen Beziehungen von Individuum und Gesellschaft ausgesagt werden soll. Wie wenig Begriffe in der Lage sind, etwa Gefühle zu bezeichnen oder gar mit ihnen identisch zu sein, zeigt sich anschaulich, wenn man über ↑Liebe, ↑Tod oder ↑Angst spricht. Dass im zwanzigsten Jahrhundert die geschichtliche ↑Katastrophe mit Begriffen nicht mehr erfasst werden kann, hat Adorno in seinen Reflexionen über ↑Auschwitz darzulegen versucht.

Doch Denken bleibt begriffliches Denken. Gerade die kritische Erkenntnis ist an den begrifflichen Ausdruck gebunden. Es kommt demnach darauf an, mit den Mitteln des Begriffs auch das Nichtbegriffliche zu erfassen. Eine Möglichkeit dafür hat Adorno in der ↑Kunst gesehen, letztlich aber bleibt die Kunst auf die Vermittlung der Philosophie angewiesen. Erst die philosophische Reflexion vermag mit den Mitteln des Begriffs auch jenen Rest des Objekts zu begreifen, der sich dem Begriff sperrt. Dazu bedarf es des ↑Vorrangs des Objekts.

Benjamin, Walter (1892–1940) »Vor Benjamin zuckt zurück, wer sich nicht Gedanken überantworten mag, in denen er fürs vertraute Bewußtsein von sich selbst tödliche Gefahr wittert. Erst dem kann die Lektüre Benjamins fruchtbar und glückvoll geraten, der dieser Gefahr ins Auge sieht [...]. Sucht man in Benjamins Philosophie nach dem, was herauskommt, so wird man notwendig enttäuscht; sie befriedigt nur den, der so lange darüber brütet, bis er findet, was ihr innewohnt« (GS Bd. 11, S. 577f.), schreibt Adorno in der ›Einleitung zu Benjamins Schriften‹, deren Edition er 1955 zusammen mit seiner Frau in einer Auswahl in zwei Bänden besorgte.

Der Schriftsteller und Philosoph Walter Benjamin hat mit den

Büchern ›Einbahnstraße‹ (1928), ›Das Paris des Second Empire bei Baudelaire‹ (1938) und der unvollendeten Fragmentsammlung ›Das Passagen-Werk‹ die wohl eigenwilligste Rekonstruktion und Interpretation der ↑kritischen Theorie im zwanzigsten Jahrhundert formuliert. Benjamin war zeit seines Lebens auf Reisen, nicht selten auf der Flucht; eine akademische Karriere blieb ihm verwehrt; 1925 wurde sein Habilitationsvorhaben abgelehnt. Er stand ab 1918 mit ↑Ernst Bloch in Kontakt, 1923 lernte er Adorno und ↑Siegfried Kracauer kennen, 1928 Adornos spätere Frau ↑Margarete Karplus. Die Bemühungen ↑Max Horkheimers, Benjamin in den Arbeitskreis des ↑Instituts für Sozialforschung zu integrieren und Benjamins Emigration nach ↑Amerika zu finanzieren, schlugen fehl. Benjamins Versuch, über die Pyrenäen nach Spanien zu entkommen, scheiterten. Auf der Flucht vor den Nazis nahm er sich in dem spanischen Grenzort Port-Bou am 26. September 1940 mit einer Überdosis Morphium das Leben.

»Es ist niemals ein Dokument der Kultur, ohne zugleich ein solches der Barbarei zu sein« heißt es in der siebenten These ›Über den Begriff der Geschichte‹ (BGS Bd. I·2, S. 696). In dem kurzen Text – seinem letzten, den er kurz vor seinem Tod abschloss –, formulierte Benjamin eine gänzlich neue materialistische Geschichtstheorie, die mit den vormaligen Auffassungen von Fortschritt, Chronologie, Zeit, Revolution und Geschichtsschreibung vollständig brach. Für die ↑›Dialektik der Aufklärung‹, an der Adorno und Horkheimer zur gleichen Zeit in den Vereinigten Staaten arbeiteten, sind Benjamins geschichtsphilosophischen Thesen von zentraler Bedeutung, auch wenn sie in der ›Dialektik der Aufklärung‹ nicht erwähnt werden. Adorno und Horkheimer veröffentlichten Benjamins Text 1942 zusammen mit Aufsätzen anderer Mitglieder des Instituts für Sozialforschung als interne Sonderausgabe der bereits eingestellten ›Zeitschrift für Sozialforschung‹. Die ›Dialektik der Aufklärung‹ erschien zwei Jahre später, 1944, unter dem Titel ›Philosophische Fragmente‹ – ebenfalls als hektografierte Sonderausgabe der ›Zeitschrift‹ für den institutsinternen Gebrauch.

Die Nähe zwischen Benjamins Text und Adornos und Horkheimers Gemeinschaftsarbeit ist, was die Theorie betrifft, vor allem wichtig für die Auseinandersetzung um eine kritische Theorie der Massenkultur und führt zurück auf den grundlegenden Aufsatz ›Das Kunstwerk im Zeitalter seiner technischen Reproduzierbarkeit‹, den Benjamin 1936 in der ›Zeitschrift für Sozialforschung‹ in französischer Übersetzung publizierte. Im selben Jahr veröffentlichte Adorno dort seinen Aufsatz ›Über [↑] Jazz‹. Durchgesetzt hat sich heute die Auffassung, dass sich Adorno und Benjamin in ihrer Kritik der Massenkultur fundamental unterscheiden. Dem ist zu widersprechen: Die Unterschiede scheinen eher der Dialektik der Sache geschuldet zu sein. Adorno weist in einem Brief an den Freund »ausdrücklich« auf die »gemeinsame Basis« hin (AB, S. 168). Die Aufsätze ›Über Jazz‹ und ›Das Kunstwerk …‹ sollten zusätzlich in einem von Adorno geplanten Sammelband über ›Massenkunst im Monopolkapitalismus‹ veröffentlicht werden.

Auch für Benjamin zeigte die Kontroverse eher Parallelen auf: »Ganz allgemein scheint mir, daß unsere Untersuchungen wie zwei Scheinwerfer, die von entgegengesetzten Seiten auf ein Objekt gerichtet werden, Umriß und Dimension der gegenwärtigen Kunst in durchaus neuer und sehr viel folgenreicherer Weise erkennbar machen als das bisher erzielt wurde.« (AB, S. 190) Während Adorno eher die strukturelle Logik und die Mechanismen der ↑Amüsierwaren beschreibt, die Verfahren der Standardisierung der stereotypen Massenprodukte in der ↑Kulturindustrie, geht es Benjamin um die emanzipatorischen Möglichkeiten einer durch die neuen Techniken veränderten Wahrnehmungsweise (Benjamin spricht vom »Choc« und der »Zerstreuung«). Schließlich diagnostiziert Benjamin eine ähnliche Dialektik der Kultur wie Adorno: Die Technik könne der Masse beim Kampf um die »Veränderung der Eigentumsverhältnisse« dienlich sein, und auf eine solche Veränderung hätte die Masse ohnehin ein Recht. Mit Blick auf den ↑Nationalsozialismus schreibt Benjamin, dass die faschistische Kultur der Masse lediglich einen »Ausdruck in deren Konservierung« zu geben versuche: durch die »Ästhetisierung der Politik« (BGS Bd. I·2, S. 467). Von Adornos Kritik der Kulturindustrie ist das nicht weit entfernt.

Berg, Alban (1885–1935) Ab 1925 studierte Adorno in ↑Wien Kompositionslehre bei Alban Berg, einem der Wegbereiter der ↑Neuen Musik beziehungsweise ↑Zwölftonmusik. »Es ist ja klar«, schrieb Berg am 28. Januar 1926 an Adorno, »eines Tages werden Sie sich, da Sie doch Einer sind, der nur auf's Ganze geht (Gott sei Dank!) für [↑] Kant *oder* Beethoven entscheiden müssen« (Berg, S. 66). »Mein lieber Herr und Meister«, lautete die Anrede, die Adorno im Briefwechsel oft für Berg benutzte.

Bescheidwissen Der Fetisch, eine persönliche Meinung haben zu müssen, das Dahergerede, der Jargon der vermeintlich Informierten waren für Adorno Ausdruck und zugleich Ursache der regressiven Tendenzen des offiziellen ↑Betriebs. Nach Adorno sind es die Pseudorebellen, die angeblichen Nonkonformisten, die sich in brenzligen Situationen doch als die treuesten Konformisten erweisen: »Jedes Urteil ist von den Freunden approbiert, alle Argumente wissen sie schon vorher [...]. Der Ehrgeiz geht allein darauf, im akzeptierten Vorrat sich auszukennen, die korrekte Parole zu treffen [...]. Sie tragen die Hornbrille mit Fensterglas vorm Gesicht der Durchschnittlichkeit einzig, um dadurch vor sich selber und auch im allgemeinen Wettrennen als ›brillant‹ besser abzuschneiden.« (GS Bd. 4, S. 236f.) Adorno meint die »jungen Bohémiens«, die Fans, die Jazzsubjekte, die sich in der ↑Popkultur längst als Charaktertypen etabliert haben. Die extremste Ausprägung des genannten Habitus findet sich bei dem zum Teil der ↑Kulturindustrie gewordenen Bürgertum, das sich an seiner ↑Halbbildung festhält, um nicht endgültig unterzugehen. In der ↑›Dialektik der Aufklärung‹ heißt es ›Gegen Bescheidwissen‹: »Daß Gescheitsein zur Dummheit wird, liegt in der historischen Tendenz.« (GS Bd. 3, S. 235)
Die Geste des Bescheidwissens ist heute fester Bestandteil der Kulturindustrie und wird mit Hilfe von deren Produkten propagiert – von der Illustrierten bis hin zu den Talk- und Quizshows. Zunehmend konvergiert dabei die »Promotion« der Stars mit dem inszenierten Expertentum der Politiker. So lässt sich der »Pop-Titan« Dieter Bohlen (seine Band Modern Talking verkaufte 160 Millionen Schallplatten) von der ›Bild‹-Zeitung im Dezember 2002 als Politiker vorführen: Er wolle sich »darum kümmern, dass es mit [↑] Deutschland wieder aufwärts geht«. Denn: »Als erfolgreicher Unternehmer weiß ich, wo es langgeht.« Und das sieht etwa so aus: Der Bundestag »ist zur Hälfte von Lehrern

besetzt, und Lehrer denken doch ganz anders als Unternehmer. Im Bundestag sollten mehr Wirtschaftslenker sitzen, Leute mit Visionen.« Bohlens Vision »über das deutsche Volk«: »Wir brauchen eine totale Rückbesinnung auf das Leistungsprinzip. Wir müssen an die Ur-Instinkte der Menschen appellieren: Leistung und Gier! Seid ein bisschen egoistischer! Jeder muss ein bisschen mehr Gas geben.«

Betrieb Der Schematismus des Denkens, mit dem mit ↑deutscher Sorgfalt alle Angelegenheiten erledigt, also »zu den Akten gelegt« werden, war für Adorno Inbegriff einer Rationalität, die nur noch pragmatisches Werkzeug ist, um möglichst effizient zum Ziel zu kommen, Inbegriff einer instrumentellen Vernunft, Ausdruck des ↑verdinglichten Denkens in der entfremdeten Gesellschaft. Eine solche Vernunft wurde in der ↑›Dialektik der Aufklärung‹ beschrieben. Sie orientiert sich am ↑Profitmotiv. Die Leistungsorientierung und Zurichtung auf Gewinnmaximierung hat die im ökonomischen Bereich herrschenden Verfahren längst für alle Sektoren der Gesellschaft gültig werden lassen, auch die der Kultur: Die Beschädigungen des Individuums lagern sich in der Kultur ab, sie sind Kultur. Deshalb galt Adornos Kritik vor allem dem Kulturbetrieb, insbesondere dem Musikbetrieb und dem akademischen Betrieb (vgl. ↑Amüsierbetrieb). Gleichwohl war selbst ein Adorno Angestellter des Betriebs, weshalb er Vorwürfen, er argumentiere vom ↑Elfenbeinturm aus, gelassen gegenüberstand.
In den ›Drei Studien zu Hegel‹ schreibt Adorno vom »heute wie damals vorwaltenden Wissenschaftsbetrieb«; dem opponiert kritische Theorie, indem sie »Kraft aus dem Widerstand gegen das tote Wissen: gegen das verdinglichte Bewußtsein« zieht (GS Bd. 5, S. 302). Dass allerdings auch die Kritik dem Betrieb unterliegt, schlägt sich in ihrer Struktur nieder: Sie erstarrt. Für die Kunst heißt das: »Ästhetik präsentiert der Philosophie die Rechnung dafür, daß der akademische Betrieb sie zur Branche degradierte. Sie verlangt von Philosophie, was sie versäumt: [...] Reflexion des in den Wissenschaften Versteinerten.« (GS Bd. 7, S. 391) Zugleich gilt: »Soweit Kunst dem sozial vorhandenen Bedürfnis entspricht, ist sie in weitestem Maß ein vom Profit gesteuerter Betrieb geworden, der weiterläuft, solange er rentiert

und durch Perfektion darüber hinweghilft, daß er schon tot ist.« (GS Bd. 7, S. 34)

Zum Betrieb gehört auch das »Betriebsklima« (GS Bd. 6, S. 474). Der Betrieb versucht es zu verbessern, indem er auf die »zwischenmenschliche Ebene« setzt, wie Adorno in den sechziger Jahren im ›Jargon der Eigentlichkeit‹ bemerkt. Das hat heute Konjunktur: Eine »Küchenpsychologie« hat die ökonomischen Leitungsebenen durchdrungen, von denen aus eine Innerlichkeit propagiert wird, die mit dem Bauch denkt; Ziel ist, Angestellte und Management als ↑Rackets zu befrieden und mit Teamgeist zusammenzuschweißen. Mit »emotionaler Intelligenz« soll der wachsende Konkurrenzdruck ausgehalten werden, mit »Kreativität« ist das Durchsetzungsvermögen gemeint. So wird das ↑Ich selbst zum Betrieb, zur »Ich-AG«, in der ↑verwalteten Welt, als welche die ↑Gesellschaft heute erscheint.

Bilder, Bilderverbot, Abbilder Aus dem jüdischen Denken übernimmt die ↑kritische Theorie das Bilderverbot: »Du sollst dir kein Bild von Gott machen.« Für die kritische Theorie heißt das, die ↑Utopie der besseren, befreiten Gesellschaft nicht darstellen zu können. Jedes Bild wäre nichts anderes als ein Abbild des Gegebenen, orientiert an den Mustern und Schemen der heute existierenden Gesellschaft. Die Utopie ist deshalb nur als negative beschreibbar: »Wir mögen nicht wissen, waß der Mensch und was die rechte Gestaltung der menschlichen Dinge sei, aber was er nicht sein soll und welche Gestaltung der menschlichen Dinge falsch ist, das wissen wir, und einzig in diesem bestimmten und konkreten Wissen ist uns das Andere, Positive, offen.« (GS Bd. 8, S. 456)

»Bild« ist zugleich komplementär zu »Begriff«; das vorbegriffliche Denken ist eines in Bildern. Auch die Medien gewinnen bekanntlich ihre Macht durch die suggestive Kraft der Abbilder, die sie von der Welt liefern. Insofern gilt philosophisch das Bilderverbot nicht nur für die Bilder, in denen wir denken, sondern für das unreflektierte Denken in Bildern selbst. »Die materialistische Sehnsucht, die Sache zu begreifen, will das Gegenteil: nur bilderlos wäre das volle Objekt zu denken. Solche Bilderlosigkeit konvergiert mit dem theologischen Bilderverbot. Der Materialismus säkularisierte es, indem er nicht gestattete, die Utopie positiv auszumalen; das ist der Gehalt seiner Negativität. Mit der Theologie kommt er dort überein, wo er am materialistischsten ist. Seine Sehnsucht wäre die Auferstehung des Fleisches.« (GS Bd. 6, S. 207) Somit greift das Bilderverbot in das Problem der ↑›Negativen Dialektik‹ ein; Reflexion kann sich nicht mit einer einfachen Abbildung der Welt begnügen. »Abbildendes Denken wäre reflexionslos, ein undialektischer Widerspruch; ohne Reflexion keine Theorie.« (GS Bd. 6, S. 206)

Gegen das abbildende Denken ist eine Dialektik des Bildes zu verteidigen, wie sie ↑Walter Benjamin entworfen hat. Das dialektische Bild verweist auf eine Dialektik im Stillstand – einem Bild ähnlich, das einem Schlafenden im Traum erscheint – und manifestiert sich in den Waren. Benjamin beschreibt im ›Passagen-Werk‹ das neunzehnte Jahrhundert als Traumschlaf einer Epoche: Die bürgerliche Gesellschaft träumt, sie sei erwacht, das heißt, sie habe ihre humanistischen Ideale verwirklichen können. Tatsächlich aber hat sie eine technische und ökonomische Gewalt entfesselt, in deren Folge die Menschen in Elend und Armut gesetzt werden. Statt jedoch die Aufmerksamkeit auf die Linderung der Not zu richten, konzentriert sich die Gesellschaft auf die Ausweitung der kapitalistischen Warenproduktion sowie den Ausbau der Zirkulations- und Konsumsphäre. Die großen Ziele der bürgerlichen Revolution wie Freiheit, Gleichheit und Menschenrechte finden ihren Ausdruck in »phantasmagorischer Form« (↑Marx) in den Waren. Die Welt des Bürgers wird mit Samt überzogen, verschwindet in den Rüschen der Mode, wird mit Pflanzenornamenten verhängt und in Etuis versteckt. Der ↑Fetischcharakter der Waren kristallisiert sich in den Neuheiten, die auf den Weltausstellungen präsentiert werden. Diese »Nouveautés« vergleicht Benjamin mit den Allegorien des siebzehnten Jahrhunderts und nennt sie dialektische Bilder: In ihrer Vieldeutigkeit scheinen sie dem Dargestellten weitere Bedeutungen hinzuzufügen, doch sie verraten nichts über das gesellschaftliche Dasein der Menschen, sondern verschleiern vielmehr die Zusammenhänge (vgl. BGS Bd. V·1, S. 55f.). – Adorno greift Benjamins Theorie des dialektischen Bildes in seinem ›Kierkegaard‹-Buch auf. Es geht ihm – wie auch Benjamin – um die geschichtsphilosophische Dimension, um das »Verhältnis von Dialektik, Mythos und Bild. [...] Dialektik hält

im Bild inne und zitiert im historisch Jüngsten den Mythos als das Längstvergangene: [↑]Natur als Urgeschichte.« (GS Bd. 2, S. 80)
Die dialektischen Bilder, die keine bloßen Abbildungen sind, nennen Benjamin und Adorno Vexierbilder. Es sind bewegliche, ja, sich im Laufe der Geschichte verändernde Bilder, Speicher historischer Erfahrung. Solche Bilder wären angesichts einer ↑Dialektik der Aufklärung, wie sie das zwanzigste Jahrhundert charakterisiert, die einzig vorstellbare Möglichkeit, aus den von der ↑Katastrophe zurückgelassenen Trümmern wenigstens Richtungsvorgaben für eine ↑Utopie zu gewinnen. Für Adorno sind nur Kunstwerke in der Lage, so etwas zu leisten (während Benjamin noch auf die emanzipatorische Kraft sozialer Bewegungen setzte): »»Die ästhetischen Bilder sind kein Unbewegtes, keine archaischen Invarianten: Kunstwerke werden Bilder dadurch, daß die in ihnen zur Objektivität geronnenen Prozesse selber reden.« (GS Bd. 7, S. 132f.) Nach ↑Auschwitz allerdings scheinen auch solche ästhetische Bilder nicht länger möglich zu sein. In Analogie zur philosophischen Problematik des ↑Begriffs, eben das Nichtbegriffliche begrifflich fassen zu wollen, kann für die Kunst konstatiert werden, dass sie mit Bildern zu operieren hätte, die dem gerecht werden müssten, was sich der Abbildung oder der Abbildbarkeit überhaupt verwehrt. Insofern sind die utopischen Bilder, die die Kunst entwirft, zugleich bilderlose, negative Utopien. Für die Kunst im zwanzigsten Jahrhundert gilt: Das geschichtliche Grauen, die Vernichtung von Millionen Menschen, ist weder mit Hilfe des sachlichen Bildes darstellbar, wie etwa der fotografischen Dokumentation, noch mit den Mitteln der Kunst. Hier liegt die Begründung für Adornos berühmten Satz, »Nach Auschwitz ein [↑] Gedicht zu schreiben, ist barbarisch.« (GS Bd. 10·1, S. 30)

Bloch, Ernst (1885–1977) Nach dem Studium der Philosophie und Physik lebte Bloch zunächst als freier Schriftsteller in Berlin. 1933 emigrierte er in die Tschechoslowakei, 1938 in die Vereinigten Staaten von ↑Amerika. Hier schrieb er große Teile seines Hauptwerks ›Das Prinzip Hoffnung‹ (veröffentlicht 1954–57), in dem er seine Philosophie des Noch-Nicht, der konkreten ↑Utopie entwickelt. Von 1949 bis 1957 war er Ordinarius für Philosophie an der Universität Leipzig. Bloch geriet in Konflikt mit der offiziellen Variante des Marxismus-Leninismus in der Deutschen Demokratischen Republik und entschied sich während eines Besuchs in der Bundesrepublik, im Westen zu bleiben. Ab 1961 war er Ordinarius für Philosophie an der Universität Tübingen; in den Sechzigern hatte er immensen Einfluss auf die westdeutsche außerparlamentarische Opposition.

Während Adornos ↑kritische Theorie weitgehend von ↑Verzweiflung geprägt ist, eröffnet Bloch in seiner Philosophie der ↑Hoffnung eine geradezu optimistische Perspektive auf die Möglichkeit einer besseren Welt. Die Menschen geben dieser konkreten Utopie in der Phantasie, in Tagträumen, in den Religionen, in der Kunst, auch in der Massenkultur und ihren Waren Ausdruck. In der Hoffnung versteckt sich die größte aller Utopien, die eines befreiten und befriedeten Daseins. In diesem Sinne beendet Bloch im ›Prinzip Hoffnung‹ im biblischen Ton einer Offenbarung: »Die Wurzel der Geschichte aber ist der arbeitende, schaffende, die Gegebenheiten umbildende und überholende Mensch. Hat er sich erfasst und das Seine ohne Entäußerung und Entfremdung in realer Demokratie begründet, so entsteht in der Welt etwas, das allen in die Kindheit scheint und worin noch niemand war: Heimat.« (Bloch 1973, S. 1628)

Bloch blieb ein Außenseiter und Einzelgänger. Darin gleicht er ↑Walter Benjamin, mit dem er eine Zeit lang eng befreundet war. Er schrieb Rezensionen für die ›Zeitschrift für Sozialforschung‹, das Publikationsorgan des ↑Instituts für Sozialforschung, zu dessen Forschungskreis er einen lockeren Kontakt pflegte; ein im Rahmen der Institutsveröffentlichungen geplanter Sammelband über Theorien des Materialismus, an dem Bloch mitarbeiten sollte, kam nicht zustande. Den dafür vorgesehenen Text baute Bloch zum Buch aus. Geschrieben Ende der dreißiger Jahre, erschien es 1972 unter dem Titel ›Das Materialismusproblem, seine Geschichte und Substanz‹.

Adorno war bereits als Abiturient von Blochs Frühwerk ›Geist der Utopie‹ (erste Fassung 1918, zweite Fassung 1923) beeindruckt, er nannte das Buch einen ↑»Heldenschatz«. Was Adorno an Bloch schätzte, wenn auch nicht rückhaltlos befürwortete, war das Expressive einer Philosophie, die geradeheraus sagt, wo sie hin will und die Philosophiegeschichte lebendig werden lässt: So wie in der modernen Kunst Vergangenes zitiert wird, oder wie ↑Schönberg empfahl, Kompositionen älterer Epochen schneller zu spielen, so ging Bloch durch die Theoriegeschichte, nahm Bezug auf Lenin, um gleich darauf den Bogen zum mittelalterlichen Materialismus Averoes' zu spannen; dem konnte dann eine längere Ausführung zu Aristoteles oder ↑Hegel folgen. »Vergleichbar wäre dies Tempo dem expressionistischen, verkürzenden. Philosophisch notiert es eine veränderte Stellung zum Objekt. Nicht länger kann es ruhig, gelassen betrachtet werden. Es wird, wie im emanzipierten Film, mit bewegter Kamera gedacht.« (GS Bd. 11, S. 562) Hinzu kommt das Philosophieren mit Abseitigem, gewissermaßen mit den Resten des akademischen ↑Betriebs. Bloch sei »vielleicht ein Sammler wie Benjamin«, heißt es bei Adorno (GS Bd. 11, S. 563). Vor allem war Bloch ein Geschichtenerzähler, der aus der Philosophie ein wirkliches Abenteuer machen konnte, ein Philosoph der Anekdote. Das hatte er mit Benjamin gemeinsam, nicht aber mit Adorno: Bloch lag die philosophische Beobachtung des Alltags näher, er hatte Sinn für die Kolportage, für Kriminalgeschichten und Karl May (↑Indianer-Joe).

Adorno zitiert Bloch gelegentlich, wenn er ↑Heidegger, vor allem dessen ↑›Jargon der Eigentlichkeit‹, kritisiert. 1964 kam es zwischen Adorno und Bloch zu einer legendären Begegnung. Sie diskutierten im Hessischen Rundfunk zum Thema ›Etwas fehlt ... Über die Widersprüche der utopischen Sehnsucht‹. Einigkeit bestand in dem Punkt des ↑Bilderverbots: Utopie darf nicht »ausgepinselt« werden. Einem philosophischen Taschenspielertrick gleicht die dialektische Wendung, dass Utopie zwar konkret sein müsse (Bloch), aber gerade deshalb nur als negative möglich sei (Adorno).

Blues Einmal hat Adorno auch Blues gehört, jedenfalls hat er 1931 eine Komposition von Eugen d'Albert zur Kenntnis genommen, die ›Blues für Klavier‹ heißt. Sein Urteil: »Daß der Blues jazzgerecht sei, läßt sich bei bestem Willen nicht sagen. Die Rhythmik mit ihren sehr bescheidenen Scheintakten ist zu primitiv; die veristisch-erotische Atmosphäre der Harmonik will sich zur schnöden Synkope nicht schicken.« (GS Bd. 19, S. 314)

Am Blues dürfte Adorno die ↑Verzweiflung so wenig wahrgenommen haben wie später am ↑Jazz das Standhalten, die Haltung des ↑Cool.

C

Communication Industry Bevor Adorno zusammen mit ↑Max Horkheimer in der↑›Dialektik der Aufklärung‹ und mit ↑Hanns Eisler in ›Komposition für den Film‹ den Begriff der ↑Kulturindustrie entwickelte, sprach er von der Communication Industry oder – wie auch Eisler – von der Vergnügungsindustrie. ↑Ernst Bloch nannte diesen Komplex Traumfabrik, Hans-Magnus Enzensberger führte später den Begriff Bewusstseinsindustrie ein und Wolfgang Fritz Haug den Terminus Illusionsindustrie. Mit diesen Begriffen werden Grundtendenzen der modernen Massenmedien bezeichnet: Das Publikum wird zu Konsumenten gemacht und mit Informationen als Ware beliefert, die Kommunikation, die von den Massenmedien ermöglicht wird, fließt einseitig allein vom Sender zum Empfänger. Adorno selbst hat später auf diese »Einbahnstruktur der Massenmedien« verwiesen (GS Bd. 20·1, S. 342).
Den Begriff »Kulturindustrie« hat vermutlich Horkheimer als Erster benutzt. 1942 schrieb er an ↑Löwenthal über die Schwierigkeiten, in ↑Amerika im Wissenschaftsbetrieb Fuß zu fassen: »Die Leute wollen hier einfach nicht begreifen, daß es eine Gruppe von Wissenschaftlern geben kann, die unter einem Leiter arbeitet, der nicht im Dienste des big business oder der Kulturindustrie steht.« (Zit. nach Jay 1985, S. 146)

Computer Adorno hat die mikroelektronische Revolution der modernen Computertechnologie lediglich in ihren Anfängen mitbekommen: In den sechziger Jahren füllten Computer, obschon sie lediglich einfache Rechenoperationen durchführen konnten, ganze Stockwerke aus. Dennoch hat Adorno – durchaus im Sinne aktueller Technikkritik – die Möglichkeiten des

Computers bereits vorweggenommen: »Der menschenwürdige Sinn der Computers wäre es, das Denken der Lebendigen so sehr zu entlasten, daß es Freiheit gewinnt zu dem nicht schon implizierten Wissen.« (GS Bd. 10·2, S. 600)

The Consolidated Amerikanische Industrial-Hip Hop-Gruppe der neunziger Jahre, die auf ihrer Platte ›The Myth Of Rock‹ Adorno in ihrer Danksagung erwähnt. In einem Song heißt es: »All music is regressive.« Friedrich-Wilhelm Pohl hatte 1984 auf einer Tagung über Adorno darauf hingewiesen, »daß Breakdance und [↑] Metaphysik nicht so weit voneinander entfernt sind, wie es auf den ersten Blick scheinen mag« (Pohl 1984, S. 57; ↑Kulturindustrie, ↑Popkultur).

Cool Kann man Adorno vorwerfen, dass er uncool war? Adorno kennt den »Hot-Jazz« und dazu das »Hot-Subjekt«, das »Hot-Ich« – Abziehbilder der Individualität, die als ↑Exzentrikclowns fungieren (vgl. GS Bd. 17, S. 96 ff.). Beim ↑Jazz seien die »Stichworte« Swing, Bebop, Cool Jazz, mit denen seine Phasen benannt werden, »zugleich Reklameslogans« (GS Bd. 14, S. 213).
Im Bebop wird ein wilder, heißer, zum Teil aggressiver Jazz gespielt. Der Saxophonist Charlie Parker, der Trompeter Dizzy Gillespie, der Schlagzeuger Art Blakey oder der Pianist Thelonius Monk prägten diese Spielweise Anfang der vierziger Jahre: Unruhe, sich brechende und jagende Phrasen und ein schneller, verdoppelter Rhythmus (8/8 statt 4/4) kennzeichnen die Jam-Sessions in New York. Dem folgte Ende der vierziger Jahre an der Westküste eine Gegenbewegung, die Adorno hätte gefallen müssen: Statt des improvisierten Spiels von Frage und Antwort standen nun Harmonik und Melodik im Vordergrund – eine nach theoretischen Prinzipien konstruierte Musik, die an die kartografischen und konstruktivistischen Bilder von Piet Mondrian erinnert: 1949 und 1950 nahm Miles Davis ›The Birth of the Cool‹ auf, dann kamen Lennie Tristano, Gerry Mulligan, Gil Evans, Dave Brubeck und schließlich das Modern Jazz Quartett. Flächen, schwingende Linien, ruhige Zeitmaße bestimmten die Musik, statt des wilden, heißen Jazz wurde nun ein transparenter Cool Jazz gespielt.
Alexander Kluge berichtet von einem Konzert, bei dem sich

auch Adorno unter den Zuhörern befand: »Er, der von den Anwesenden diese Musik vermutlich als einziger dechiffriert, wiegt seinen Kopf zu den Tönen, das Haar wie Pulloverflausch, in der inneren Bewegung der Musik, also nicht so, daß ein Laie dies für musikalisch gehalten hätte, nicht wie ein Metronom, das die Takte skandiert.« (Kluge 1978, S. 305) – Ist diese Haltung cool? Eine Frage der Entscheidung: Ja, sie ist cool: weiterlesen bei: ↑Unterhaltung. Nein, Adorno ist sowieso uncool: weiter mit ↑Resignation. Wenn ›Nein‹ als Vorwurf gemeint ist: bitte zu ↑Verblendungszusammenhang.

Crooner Sänger mit sentimentalem, einschmeichelndem Vortragsstil, die damit eine besondere Art von Entertainment und von Unterhaltungsshows geprägt haben, die als »schmalzig« gilt. Bekannt sind Bing Crosby, Tony Bennett, Dean Martin, Frank Sinatra und andere. Crooner haben eine »eunuchenhafte Stimme im [↑] Radio«. Für Adorno und ↑Horkheimer stand deshalb fest: »Crooner [...] sind Vorbilder für die Menschen, die sich selbst zu dem machen sollen, wozu das System sie bricht.« (GS Bd. 3, S. 176) – »Was Expressionisten und Dadaisten polemisch meinten, die Unwahrheit am Stil als solchem, triumphiert heute im Singjargon des Crooners.« (GS Bd. 3, S. 152) Schließlich die Hörigkeit der Fans: »Sind es Mädchen, so haben sie sich geschult, bei der Stimme eines Crooners, eines Jazzsängers, in Ohnmacht zu fallen.« (GS Bd. 10·1, S. 132) Der Crooner ist die kulturindustrielle Variante des Bohemiens, der Dandy im Zeitalter des Fordismus: »Der gut Aussehende, der im Smoking, spät abends, allein in seine Junggesellenwohnung kommt, die indirekte Beleuchtung andreht und sich einen Whisky-Soda mischt: das sorgfältig aufgenommene Zischen des Mineralwassers sagt, was der arrogante Mund verschweigt; daß er verachtet, was nicht nach Rauch, Leder und Rasiercrème riecht, zumal die Frauen, und daß diese eben darum ihm zufliegen.« (GS Bd. 4, S. 50f.)
Auch hier ist es ähnlich wie mit Adornos Urteil über ↑Jazz. Die Kritik trifft, verfehlt aber das, was die kritische Theorie herausarbeiten sollte: die dialektische Spannung im Materialzusammenhang, den immanenten ↑Wahrheitsgehalt dieser Musik. Die Rolle, die der Crooner spielt, gehört zur Farce von einem Leben, das für ihn selbst zur Tragödie wird. Ausgerechnet der Crooner

ist jener Typus des Stars der ↑Kulturindustrie, bei dem das ideologische Motiv dermaßen übersteigert hervortritt, dass in dieser Übersteigerung erste Risse bereits auch das Elend dahinter sichtbar werden lassen. Insofern haben Crooner mehr gemeinsam mit Becketts ↑›Endspiel‹, als Adorno ahnt. Die ↑Kulturindustrie betrügt um das ↑Glück, und die Crooner besingen diesen Betrug, nicht das Glück. Der Crooner modelt diesen Betrug um zu seiner Chance. Deshalb darf Sinatra nicht sterben; notfalls wird er auf der Videoleinwand reanimiert, wo Robbie Williams versucht, die Klischees des betrogenen Gewinners zu seinem Erbe zu machen. ›Swing when you are winning‹ heißt seine Hommage an die Crooner, eine Referenz an seine Platte ›Sing when you are winning‹. Nichts allerdings von der Forderung Malcolm X', »Stop singing, start swinging!«, die sich gegen rassistische ↑Unterhaltung richtet.

Zusatz: ›To croon‹ heißt auch ›summen‹ – und das mochte Adorno sowieso nicht. An einigen Stellen mokiert er sich über das beiläufige Vor-sich-her-Summen und ↑Pfeifen.

Cultural Studies Die gängigsten Vorwürfe gegen die Kritik der ↑Kulturindustrie, die Adorno und ↑Horkheimer in der ↑›Dialektik der Aufklärung‹ entwickeln, lauten: a) die These von der Kulturindustrie sei elitär und zeuge von einer Verachtung der Massen; b) ↑Massenkultur bedeutete durchaus eine Demokratisierung; c) trotz eines schematisierten Angebots an ↑Unterhaltung zeige das Publikum einen eigenständigen und reflektierten Umgang mit den Medien, der keineswegs manipuliert sei; d) die Massenkultur werde den Konsumenten nicht nur vorgesetzt, sondern auch von diesen mitgestaltet; e) die Produkte der Kulturindustrie seien keineswegs stereotyp, sondern vielfältig, anspruchsvoll und repräsentierten die differenzierten ästhetischen Bedürfnisse der Menschen: Massenkultur sei keineswegs Schund; f) die der Kulturindustrie zugrunde liegende Ökonomie sei kein monopolkapitalistischer Block, sondern bestimmt von konkurrierenden Kleinbetrieben, die für die Vielfalt des kulturellen Marktes sorgten; g) es sei nicht nachweisbar, dass die ↑Amüsierwaren ↑Fetischcharakter hätten, Kultur auf ↑Verdinglichung hinausliefe und die Gesellschaft selbst eine ↑verwaltete Welt sei; h) vielmehr zeige sich gerade im Konsumverhalten,

also in der unmittelbaren Bindung der Menschen an die Waren, ein Moment des Widerstands, eine Möglichkeit der Selbstermächtigung oder zumindest eine Strategie, sich unter den gegebenen Bedingungen das Leben einzurichten.
Die Auseinandersetzung mit der Jugend- und ↑Popkultur, die sich in den fünfziger Jahren des zwanzigsten Jahrhunderts entwickelte, führte zu einem Perspektivenwechsel in der kritischen Beschäftigung mit der Massenkultur, in deren Zuge die Kulturindustriethese in die Kritik geriet: Rocker, Mods, Skinheads, ↑Punks etc. bastelten im Sinne der ›Bricolage‹ (Claude Lévi-Strauss) in eigensinniger und selbstmächtiger Weise ihren jeweiligen »Stil«. Das schien, wie die Cultural Studies in ihren Untersuchungen herausstellten, vor allem Adornos und ↑Horkheimers Kritik der Kulturindustrie zu widersprechen. Zunächst galten die Forschungen des 1964 in Birmingham gegründeten Centre for Contemporary Cultural Studies (CCCS) marginalisierten Formen einer Arbeiterkultur, die bislang von der Kultur- und Sozialforschung kaum berücksichtigt worden war. Die Aufmerksamkeit der Cultural Studies richtete sich insbesondere auf die widerständigen und subversiven Artikulationsmöglichkeiten der Alltagskultur. In den folgenden Jahrzehnten entwickelten sich die Cultural Studies zu einem Studienfach. Im deutschsprachigen Raum konvergierten die Cultural Studies mit den Disziplinen der Kulturwissenschaften. Die linkspolitische Orientierung der frühen Cultural Studies, die in den siebziger Jahren noch der Neuen Linken, dem Neomarxismus und den Neuen Sozialen Bewegungen durch begleitende Forschung und politische Unterstützung verbunden waren, wurde zugunsten einer breiteren thematischen und methodischen Positionierung ohne explizite gesellschaftskritische Fundierung aufgegeben. Mittlerweile sind Kulturforschungen im Namen der Cultural Studies eine akademische Mode. Nichtsdestotrotz spielen politisch brisante Themen eine wichtige Rolle. Heute bilden, inspiriert durch die ↑französische Philosophie, etwa die Subjekt- und Machtkritik Michel Foucaults, Rassismus und Geschlechterverhältnis die Forschungsfelder der Cultural Studies.
Autoren wie John Fiske, Simon Frith, aber auch der Pragmatist Richard Shusterman plädieren für offene ›Lesarten des Populären‹ (Fiske 2000). Gegen die »Reduzierung der Kultur auf Ware

und Ideologie« (Frith 1981, S. 52) wird populäre Kunst als »stärker erdgebundenes (*down-to-earth*) und demokratischeres Leuchten eines verbesserten Lebens und einer bereicherten Verstehens-Gemeinschaft« (Shusterman 1994, S. 14f.) verteidigt. Gleichwohl spielt die Kulturindustriethese noch immer eine wichtige Rolle innerhalb der Cultural Studies. In den gängigen Readern (es waren die frühen Cultural Studies, von denen die Reader – Sammlungen von Texten und »Working Papers« – als wissenschaftliche Publikationsform etabliert wurden) finden sich nach wie vor Beiträge von Adorno, eben etwa das Kulturindustriekapitel aus der ↑›Dialektik der Aufklärung‹, als Grundlagentexte. Gleichwohl wurde insbesondere die Kulturindustriethese einer fundamentalen Kritik unterzogen.

In drei entscheidenden Punkten ist die ↑kritische Theorie Adornos aber von den Cultural Studies abzugrenzen. Eine kritische Theorie der Kultur muss reflektieren: erstens die Erfahrung der ↑Katastrophe, aus der man schlussfolgert, dass seit ↑Auschwitz alle Kultur ↑Müll sei; zweitens die dialektische Kritik der politischen Ökonomie, also eine Kritik der Tauschverhältnisse und der Warenlogik, die sich nicht auf eine Kritik der Kommerzialisierung der Kulturprodukte reduziert. Drittens ist der Kulturbegriff der kritischen Theorie kritisch-dialektisch, während der Kulturbegriff der Cultural Studies eher pragmatisch-deskriptiv zu verstehen ist. Raymond Williams, einer der Wegbereiter der Cultural Studies, definiert Kultur als »umfassende Lebensweise, [...] als Weg, alle unsere gemeinsamen Erfahrungen zu interpretieren«. Adorno hingegen geht vom »Doppelcharakter« der Kultur aus: Einerseits manifestiert sich als Kultur die »Gestaltung des realen Lebens« in der Sphäre des Geistes und der geistigen Werte; als solche bleibt Kultur ohnmächtig gegen die »blind sich bewegenden Verhältnisse«. Sie sollte Barbarei verhindern und hat doch dazu beigetragen, dass der Massenmord von Auschwitz möglich wurde. Andererseits ist Kultur »Anpassung« im Sinne der ↑Psychoanalyse: eine »Bändigung der animalischen Menschen« (GS Bd. 8, S. 94f.).

Kultur bedeutet Vergesellschaftung und ist abhängig von den ökonomischen Bedingungen, die allerdings in der Optik der Cultural Studies auf ein Epiphänomen des Kulturellen verkürzt werden. Adorno resümiert: »Der Doppelcharakter der Kultur, dessen Balance gleichsam nur augenblicksweise glückte, entspringt im unversöhnten gesellschaftlichen Antagonismus, den Kultur heilen möchte und als bloße Kultur nicht heilen kann.« (GS Bd. 8, S. 96) Zudem begreift kritische Theorie Kultur wesentlich als Ideologie, die ihren Ausdruck in dem vielfältigen Angebot an Amüsierwaren findet; Kultur – als scheinbar vom gesellschaftlichen Ganzen abgetrennter Bereich – ist Ideologie. Die Unterscheidung von Hochkultur, niederer Kultur, Esskultur, Gesprächskultur, Streitkultur, Popkultur oder selbst Joghurtkulturen, basiert auf einem Kulturbegriff, der sich überhaupt erst im neunzehnten Jahrhundert herausgebildet hat. Diese Mehrschichtigkeit des Kulturbegriffs reflektiert die kritische Theorie als eine ↑Dialektik der Kultur.

Zu den gegen die Kulturindustrie-These geäußerten Einwänden ließe sich insofern anmerken:

a) Kritik der Kulturindustrie hält eher eine Position für elitär und massenverachtend, die den Massen nicht mehr Kultur zutraut als diejenige, die geboten wird.

b) Dass Kulturwaren – vielleicht – »demokratisch« verfügbar sind, sagt noch nichts über den Grad politischer Demokratie – das haben die Studien zur ↑autoritären Persönlichkeit gezeigt.

c) Würden die schematisierten Produkte tatsächlich ebenso schematisch konsumiert, wäre es noch schlimmer um die Konsumenten bestellt. – Die Kritik, die von der kritischen Theorie geübt wird, zielt darauf, dass sich Menschen überhaupt einen Großteil ihrer Freizeit mit den Angeboten der Kulturindustrie beschäftigen, gleichgültig, ob nun mit Dieter Bohlen, Madonna oder Herbert von Karajan.

d) Selbstverständlich wird die Kulturindustrie nicht in der Art einer großen Verschwörung in irgendeiner geheimen Etage »gemacht«. – Es gehört vielmehr zum Charakter der modernen Unterhaltungsbranche, dass alle eingespannt werden und Anteil nehmen dürfen (einmal davon abgesehen, dass Mitmachen ja zum Beispiel auch die unterbezahlten Zeichner meint, die in China die Trickfilme Disneys und anderer Studios kolorieren).

e) Wenn die Dauerberieselung mit Soaps, Sit-Coms, Telefonsexwerbungen, menschenverachtenden Animefilmen im Kinderprogramm, Teleshop-Sendungen und von Privatunternehmen verwalteten Nachrichtensendungen der Beweis für ein ästhetisch gehalt- und anspruchsvolles Fernsehen sein soll, vielleicht sogar hier und da subversive Rezeptionsweisen des Publikums provoziert, dann bleibt einmal mehr fraglich, wieso das Publikum keine Anstrengung darauf verwendet, an den bestehenden Verhältnissen etwas zu ändern, sondern sein volles Einverständnis mit dem Gebotenen demonstriert.

f) Bezüglich der ökonomischen Verhältnisse steht eine Kritik der Kulturindustrie im Zeitalter der Globalisierung noch aus, denn tatsächlich sind die Medien derzeit in der Hand von drei, vier multinationalen Konzernen, von denen der Weltmarkt abhängig ist – ohne dass mit dieser Feststellung die kulturindustrielle Dynamik beschrieben wäre.

g) Vom Radiowecker bis zum CD-Rohling, von der Videokassette bis zum Fernsehgerät, vom Musical bis zum Urlaubsvergnügen – jedes »kulturelle« Produkt und jede »kulturelle« Tätigkeit ist heute über den ökonomischen Markt vermittelt – warum soll das nicht »verwaltete Welt« genannt werden?

h) Die Vorstellung, durch den abstrakten Tauschvorgang, der behelfsweise mit Metallmünzen, Papierscheinen und Plastikkarten konkretisiert wird, könne in irgendeiner Weise Widerstand ausgedrückt werden, erscheint nachgerade absurd; höchstens in der Absurdität dieser Idee läge vielleicht ein surreales, subversives Moment.

D

»Das Ganze ist das Unwahre.« (GS Bd. 4, S. 55) Neben Sätzen wie ↑»Es gibt kein richtiges Leben im falschen« oder »Bei vielen Menschen ist es bereits eine Unverschämtheit, wenn sie [↑] Ich sagen« eine der bekanntesten aphoristischen Äußerungen Adornos. Sie spielt an auf ↑Hegels Satz »Das Wahre ist das Ganze« aus der ›Phänomenologie des Geistes‹. Hegels Formulierung zielte darauf ab, dass die Welt als Einheit, in ihrer ↑Totalität, »wahr« sei, im Sinne von »richtig« und »vernünftig«. Erscheinen uns auch viele Ereignisse, Einzelheiten des Lebens und tragische

Augenblicke der Geschichte leidvoll, falsch und ungerecht, so sind sie nach Hegel eben doch Teil eines in sich stimmigen, logischen und rationalen Ganzen. Zu Grunde liegt dem die Vorstellung einer Fortschrittslogik, eines religiösen Modells von der Erlösung des zu sich selbst kommenden Weltgeistes. In der kritischen Theorie wird dieser Weltgeist zur ↑Utopie einer kommunistischen Weltgesellschaft. Doch schon ↑Marx hatte gegen Hegel bemerkt, dass ein möglicher Geschichtsverlauf, der auf den Kommunismus hinsteuere, zumindest nicht glatt über Elend und Unrecht hinweggehe; vielmehr äußerten sich Widersprüche als soziale Kämpfe; Revolten und Revolutionen seien die »Lokomotiven der Weltgeschichte« (Marx). Das Wahre ist also nicht das gegebene, abgeschlossene Ganze, sondern ein erst herzustellendes Ganzes, ein erst einzurichtender Zustand ↑»realen Humanismus«. Im zwanzigsten Jahrhundert, das als »Zeitalter der Extreme« (Eric Hobsbawm), »Zeitalter der Angst« (Fredric Jameson) oder »Zeitalter des Exterminismus« (Edward P. Thompson) beschrieben wurde, verschärft sich die geschichtliche Dynamik, so dass Hegels Satz nur in seiner Negation gilt: Spätestens mit ↑Auschwitz, der Erfahrung des ↑Nationalsozialismus und zweier Weltkriege ist diese positive und teleologische Geschichtsphilosophie nicht mehr haltbar.

Adorno hebt Hegels Satz doppelt auf, indem er einerseits das Wahre als das Unwahre enttarnt und andererseits den Bezug zum Ganzen umkehrt: Bei Hegel ist das idealistische Wahre das wahre Ganze, bei Adorno hingegen das wahre Ganze das Unwahre materieller Umstände. In den ›Drei Studien zu Hegel‹ führt er aus: »›Das Ganze ist das Unwahre‹, nicht bloß weil die These von der Totalität selber die Unwahrheit, das zum Absoluten aufgeblähte Prinzip der Herrschaft ist. [...] Das ist das Wahre an Hegels Unwahrheit. Die Kraft des Ganzen, die sie mobilisiert, ist keine bloße Einbildung des Geistes, sondern die jenes realen [↑] Verblendungszusammenhangs, in den alles Einzelne eingespannt bleibt. [...] Der Strahl, der in all seinen Momenten das Ganze als das Unwahre offenbart, ist kein anderer als die Utopie, die der ganzen Wahrheit, die noch erst zu verwirklichen wäre.« (GS Bd. 5, S. 324f.).

Nachdem während einer Demonstration am 2. Juni 1967 der Student Benno Ohnesorg von einem Polizisten erschossen worden war, kursierte ein Comic des Zeichners Alfred von Meysenburg, überschrieben mit »Das Ganze ist ein sagenhafter Vorgang!«: Eine Frau wird von einem Polizeiknüppel getroffen, sagt: »Schluchz!! Das Ganze ist das Unwahre!« Und: »Das Ganze ist ganz einfach zum Kotzen!« (Vgl. Kraushaar 1998, S. 256).

Deutschland, die Deutschen, das Deutsche 1949 kehrte Adorno aus ↑Amerika in seine Geburtsstadt ↑Frankfurt am Main zurück und wurde wie auch sein Freund und Kollege ↑Max Horkheimer zu einem der wichtigsten Intellektuellen der deutschen Nachkriegszeit. Der ↑Nationalsozialismus hatte Adorno zur Emigration gezwungen, und auch das, was sich nach 1945 als demokratische Gesellschaft versuchte, war von faschistischen Tendenzen, vom ↑Antisemitismus längst noch nicht frei. Adornos Bezug zum Deutschen, auch zur deutschen Nation, war durchaus ambivalent. Jeder Nationalismus stand ihm fern. Gleichwohl ist die deutsche Philosophie, sind Kant, Hegel und Nietzsche, auch die unheilvolle Traditionslinie hin zu Richard Wagner Bezugspunkte der kritischen Theorie Adornos. »Der Entschluß zur Rückkehr nach Deutschland war kaum einfach vom subjektiven Bedürfnis, vom Heimweh, motiviert, so wenig ich es verleugne. Auch ein Objektives machte sich geltend. Das ist die Sprache [...]. Vielmehr hat die deutsche Sprache offenbar eine besondere Wahlverwandtschaft zur Philosophie, und zwar zu deren spekulativem Moment, das im Westen so leicht als gefährlich unklar – keineswegs ohne allen Grund – beargwöhnt wird.« (GS Bd. 10·2, S. 699 f.) Das ist nun nicht, wie gelegentlich behauptet wird, ein Brückenschlag zum ↑Jargon der Eigentlichkeit, also zur Philosophie ↑Heideggers, sondern zeigt gegenteilig die größte Distanz dazu: Adorno verweist auf das *spekulative Element* der Sprache, Heidegger hingegen auf das *bodenständige Wesen* des Deutschen.

»Ein Deutscher ist ein Mensch, der keine Lüge aussprechen kann, ohne sie selbst zu glauben.« (GS Bd. 4, S. 124) Solche Sätze finden sich bei Adorno ebenso wie die Bemerkung, das Deutsche sei »im Übergang zur Menschheit«, mit der Adorno ›Auf die Frage: was ist deutsch‹ antwortet (GS Bd. 10·2, S. 701). Im Übrigen konnte er der Kollektivschuldthese nicht viel abgewinnen: »Da ich viel zu sehr gesellschaftlich denke, um den Faschismus als Sache des so genannten deutschen Nationalcharakters zu sehen, sondern ihn als Konsequenz einer sozial-ökonomischen Entwicklung begreife, war mir auch die Konzeption, die Deutschen als Volk hätten die Schuld, recht fremd; die Bildung solcher Kollektivbegriffe scheint mir selbst in jenes Bereich zu gehören, das den Faschismus hervorbrachte.« (GS Bd. 20·1, S. 394) Die jüngste Geschichte zeigt allerdings, dass die ↑autoritäre Persönlichkeit in Deutschland noch immer eine Heimat hat.

Dialektik Gleich zwei große Schriften Adornos tragen das Wort Dialektik im Titel, die ↑›Negative Dialektik‹ und die zusammen mit ↑Max Horkheimer verfasste ↑›Dialektik der Aufklärung‹. Beide Bücher stehen in der Tradition eines kritischen Philosophierens, das sich seit ↑Hegels ›Wissenschaft der Logik‹ von 1812–1816, dem großen neuzeitlichen Werk zur Dialektik, bemüht, eine materialistische Dialektik zu formulieren. Diese Bemühungen sind im Versuchsstadium stecken geblieben: ↑Karl Marx wollte nach seinem ›Kapital‹ eine Dialektik schreiben, wurde aber mit dem ›Kapital‹ nicht fertig (Band 1 erschien 1867–1884; Band 2 und 3 wurden postum von Friedrich Engels herausgegeben). Georg Lukács hat in seiner Sammlung ›Geschichte und Klassenbewusstsein‹ (1923) auch zur Dialektik Stellung bezogen, sich aber auf die Probleme der ↑Verdinglichung und ↑Totalität konzentriert.

Die ›Dialektik der Aufklärung‹ erschien zuerst 1944 unter dem Titel ›Philosophische Fragmente‹, ihr institutsinterner Arbeitstitel war »Dialektikprojekt«. In der ›Dialektik der Aufklärung‹ wird keine dialektische Logik entwickelt, wohl aber eine dialektische Grundfigur konkretisiert, nämlich die dialektische Bewegung des Geschichtsprozesses und die Widerspruchsstruktur der Aufklärung. Erst die ›Negative Dialektik‹ von 1966 bringt als wesentlichen neuen Aspekt in die Diskussion ein, dass in der Dialektik das Nichtidentische, der Rest, eben die negative Dialektik selbst nicht unterschlagen werden darf.

Die Dialektik als Rede und Gegenrede ist aus den sokratischen Dialogen Platons als Kunst der Unterredung bekannt. Ihre gängige Definition, wie sie Schelling ausgearbeitet hat, charakterisiert sie als Dreischritt von These, Antithese und Synthese. Zentral ist für Hegel der Prozesscharakter dialektischer Logik, der sich im Dreischritt von Gegensatz, Aufhebung des Gegensatzes und Umschlag in einen neuen Gegensatz manifestiert. Insofern ist Dialektik keine statische oder formale Logik, sondern eine Logik der Bewegung, der Entfaltung der Widersprüche, des Werdens und der Vermittlung zwischen Möglichkeit und Wirklichkeit. Ausgangspunkte sind der Satz der Identität, A = A, und die dialektische These, dass A auch Nicht-A sein könne. Hegel bestimmt diese dialektische Logik als Logik des Begriffs beziehungsweise als Begriffsdialektik: Es ist die Bewegung des Geistes, die es hier nachzuvollziehen gilt, das prozesshafte Werden des Selbstbewusstseins.

Marx hat dem eine materialistische Wendung gegeben und auf die Realdialektik der Verhältnisse hingewiesen: Die Widersprüche finden in der Bewegung des Geistes (des Denkens) nur ihren Ausdruck, tatsächlich sind es reale Widersprüche der gesellschaftlichen Praxis. Zudem ist die Hegelsche Logik des Bewusstseins nicht nur um eine Widerspruchslogik des gesellschaftlichen Seins zu ergänzen, sondern zugleich um eine Logik der spezifischen Verzerrungen und Widerspruchsbeziehungen zwischen Bewusstsein und Sein, die sich im Unbewussten ablagern: Die soziale Widerspruchsdynamik ist von dialektischen Figurationen wie ↑Angst, ↑Glück, ↑Liebe, ↑Sexualität bestimmt, sozusagen ↑Verdinglichungen, die als ↑Narben zurückbleiben und deshalb in einer materialistischen Theorie der Dialektik reflektiert werden müssen. »Dialektik ist in den Sachen, aber wäre nicht ohne das Bewußtsein, das sie reflektiert.« (GS Bd. 6, S. 205)

Dialektik selbst ist historisch. »Ontologisch« ist sie nur als ↑Ontologie des falschen Zustands zu deuten; als solche ist sie jedoch überhistorisch zugleich das geschichtliche Bewegungsgesetz: als ↑Logik des Zerfalls. Dialektik ist beides, »Abdruck des universalen Verblendungszusammenhangs und dessen Kritik« (GS Bd. 6, S. 397). Das heißt: »Der Nerv der Dialektik als Methode ist die bestimmte Negation. Sie basiert auf der Erfahrung der Ohnmacht von Kritik, solange sie im Allgemeinen sich hält.« (GS Bd. 5, S. 318) Die dialektische Methode ist ↑immanente Kritik. Dies betrifft eine Theorie der ↑Ideologie ebenso wie eine Kritik der ↑Kulturindustrie, überhaupt eine Theorie der ↑Gesellschaft, die eine »Dialektik der Kultur« konstatiert (↑Cultural Studies, ↑Marcuse).

›Dialektik der Aufklärung‹ Mittlerweile zur Redewendung und zum Begriff gewordener Titel der Hauptschrift der ↑kritischen Theorie. Adorno und ↑Horkheimer arbeiteten im Exil in ↑Amerika an einem – mitunter von ihnen so genannten – »Dialektikprojekt«, aus dem dann 1944 die ›Philosophischen Fragmente‹ hervorgingen, als hektografierte Sonderausgabe der ›Zeitschrift für Sozialforschung‹ zur internen Verwendung im ↑›Institut für Sozialforschung‹ gedacht. 1947 erschien das Buch unter dem Titel ›Dialektik der Aufklärung‹ im Amsterdamer Querido Verlag.

Die Gemeinschaftsarbeit, an der auch ↑Leo Löwenthal, ↑Friedrich Pollock und Adornos Frau (↑ Margarete Karplus) beteiligt waren, ist als der philosophische Versuch zu verstehen, das Scheitern der bürgerlichen Geschichtsphilosophie, das Umschlagen der Aufklärung in ihr Gegenteil, in ↑Barbarei, zu erklären. »Was wir uns vorgesetzt hatten, war tatsächlich nicht weniger als die Erkenntnis, warum die Menschheit, anstatt in einen wahrhaft menschlichen Zustand einzutreten, in eine neue Art von Barbarei versinkt.« (GS Bd. 3, S. 11) Als soziologische Grundlagen der ›Dialektik‹ können jene empirischen Untersuchungen über ›Autorität und Familie‹ (1936) gelten, die im Rahmen des ↑Instituts für Sozialforschung angefertigt und später mit den ›Studies in Prejudice‹ zur ↑autoritären Persönlichkeit fortgesetzt wurden.

In der Geschichtsphilosophie ↑Hegels gelten die bürgerliche Gesellschaft und die Verwirklichung ihrer humanistischen Ideale als Ziel historischen Fortschritts; ↑Marx korrigierte diese Vorgabe materialistisch. Für ihn war der ↑reale Humanismus das Ziel einer kommunistischen Gesellschaft. Doch die sozialen Kräfte, auf die sich diese positiven Geschichtsphilosophien stützten – das aufgeklärte Bürgertum oder das revolutionäre Proletariat – schienen im zwanzigsten Jahrhundert keineswegs mehr die Einlösung der ↑Utopie eines befreiten und befriedeten Daseins zu garantieren. Angesichts der bürgerlichen Massendemokratien, des Stalinismus in der Sowjetunion und vor allem des ↑Nationalsozialismus und seiner Verbrechen musste das

Scheitern der geschichtlichen Idee der Humanität diagnostiziert werden. Die Menschen organisieren sich in ↑Rackets, die Beziehungen zwischen den Menschen werden vollends zum Ausdruck von ↑Verdinglichung. Das Individuum fungiert lediglich als Funktion in einer von ihm selbst ↑verwalteten Welt. Darin ähneln sich die faschistischen und demokratischen Systeme: Sie bedeuten eine ↑Totalität von Herrschaft, die immer auch die Selbstkontrolle des Einzelnen verlangt.

Marx hatte das geschichtliche Bewegungselement in den Produktionsverhältnissen entdeckt. Der Gegensatz von Lohnarbeit und Kapital, der Widerspruch der Klassen sollte sich stetig verschärfen und die Aufhebung des Kapitalismus herbeiführen, die ökonomische Ausbeutung sich in eine Befreiung von der Ökonomie verwandeln. Adorno und Horkheimer stellen in der ›Dialektik der Aufklärung‹ allerdings heraus, dass die ökonomischen Verhältnisse weit über den eigentlichen Produktionsbereich hinaus die gesellschaftlichen Beziehungen der Menschen bestimmen: Ausbeutung ist zur allgemeinen Unterdrückung der Menschen durch den Menschen geworden.

Hegel interpretierte im Anschluss an ↑Kant und die bürgerlichen Revolutionen den Verlauf der Geschichte als Verwirklichung der Vernunft, als Vernünftigwerden der Welt. Doch was sich als Vernunft zu realisieren schien, entpuppte sich als Umschlag von Rationalität in Irrationalität. Tatsächlich sind Krieg und Massenmord streng nach rationalen Kriterien organisiert und verlangen ein Höchstmaß an bürokratischer Logistik und Effizienz. Das hat sich in den Vernichtungslagern von ↑Auschwitz und der Organisation des fabrikmäßigen Massenmordes auf grausige Weise bestätigt.

Dieses Umschlagen von Vernunft in ihr Gegenteil ist aber kein Bruch innerhalb der geschichtlichen Logik, sondern folgt der geschichtlichen ↑Logik des Zerfalls. Die ↑Katastrophe ist in der ↑Universalgeschichte bereits angelegt: Jeder bisherige historische Akt der Befreiung sicherte zugleich die zunehmende Unterdrückung. Es wird nicht einfach an die Stelle der alten Mythologie die neue gesetzt – Aufklärung selbst erstarrt zur Mythologie. Mühle und Uhr, Druckerpresse und Kompass, Hufeisen und Schusswaffen stehen als bahnbrechende Erfindungen am Beginn der Neuzeit; sie begründen die Ideen von Freiheit und Fortschritt, aber auch deren Kehrseite. Eine solche Dialektik ist schon in der Idee der Aufklärung angelegt, wobei die Autoren den Begriff nicht auf das »Zeitalter der Aufklärung« beschränken, sondern historisch einführen: »Seit je hat Aufklärung im umfassendsten Sinn fortschreitenden Denkens das Ziel verfolgt, von den Menschen die Furcht zu nehmen und sie als Herren einzusetzen. Aber die vollends aufgeklärte Erde strahlt im Zeichen triumphalen Unheils.« (vgl. GS Bd. 3, S. 19) – Dies schlägt sich in der aufgeklärten Welt als ↑Verblendungszusammenhang nieder, die Herrschaft über die ↑Natur wird zur Unterwerfung unter die eigene, entstellte Natur, die alte Furcht zur modernen ↑Angst, Aufklärung, zur ↑Dummheit. »Die Dialektik der Aufklärung schlägt objektiv in den Wahnsinn um.« (GS Bd. 3, S. 230) – »Die bürgerliche Welt ist vollends so geworden, wie die Bürger sie sich vorstellen.« (GS Bd. 10·2, S. 770)

Das ist als These für die Begründung einer ↑kritischen Theorie nicht unproblematisch: Wie kann eine kritische Theorie selbstkritisch sein, wenn auch sie sich von der Dialektik der Aufklärung nicht frei machen kann und genauso als Resultat einer bestimmten geschichtlichen Entwicklung betrachtet werden muss? »Die [↑] Aporie, der wir uns bei unserer Arbeit gegenüber fanden, erwies sich somit als der erste Gegenstand, den wir zu untersuchen hatten: die Selbstzerstörung der Aufklärung.« (GS Bd. 3, S. 13) Kritische Theorie bleibt auf die Selbstkritik der Aufklärung, auf die kritische Vernunft verwiesen: »Die ihrer selbst mächtige, zur Gewalt werdende Aufklärung selbst vermöchte die Grenzen der Aufklärung zu durchbrechen.« (GS Bd. 3, S. 234)

Im ersten Abschnitt der ›Dialektik der Aufklärung‹, der sich mit dem Begriff der Aufklärung beschäftigt, wird diese Problematik einer selbstreflexiven Vernunft entfaltet: Die Dialektik der Aufklärung bedeutet nicht nur den Umschlag einer humanen Idee in unmenschliche Herrschaft, sondern meint, dass Herrschaft bis ins Denken, eben die Vernunft selbst, hineinreicht. Die beiden Kernstücke des Buches sind die Kritik der ↑Kulturindustrie und die Analyse des ↑Antisemitismus. Sie wurden innerhalb der undogmatischen Linken, von wenigen Ausnahmen abgesehen, erst in den achtziger und neunziger Jahren *umfassend* rezipiert. – In zwei Exkursen – über Homers ›Odyssee‹ und de Sades ›Juliette‹ –

wird die Entwicklung des bürgerlichen Subjekts nachgezeichnet. Als ein weiterer Exkurs ist Adornos ›Philosophie der [↑] neuen Musik‹ (1949) gedacht. Die ›Minima Moralia‹ (1951) mit ihren »Reflexionen aus dem beschädigten Leben« ergänzen den letzten Teil der ›Dialektik der Aufkläung‹, die ›Aufzeichnungen und Entwürfe‹. Die Autoren haben das Buch 1969, kurze Zeit vor Adornos ↑Tod, in einer leicht revidierten Fassung neu herausgegeben (basierend auf der Variante von 1947 und mit entschäfter marxistischer Terminologie). Bis dahin kursierte die ›Dialektik der Aufklärung‹ in Raubdrucken der Erstauflage: eine ↑Flaschenpost.

›**Doktor Faustus**‹ Im Exil in ↑Amerika lebten die Adornos in Kalifornien und einige Zeit in nachbarschaftlicher Nähe zur Familie Mann. Adorno beriet Thomas Mann (1875–1955) bei dessen Künstlerroman ›Doktor Faustus‹ (1947) in musiktheoretischen Angelegenheiten. Mann hat die Bedeutung Adornos für dieses Werk, insbesondere den Einfluss von dessen Aufzeichnungen zur ›Philosophie der neuen Musik‹, später heruntergespielt, vermutlich weil er »Niederschriften, die Adorno ihm in Los Angeles zur Verfügung stellte, meist wörtlich in seinen Roman aufnahm« (Schweppenhäuser 2000, S. 165).

Donald Duck Eine mit menschlichen Charakterzügen ausgestattete, gezeichnete Ente, von Carl Barcks entworfen und durch amüsante Comic-Episoden sowie schließlich durch Trickfilme berühmt geworden. Donald Duck hatte 1934 in einer Nebenrolle in Walt Disneys Zeichentrick-Kurzfilm ›The Orphan's Benefit‹ sein Debüt. In der ↑›Dialektik der Aufklärung‹ wird er zweimal erwähnt: Der »Mythos des Erfolgs« sei das Leistungsprinzip, dem die Konsumenten »widerstandslos verfallen« und das »Donald Duck gegen Betty Boop« einfordere (GS Bd. 3, S. 155). Doch der ↑Spießer Donald scheitert, er unterliegt der Konkurrenz: »Donald Duck in den Cartoons wie die Unglücklichen in der Realität erhalten ihre Prügel, damit die Zuschauer sich an die eigenen gewöhnen.« (GS Bd. 3, S. 160) – Dagegen hat ↑Walter Benjamin in seinem Aufsatz ›Das Kunstwerk im Zeitalter seiner technischen Reproduzierbarkeit‹ Disney und insbesondere Mickymaus stark gemacht: »Die Filme Disneys bewirken eine therapeutische Sprengung des Unbewussten.« (BGS Bd. I·2, S. 462) – Auch Benjamin konstatiert, dass das Publikum darin sein eigenes Leben wiedererkenne, führt jedoch – konträr zu Adorno und ↑Horkheimer – aus, dass sich die Menschheit im Anblick der Mickymaus darauf vorbereite, »die Zivilisation zu überleben« (BGS Bd. VI, S. 144), und nicht ihr vollends anheim falle.

Dummheit Zur Bezeichnung dessen, was am gegenwärtigen Zustand falsch ist, wählt die kritische Theorie gern eine drastische, auch polemische Sprache. Insbesondere Adorno hat nahezu alles, was den Kriterien und Maßgaben eines kritischen und reflektierten Standpunkts seiner Einschätzung nach nicht genügte, als »Schund«, »Schrott«, ↑»Müll«, ↑»Barbarei«, auch »Unsinn« und »Schwachsinn« disqualifiziert; das traf mitunter auch in diskriminierender – und von Adorno selbst keineswegs sonderlich reflektierter – Weise andere Menschen (vgl. auch ↑Jazz, ↑Neger). Ein beliebter Vorwurf Adornos war eben jener der »Dummheit«, mit dem gleichzeitig (im etymologischen Sinne) auch die Stummheit gemeint war. Das Sprachlose, Stumme in den Produkten der ↑Kulturindustrie korrespondiert mit dem ↑Verstummen der Kunst. Analog ist in der ›Ästhetischen Theorie‹ von »Blindheit« in der Kunst die Rede (GS Bd. 7, S. 9). Die Kritik der Dummheit, die um das Problem der ↑Halbbildung kreist, betrifft also zugleich das ästhetische Problem der sinnlichen Wahrnehmung: Die Kulturindustrie verändert auch das sinnliche Vermögen der Menschen, die Sinne werden stumpf und begnügen sich mit oberflächlichen Einzelheiten. »Der Wahrnehmende ist im Prozeß der Wahrnehmung nicht mehr gegenwärtig.« (GS Bd. 3, S. 227)
Adorno und ↑Horkheimer sprechen vom »Geheimnis der Verdummung«, das darin bestehe, »blinde Anschauung und leere Begriffe starr und unvermittelt« zusammenzubringen. Dummheit hat damit auch ein Moment von ↑Verdinglichung. So ist zu verstehen, wenn Adorno von sich sagte, er würde ↑»mit den Ohren denken«, um sich nicht »dumm machen zu lassen« (vgl. GS Bd. 4, S. 63). Das steht jener Form von Dummheit gegenüber, die als ↑Bescheidwissen auftritt, einem geschwätzigen Informiertsein, wie es sich in den Talkshows produziert. In ähnlicher

Weise wie Adorno bei seiner Kritik der Dummheit hat später ↑Hanns Eisler von ›Dummheit in der Musik‹ (1958) gesprochen. Sieht man von der Polemik ab, geht es Adorno bei der Kritik der Dummheit um das Problem der Wahrnehmung. Hören, Dummheit und Verstummen stehen in einem dialektischen Verhältnis zueinander. Adorno hat das mit ↑Horkheimer im ersten Exkurs der ↑›Dialektik der Aufklärung‹ ausgeführt: Als Odysseus mit seinen Gefährten an der Insel der Sirenen vorbeikommt, befiehlt er, ihn an den Mastbaum zu fesseln. Er will sich den Gesang der Sirenen nicht entgehen lassen, und mit der »List der Vernunft« bändigt er die tödliche Gefahr und besiegt den Mythos: Damit seine Gefährten weder seine Rufe hören können, dass sie ihn losbinden sollen, noch selbst in den Bann der Sirenen geraten, lässt er ihre Ohren mit Wachs verstopfen. Hier trifft man auf jenes Herr-Knecht-Verhältnis, das sich in der kapitalistischen Produktion wiederholt: Genuss bleibt den Ruderern verwehrt, sie sollen arbeiten. Den ungefährdeten Ertrag dieser Arbeit, nämlich den Genuss des Sirenengesangs, behält sich Odysseus vor: Arbeitslos und gefesselt gibt er sich dem Gesang hin; vom Schmerz dieses Genusses vermag er jedoch nichts zu vermitteln. Arbeit macht dumm, Genuss macht stumm.

Zusatz: In dem Schlussfragment der ›Dialektik der Aufklärung‹ geht es um die »Genese der Dummheit«. Dort heißt es: »Dummheit ist ein Wundmal«: »Unterdrückung der Möglichkeiten«, »Verkümmerung der Organe durch den Schrecken«, »Hemmung« (GS Bd. 3, S. 295).

E

»Eigenartiges Gebilde spätbürgerlicher Ideologie« Es ist durchaus streitbar, ob Adornos kritische Theorie als materialistische oder gar marxistische durchgehen kann. Gemeinhin wird er dem Theoriekanon des Neomarxismus – ein von Merleau-Ponty geprägtes Wort – und der dann nach seinem ↑Tod in den Siebzigern entstandenen Neuen Linken zugerechnet. Zwar griff

Adorno als kritischer Theoretiker zentrale Elemente der Theorie von ↑Marx auf, insbesondere die Grundlagen des Materialismus, hielt allerdings, anders als ↑Horkheimer, ↑Marcuse und ↑Benjamin, wenig von einer Praxis der kritischen Theorie, die sich etwa an Klassenkampf und der Möglichkeit von Revolution orientiert. Sosehr es Adorno um Emanzipation und um die Abschaffung von Unterdrückung und Leid ging, so wenig wagte er doch, dies als beispielsweise Aufgabe der Arbeiterbewegung zu konkretisieren oder sich mit den sozialen Bewegungen zu solidarisieren. Seine Vorstellung von Befreiung blieb in letzter Konsequenz auf die Kunst beschränkt. Galt dem Marxismus-Leninismus in seiner Variante der offiziellen ↑Ideologie des Realsozialismus die ↑kritische Theorie generell als »antikommunistisch und antisowjetisch« (Klaus und Buhr 1983, S. 421) und insofern als etwas, das »den Marxismus-Leninismus in zweifacher Hinsicht [...] entstellte« (Klaus und Buhr 1983, S. 681), so zielte der Vorwurf, die »Philosophie der Frankfurter Schule« sei »ein eigenartiges Gebilde der spätbürgerlichen Ideologie« (Klaus und Buhr 1983, S. 419), vor allem auf Adorno.

Juri Dawydow attestiert in ›Die sich selbst negierende Dialektik‹ Adorno einen »›Minderwertigkeitskomplex‹ der romantischen Subjektivität« (Dawydow 1971, S. 15). »Es ist überaus bezeichnend, daß es Adorno gelingt, unter denjenigen bürgerlichen Theoretikern, die sich auf Hegel berufen, eine Sonderstellung zu behaupten. Nicht, daß es ihm geglückt wäre, eine prinzipiell neue oder etwa eine konsequent materialistische Interpretation der Philosophie des großen Denkers zu geben [...]. Die Eigenart von Adornos Deutung liegt vielmehr in der paradoxen Kombination der traditionalistischen Übernahme der Hegelschen Philosophie mit ihrer sehr entschiedenen – in Wahrheit romantischen – Ablehnung.« (Dawydow 1971, S. 16f.) Exemplarisch werde dies an Adornos berühmtem Satz ↑»Das Ganze ist das Unwahre« deutlich, der »eine ›Umkehrung‹ (genauer gesagt, eine ironische ›Nachäffung‹) des fundamentalen Lehrsatzes der gesamten Hegelschen Methodologie« darstelle. Dawydow resümiert: »Hat ein Theoretiker, der im Ernst und nicht eines Bonmots wegen die These von der prinzipiellen Unwahrheit des Ganzen ›als solches‹ aufstellt, noch das Recht, sich auf Hegel zu berufen?« (Dawydow 1971, S. 17)

Die sowjetische Gesellschaft stellte für die kritische Theorie ebenso wenig eine politische und soziale Alternative dar wie die Deutsche Demokratische Republik oder andere Ostblockstaaten: Zwar entdeckten die kritischen Theoretiker in der neuen, sozialistischen Kultur positive Elemente, täuschten sich aber nicht über die durchweg repressiven und bürokratischen Tendenzen der Politik in diesen Ländern. Die offizielle Variante des Marxismus in der durch Stalin verantworteten Verkürzung auf ›Histomat‹ (historischer Materialismus) und ›Diamat‹ (dialektischer Materialismus) hatte längst die Lebendigkeit eingebüßt, die einer kritischen Theorie eignet. Das sozialistische Experiment in der Sowjetunion galt zwar nach wie vor als der erste größere Versuch der Befreiung vom Kapitalismus, doch die Unterschiede zwischen den Systemen schienen schließlich doch nicht sonderlich groß zu sein: Der Kapitalismus wurde hier offenbar nur in einer verstaatlichten Variante weitergeführt.

Noch bevor Herbert Marcuse 1957 in seinem Buch ›Die Gesellschaftslehre des sowjetischen Marxismus‹ eine umfassende Kritik des Realsozialismus entwickelte, schrieben Adorno und Horkheimer 1950 gemeinsam den kleinen Text ›Die UdSSR und der Frieden‹, in dem es heißt: »Wird aus Marx ein positives System, eine Weltformel gemacht, so tritt unsägliche Verarmung allen Erkennens und aller Praxis, schließlich ein Trugbild der Wirklichkeit ein [...]. Das Potenzial einer besseren Gesellschaft wird eher dort bewahrt, wo die bestehende ohne Rücksicht analysiert werden darf, als dort, wo die Idee einer besseren Gesellschaft verderbt ward, um die schlechte bestehende zu verteidigen.« (GS Bd. 20·1, S. 391 ff.) – Ein Jahr zuvor war in der gerade gegründeten Deutschen Demokratischen Republik, von ↑Ernst Bloch veranlasst, aber ohne Zustimmung Adornos und Horkheimers, in der Zeitschrift ›Sinn und Form‹ der Odyssee-Exkurs aus der ↑›Dialektik der Aufklärung‹ erschienen (vgl. Wiggershaus 1986, S. 451).

Eisler, Hanns (1898–1962) Der Kommunist und Komponist, ein Schüler Schönbergs, versuchte die Prinzipien der freien Atonalität und der ↑Zwölftonmusik mit seinem politischen Engagement zu verbinden. Adorno lernte Eisler während des Studiums Mitte der zwanziger Jahre bei ↑Alban Berg in ↑Wien kennen, er schrieb einige Kritiken über Kompositionen Eislers. 1937 emigrierte Eisler in die Vereinigten Staaten. Dort verfasste er zusammen mit Adorno das Buch ›Komposition für den Film‹, von dessen kritischen Inhalten sich Adorno distanzierte, um nicht in Konflikt mit dem »Ausschuss des Kongresses zur Untersuchung unamerikanischer Aktivitäten« zu geraten, vor dem sich der bekennende Kommunist Eisler (und vor allem sein politisch aktiver Bruder) ebenso wie Brecht, Chaplin und andere Künstler zu verantworten hatte. Auch privat war Adornos Verhältnis zu Eisler eher gespalten: »Dagegen begegnete ich dem Eisler in London auf der Straße, und er nahm Anlaß sich mit so unverschämter Arroganz zu gebärden, daß mir jede Lust verging, von mir aus irgendwelche Schritte in die Bezirke eines Denkens zu tun, das zwar eine ›Verhaltensweise‹ aber kein Benehmen ist«, schrieb Adorno 1934 an Benjamin (AB, Briefwechsel, S. 76) – 1948 ging Eisler nach Berlin. Er wurde bekannt durch seine Zusammenarbeit mit Brecht (zum Beispiel ›Die Maßnahme‹), mit dem er eng befreundet war, vor allem aber als Komponist der Nationalhymne der DDR (Text: Johannes R. Becher). Es gibt eine legendäre Fernsehaufzeichnung aus den sechziger Jahren, in der Adorno die Hymne analysiert und zum Vergleich den sehr ähnlich klingenden Schlager ›Goodbye Jonny‹ summt (↑Pfeifen, ↑Zwitschern)! Von der DDR wurde Eisler 1950 und 1958 mit Nationalpreisen ausgezeichnet. Zu seinen theoretischen Arbeiten gehören Untersuchungen zur Dialektik des musikalischen Materials, etwa der Vortragstext ›Über die Dummheit in der Musik‹, in dem sich durchaus einige Aspekte finden, die mit der Musikkritik Adornos übereinstimmen (↑Dummheit).

Elfenbeinturm Redewendung mit ursprünglich religiöser Bedeutung, eine Allegorie für Zufluchtsort (Turm) sowie Reinheit und Schönheit (Elfenbein). Im Elfenbeinturm lebt man in seiner eigenen Welt. Der Elfenbeinturm wurde zum Sinnbild einer realitätsfernen Universität. Ein Vorwurf der studentischen Protestbewegung gegen Adorno war, dass er sich in der ↑Theorie häuslich einrichte und sich der politischen ↑Praxis verweigere: Das sei ein Rückzug in den Elfenbeinturm. Adorno, dem solche Praxis als ↑Aktionismus verdächtig war, entgegnete auf die Vorwürfe in einem Interview mit dem ›Spiegel‹, »keine Angst vor dem Elfenbeinturm« zu haben (vgl. GS Bd. 20·1, S. 402ff.). ↑Günther Anders setzte dagegen die Pflicht des kritischen Philosophen, im Elfenbeinturm »grundsätzlich bei offener Tür« zu philosophieren, »um, wenn nötig, unverzüglich ins Freie rennen und irgendwo Draußen mit Hand anlegen zu können« (Anders 1993, S. 5).

›**Endspiel**‹ Der mit Adorno in freundschaftlichem Kontakt stehende Dramatiker Samuel Beckett (1906-1989) beschreibt in seinem Stück ›Endspiel‹ von 1959 den Niedergang des Individuums, den Tod des Subjekts und greift damit das zentrale Thema der ↑kritischen Theorie Adornos auf: Die ↑›Dialektik der Aufklärung‹ kann im Prinzip als Endspiel gedeutet werden.

Die ↑Katastrophe ist eingetreten: In Becketts ›Endspiel‹ warten die Menschen nicht einmal mehr – wie noch bei ›Godot‹. Das Ende der Menschheit steht bevor, der blinde Sohn Hamm siecht ohne ↑Hoffnung in einem Rollstuhl dahin, seine einzige Hilfe, der Diener Clov, verlässt ihn, die Eltern verkommen in Mistkübeln. Was bleibt, ist lähmende ↑Verzweiflung.

Endspiele sind die Entscheidungsrunden im Sportwettkampf; Adorno zieht als Analogie das Schachspiel heran: »Das Endspiel ist remis. Oder?« (Blätter, S. 29). »Was von der Schachpartie?
1) das leere Feld, Neige, die Verwüstung nur noch allegorisch am Resultat ablesbar.
2) Endspiele sind durch ein System geregelt, vorgezeichnet, nur durch Fehler, nicht durch Vorzüge können sie anders gehen.
3) wie im Schach sind Sieger und Besiegte auf einander angewiesen.
4) Schachspielen als eine *Situation* (von den Menschen abgetrennt, und doch sind sie durch den König darin. Der König ist die Neige des Subjekts). Das Sinnlose, Törichte im Ernst des Spiels.
5) die beste Chance im Endspiel für den Schwächeren ist das *Remis*. Situationen wie Patt, ewiges Schach. Schlechte Unendlichkeit.« (Blätter, S. 30)

Bei Beckett heißt es: »Das Leben lebt nicht.« »[↑] Auschwitz bestätigt das Philosophem vor der reinen Identität als dem [↑] Tod. Das exponierteste Diktum aus Becketts Endspiel: es gäbe gar nicht mehr soviel zu fürchten, reagiert auf eine Praxis, die in den

Lagern ihr erstes Probestück lieferte, und in deren einst ehrwürdigem [↑] Begriff schon die Vernichtung des Nichtidentischen teleologisch lauert.« (GS Bd. 6, S. 355)
Zusatz: Während einer ›Hommage à Samuel Beckett‹ im Februar 1961 referierte Adorno über den ›Versuch, das Endspiel zu verstehen‹. Die »Stümpfe von Eigennamen«, mit denen Beckett die Menschen dort betitelt, seien »four letter words, gleich den obszönen«. (GS Bd. 11, S. 310) »Fuck«, »piss«, »shit«, »dick«, »cunt« ... – die Popband Cake veröffentlichte 1996 den Song ›Friend is a four letter word‹.

Ernsttal Bei ↑Amorbach gelegen. In Ernsttal hat sich, wie Adorno mit einer gewissen Verschmitztheit berichtet, folgendes, wohl mit einiger männlicher Phantasie ausgeschmückte Geschehen zugetragen hat: Als die »Respektsperson, die Gattin des Eisenbahnpräsidenten Stapf«, eines Tages »in knallrotem Sommerkleid« erschien, wurde sie von der »gezähmten Wildsau von Ernsttal« »auf den Rücken genommen«. – Mit der »laut schreienden Dame« raste die Wildsau davon. »Hätte ich ein Leitbild, so wäre es jenes Tier.« (GS Bd. 10·1, S. 308) Nun hat kritische Theorie kein Leitbild. ↑Max Horkheimer nennt seinen Freund Adorno allerdings gelegentlich ↑Nilpferd (vgl. ↑Mädchen, ↑Natur, ↑Sexualität).

»Es gibt kein richtiges Leben im falschen.« Vielleicht der bekannteste und berühmteste Satz Adornos; er findet sich in den ›Minima Moralia‹ (GS Bd. 4, S. 43) und ist die Quintessenz der Diagnose von einem universellen ↑Verblendungszusammenhang in einer total ↑verwalteten Welt. Der herrschende Zustand ist in seiner Gesamtheit abzulehnen, er bietet keine Nischen und kein Außen, keinen Fluchtraum, kein Abseits als sicheren Ort; auch der Kritiker der Gesellschaft kann keine Position außerhalb der gesellschaftlichen ↑Totalität beziehen. Wer als Theoretiker von sich glaubt, doch wenigstens um die falschen Verhältnisse zu wissen, unterliegt dem Vorwurf des ↑Bescheidwissens. Auch der kritische Theoretiker ist von der Gesellschaft abhängig, die er kritisiert. »Wie der Intellektuelle es macht, macht er es falsch.« (GS Bd. 4, S. 151) So drohen auch die Kritiker der konformistischen Gesellschaft in deren Konformismus integriert zu werden, gerade weil sie sich als Außenseiter aufspielen und als ↑Exzentrikclowns in den Talkshows ihre Marotten präsentieren dürfen. Adornos Freund und Kollege ↑Marcuse hat dieses Phänomen in den sechziger Jahren als »repressive Toleranz« beschrieben. Dass die Mechanismen der Anpassung mittlerweile von den Menschen bereitwillig reproduziert werden, ohne dass es äußerer Gewaltanwendung und Zwangsmechanismen bedarf, hat der Poststrukturalismus herausgestellt, namentlich Theoretiker wie Michel Foucault und Gilles Deleuze (↑französische Philosophie). Sie sprechen in diesem Zusammenhang von einer Kontrollgesellschaft. Für die kritische Theorie der Gesellschaft, die darum weiß, dass es kein richtiges Leben im falschen gibt, sehr wohl aber ein Leben überhaupt – und darüber hinaus die Möglichkeit, sich im Bewusstsein des falschen Zustands Spaß, Freude und Unterhaltung zu gönnen –, besteht »die fast unlösbare Aufgabe [...] darin, weder von der Macht der anderen, noch von der eigenen Ohnmacht sich dumm machen zu lassen« (GS Bd. 4, S. 63). – Allerdings ließ Adorno die Ahnung nicht los: »Wie man es macht, macht man es falsch, und es liegt in dem Ganzen etwas leise Beschämendes.« (Rundfunkgespräch mit Peter Szondi, 30. Oktober 1967)

Die ↑Kulturindustrie bietet das, was ohnehin schon ist, als ↑Amüsierwaren noch einmal an, preist die gute Laune und die Partys der Stars, die es geschafft haben, als gutes Leben an. Wem das nötige Geld fehlt, um wenigstens am Wochenende am Vergnügungsbetrieb teilzunehmen, der bekommt als Ersatz für das versäumte ↑Glück im Fernsehen vorgeführt, wie die Schönen und Reichen gefeiert haben. Diese Ästhetisierung des Lebensstils, die sich in den achtziger Jahren als »Yuppisierung« durchsetzte, antizipierte Adorno in den ›Minima Moralia‹ im Rückblick auf das neunzehnte Jahrhundert: »Welch einen Zustand muß das herrschende Bewußtsein erreicht haben, daß die dezidierte Proklamation von Verschwendungssucht und Champagnerfröhlichkeit, wie sie früher den Attachés in ungarischen Operetten vorbehalten war, mit tierischem Ernst zur Maxime richtigen Lebens erhoben wird.« (GS Bd. 4, S. 69) Tatsächlich enden Reklamefilme für Alkoholwaren, Sekt, Weinbrand, Schnäpse und dergleichen nie mit Bildern von unkontrollierten Gelagen oder Drogenexzessen – samt von der Sucht gezeichneten, aufgedun-

senen Gesichtern –, sondern mit solchen von fröhlichen, geselligen Abenden, an denen sich die untergehende Sonne im Cognacschwenker spiegelt und man sich mit reichlich Bier und Magenbitter in gepflegter Atmosphäre dem Triebleben hingibt.
Zusatz: Mit seinem Buchtitel ›Es gibt kein richtiges Leben valschen‹ hat Robert Gernhardt Adornos Diktum eine polemisch-satirische Wendung gegeben.

Exzentrikclowns In den siebziger Jahren des zwanzigsten Jahrhunderts galt das besonders in ↑Deutschland als komisch: Ein als Rabbi verkleideter Mann singt mit niederländischem Akzent im Duett mit blauen Stoffpuppen. Die Unterhaltungskultur bestätigte mit der Restauration der rassistischen und antisemitischen Klischees in Form von Späßen, wie wenig sie das geschichtliche Verbrechen ernst nahm, in das die Kultur kein halbes Jahrhundert zuvor kulminiert war. Die Verfolgten wurden als Witzfiguren von der ↑Kulturindustrie noch einmal vorgeführt; die Opfer sollten lächerlich gemacht werden, um keine Opfer mehr zu sein. Die Favoriten unter den Spaßmachern waren die Ausgeschlossenen von damals, Ausländer und Juden, wie Roberto Blanco, Hans Rosenthal oder Bill Ramsey. Adorno nennt solche die Klischees der Kulturindustrie verkörpernden Stars »Exzentrikclowns«. Dabei handelt es sich um Karikaturen dessen, was in der Kulturindustrie als ↑Ich propagiert wird; »Exzentrikclowns« sind Zerrbilder vom Individuum und stellen zugleich Reflexe auf das Misslingen von Individualität dar. Sie sind die Gegenspieler der ↑autoritären Persönlichkeit und im selben Moment deren Fratzen. – Auch »Hitler kann gestikulieren wie ein Clown« (GS Bd. 3, S. 209).
Im »Jazz-Subjekt«, dem »Hot-Ich« und »Ich-Imago« sieht Adorno ebenfalls etwas Exzentrisches und Clowneskes; schon die Jazzmusik sei »durchweg ein symbolischer Vollzug, in dem dies Jazzsubjekt vor kollektiven, vom Grundrhythmus repräsentierten Anforderungen versagt, stolpert, ›herausfällt‹« (PS, S. 59). Überhaupt sei »die Idee des Jazz [...] am nächsten verwandt der des Exzentrikclowns« (GS Bd. 18, S. 71). Das Clowneske finde sich auch in der avancierten Kunst (vgl. GS Bd. 7, S. 180f.), Beckett etwa verdeutliche in seinem ↑›Endspiel‹, die Kritik der »Persönlichkeit als Clown« (GS Bd. 10·2, S. 642)

Auch die ↑Popkultur verwandelt ihre Angestellten in Exzentrikclowns, die als Comedy-Stars die Normalität verhöhnen, auf die das Publikum verpflichtet ist. ↑Humor ist, über seinen eigenen Konformismus zu lachen, sich bloßstellen zu lassen und darin am Ende noch die Selbstreflexion eines Nonkonformisten zu sehen, der sich nicht für dumm verkaufen lässt.

F

F-Skala In den ›Studien zum autoritären Charakter‹ wurden Skalen entwickelt, mit deren Hilfe die ↑»autoritäre Persönlichkeit« beschrieben werden kann: Die empirischen Daten zur »Messung antidemokratischer Züge in der Charakterstruktur« (Studien, S. 37) lieferten Interviews. Während mit der A-S-(Antisemitismus-)Skala und der E-(Ethnozentrismus-)Skala Vorurteile gemessen wurden, die sich gegen gesellschaftliche Minderheiten richten, sollte die F-Skala »präfaschistische Neigungen im Individuum« deutlich machen (Studie, S. 39). Die »Konstruktion der Faschismus (F)-Skala« erfolgte mittels achtundsiebzig Aussagen, zu denen die Probanden Zustimmung oder Ablehnung äußern sollten. Zum Beispiel:
»Mögen auch viele Leute spotten, es kann sich immer noch zeigen, daß die Astrologie vieles zu erklären vermag.«
»Berichte über Greueltaten in Europa sind zu Propagandazwecken stark übertrieben worden.«
»Homosexualität ist eine besonders verderbte Art von Vergehen und sollte streng bestraft werden.«
»Es wird immer Kriege und Konflikte geben, die Menschen sind nun einmal so.«
»Wenn man es genau betrachtet, liegt es in der menschlichen Natur, bei allem, was man tut, auch auf den eigenen Vorteil zu schauen.« (Studie, S. 40 ff.)
Heute operiert die Meinungsforschung auf mehreren Gebieten: Einmal gibt es die politischen ↑Umfragen über Staat, Parteien, Rassismus, Wirtschaft etc., dann die Forschungen, die sich auf

soziale Verhaltensweisen beziehen (»Amerikanische Wissenschaftler haben herausgefunden, dass 56 Prozent der Männer sich eine andere Frau wünschen«, »78 Prozent der Deutschen sind mit ihrem Leben zufrieden«), schließlich die psychologischen Tests in den Illustrierten (»Sind Sie ein guter Liebhaber?«, »Welche Mode passt zu Ihnen?«). Die Forschungen zur autoritären Persönlichkeit versuchen diese Gebiete zu vereinigen. Und genau aus diesem Grund haben die Untersuchungen, obgleich auf die späten vierziger Jahre und die amerikanische Gesellschaft bezogen, ihre Aktualität nicht verloren. Der Sozialwissenschaftler Wolfgang Pohrt untersuchte unter dem Arbeitstitel ›Autoritätsgebundener Charakter BRD 1990‹ in einer empirisch-soziologischen Studie »die Anfälligkeit der Deutschen für einen neuen Faschismus«, ausgehend von den Forschungen zur autoritären Persönlichkeit. Zu der, in der Zeitschrift ›konkret‹ (im Jahrgang 1990) dokumentierten Studie schreibt Pohrt einleitend über ›Elemente des Massenbewusstseins‹ (BRD 1990), vor allem mit Blick auf den neofaschistischen Terror Anfang der Neunziger: »So ist die vorliegende Studie eigentlich nur der Versuch, es ernst zu nehmen, was alle sagen, zuende zu denken, was jeder meint, nicht auf halbem Weg stehen zu bleiben, und nicht auszuschließen, weil das für unmöglich Gehaltene auf der Tagesordnung steht.« (Pohrt, S. 39)

Fetischcharakter Die von ↑Karl Marx begründete ↑kritische Theorie der Gesellschaft geht als materialistische davon aus, dass das gesellschaftliche Sein der Menschen ihr Bewusstsein bestimmt. Gleichwohl bildet sich das Sein aber nicht einfach nur im Bewusstsein ab, sondern wird verzerrt und folglich in der Form von falschem Bewusstsein als ↑Ideologie reflektiert. Die ↑Psychoanalyse Freuds hat auf die Funktion des Unbewussten für die entsprechende Dynamik von Sein und Bewusstsein hingewiesen.

Nach der Theorie von Marx ist das gesellschaftliche Sein maßgeblich durch die ökonomischen Verhältnisse der Produktion geprägt. Eine für den Bestand der gegenwärtigen Gesellschaft ausschlaggebende Verzerrung ist nun die, dass die ökonomischen Verhältnisse, die Warenproduktion und die Tauschökonomie, als naturwüchsig oder naturhaft erscheinen: Das allgemeine Bewusstsein akzeptiert, dass den Produkten, der Arbeitskraft, sogar den Menschen ein Wert zukommt, nach dem Produkte, Arbeitskraft und Menschen austauschbar sind.

Weil diese allgemeinen Tauschbeziehungen zudem als gerecht – da auf Äquivalenten basierend – erscheinen, wird mit enormem Eifer versucht, eine über Arbeit, Tauschwert und Geldverkehr organisierte Gesellschaft aufrechtzuerhalten. Dass dem so ist, hat sein Geheimnis in der Ware selbst (und nicht etwa in Gesetzen, freien Vereinbarungen oder dem Betrug einer höheren Macht): Der Wert der Dinge scheint eine ihnen von Natur aus zukommende Eigenschaft zu sein. Marx nennt das den »Fetischcharakter der Ware«, den »rätselhaften Charakter des Arbeitsprodukts, sobald es Warenform annimmt« (MEW Bd. 23, S. 86).

Adorno hat diese Theorie vom Fetischcharakter der Ware auf die ↑Amüsierwaren, insbesondere die Musik, übertragen. In der ↑Kulturindustrie wird alle Kultur zur Ware. Dabei geht es aber nicht um den Kommerz, darum, dass zum Beispiel immer wieder Zweit- und Drittvermarktungen der ↑Beatles – viel zu teuer – angeboten werden, sondern um die Frage, ob und wie ihr Charakter als Ware, ihr Tauschwert, in ihrer Musik, in ihrer ganzen Erscheinung als ↑Popkultur zum Ausdruck kommt. Kann man die ↑Verdinglichung des Kapitalismus also hören? Oder ist vielmehr die Tatsache, dass wir uns ausgerechnet an den Beatles erfreuen und weniger an ↑Zwölftonmusik, Ausdruck des Fetischcharakters, den Adorno als Regression des Hörens diagnostizierte (vgl. GS Bd. 14, S. 14 ff.)?

Über die Frage, wie sich der Fetischcharakter genau in der Musik manifestiert, gab es in den dreißiger Jahren einen Disput zwischen Adorno, dem ↑Institut für Sozialforschung und Hans Mayer (dokumentiert in: Mahnkopf und Klein 1998, S. 369 ff.). Ein unlösbares Problem, gerade weil zum Fetischcharakter der Ware ja gehört, dass er als eine ihr scheinbar von Natur aus zukommende Eigenschaft mitgeliefert wird. Es wäre absurd, ihn aus bestimmten Tonfolgen heraushören zu wollen, aus anderen wiederum nicht. Und dennoch steckt er im Material. Für Adorno entschlüsselt er sich aus dem Verhältnis von Musik und Publikum, also aus dem gesellschaftlichen wie musikalischen Verhalten der Menschen; dieses Verhältnis nimmt in der musikalischen Form Gestalt an. »Daß ›Werte‹ konsumiert werden und

Affekte auf sich ziehen, ohne daß ihre spezifischen Qualitäten vom Bewußtsein des Konsumenten noch erreicht würden, ist ein später Ausdruck ihres Warencharakters.« (GS Bd. 14, S. 24)
Zum Beispiel reagiert man emotional auf die ›Mondscheinsonate‹ von Beethoven, wenn sie in der ↑Reklame auftaucht, ohne dass die Komposition, geschweige denn die dargestellten Empfindungen, etwas mit dem beworbenen Produkt, mit Beethoven und seiner Zeit oder selbst mit unseren Empfindungen zu tun haben. Adorno schreibt dazu: »Der Fetischcharakter der Musik produziert durch Identifikation der Hörer mit den Fetischen seine eigene Verdeckung. Diese Identifikation erst verleiht den Schlagern die Gewalt über ihre Opfer. Sie vollzieht sich in der Folge von Vergessen und Erinnern. Wie jede Reklame aus unauffällig Bekanntem und unbekannt Auffälligem sich zusammensetzt, so bleibt der Schlager im Halbdämmer seines Bekanntseins wohltätig vergessen, um momentan, wie im Lichtkegel eines Scheinwerfers, durch Erinnerung schmerzhaft überdeutlich zu werden.« (GS Bd. 14, S. 36)
Zusatz: Menschen werden sich selbst zu Fetischen, auch die hübschen ↑Mädchen. »Der Fetischcharakter der Ware ergreift in der Bräune der Haut, die ja im Übrigen ganz hübsch sein kann, die Menschen selber; sie werden sich zu Fetischen. Der Gedanke, daß ein Mädchen, dank seiner braunen Haut, erotisch besonders attraktiv sei, ist wahrscheinlich nur noch eine Rationalisierung. Bräune ist zum Selbstzweck geworden, wichtiger als der Flirt, zu dem sie vielleicht einmal verlocken sollte.« (GS Bd. 10·2, S. 649)

Filmmusik »Auffällig, daß der junge Film, offenbar in allen Ländern, die Verwendung von Musik prinzipiell kaum durchdachte. Ich hoffe, einmal zum Problem gemeinsam mit Alexander Kluge etwas beizutragen.« (GS Bd. 15, S. 145) Mit ↑Hanns Eisler zusammen hat Adorno in ›Komposition für den Film‹ Maßgaben für eine Filmmusik entworfen, die nicht einfach illustriert, sondern als eigenständiges Medium in den Film eingreift oder vielmehr als Musik durch den Film illustriert wird. Alexander Kluge hat dieses Projekt ohne Adorno in seinen zahlreichen Filmen und Fernsehproduktionen fortgesetzt.
Adorno und Eisler schreiben: »Der sinnvolle Einsatz von Musik im Film setzt wirkliche Zusammenarbeit voraus.« (GS Bd. 15,

S. 133) Der Komponist sollte gleichberechtigt am Film mitwirken. »Musik im Film muß auf den technischen Stand nicht nur der Reproduktion sondern der Produktion gebracht werden.« (GS Bd. 15, S. 133) Das heißt, »gleichgültig, mit welchem Material operiert wird, Filmmusik sollte spezifisch sein, aus den besonderen Bedingungen des jeweiligen Anlasses geschöpft werden, nicht im wörtlichen oder übertragenen Sinn aus der Vorratskammer geholt« (GS Bd. 15, S. 135).

Viele der Forderungen Adornos und Eislers sind aufgrund der produktionstechnischen und ökonomischen Veränderungen in der Filmindustrie überholt. Vielfach gehört die Eigenständigkeit und gesonderte Vermarktbarkeit der Filmmusik zum Werbekonzept der Blockbuster, darüber hinaus ist heute im Autorenkino und Kunstfilm die Zusammenarbeit mit avancierten Musikern aus dem Bereich der ↑Neuen Musik ebenso wie dem der Popmusik gängig.

Als Beispiel für die Erfüllung der Forderungen Adornos und Eislers nach einem reflektierten Einsatz der Filmmusik könnte die Verwendung der Musik in Sebastian Schippers ›Absolute Giganten‹ (1999) dienen: Im Fahrstuhl eines Hochhauses treffen sich zwei Jugendliche. Floyd: »Hi, Telsa!« – Telsa: »Ich habe geträumt, dass ich von einem ganz hohen Balkon runtergefallen bin. Das war kein Siedlungsbalkon oder so, sondern eher so einer wie von einer Villa. Und ich hatte ein ganz langes schwarzes Kleid an. Das war so barock mit einem ganz langen Schleier. Weißt du, ich habe eher zugeschaut, als dass ich es erlebt hab, aber das war trotzdem ich.« – Floyd: »Weißt du, was ich manchmal glaube? Es müsste immer Musik da sein. Bei allem, was du machst. Und wenn's so richtig Scheiße ist, dann ist wenigstens noch die Musik da. Und an der Stelle, wo's am allerschönsten ist, müsste die Platte springen, und du hörst immer nur diesen einen Moment.« Diese Sequenz zu Beginn des Films wird in geschickter, etwas versteckter Weise am Ende wieder aufgegriffen: Die Schlussszene des Films ist untermalt von Musik. Plötzlich bleibt die Musik an der Stelle, »wo's am allerschönsten ist«, hängen, als ob ›die Platte springe‹.

Flaschenpost Die ↑›Dialektik der Aufklärung‹ wird gelegentlich als Flaschenpost bezeichnet. Das Bild geht vermutlich auf einen

Satz aus der Gemeinschaftsarbeit Adornos und ↑Horkheimers zurück: »Wenn die Rede heute an einen sich wenden kann, so sind es weder die sogenannten Massen, noch der einzelne, der ohnmächtig ist, sondern eher ein eingebildeter Zeuge, dem wir es hinterlassen, damit es doch nicht ganz mit uns untergeht.« (GS Bd. 3, S. 294) ↑Leo Löwenthal hat das Bild im Zusammenhang mit der studentischen Protestbewegung wieder aufgegriffen: »Wir haben uns dann freilich in den sechziger Jahren sehr gewundert, mit welch einem Knall diese Flasche entkorkt worden ist.« (Löwenthal 1980, S. 86) – Aus der Flaschenpost »kritische Theorie« wurde schließlich – um einen Buchtitel von Wolfgang Kraushaar zu paraphrasieren (Kraushaar 1998) – die ↑Praxis der Molotowcocktails, der ↑Aktionismus der Protestbewegung der sechziger Jahre.

Dass ↑kritische Theorie nicht auf ein geschichtliches Subjekt setzen kann, ja, schließlich nicht einmal auf den Kritiker selbst zu vertrauen vermag, hat Adorno in den ›Minima Moralia‹ in einem Aphorismus präzisiert: »Für den Intellektuellen ist unverbrüchliche Einsamkeit die einzige Gestalt, in der er Solidarität etwa noch zu bewähren vermag. Alles Mitmachen, alle Menschlichkeit von Umgang und Teilhabe ist bloße Maske fürs stillschweigende Akzeptieren des Unmenschlichen. Einig sein soll man mit dem Leiden der Menschen: der kleinste Schritt zu ihren Freuden hin ist einer zur Verhärtung des Leidens.« (GS Bd. 4, S. 27) Immer wieder bestätigt sich der Satz: ↑»Es gibt kein richtiges Leben im falschen.«

Aber was steht nun auf dem Brief in der Flaschenpost? Wahrscheinlich ein Satz Adornos, der wie als Orakel zu lesen ist: »Nur wenn, was ist, sich ändern läßt, ist das, was ist, nicht alles.« (GS Bd. 6, S. 391)

Zusatz: In der ›Philosophie der neuen Musik‹ nennt Adorno die ↑Zwölftonmusik »die wahre Flaschenpost« (GS Bd. 12, S. 126).

Fortzusetzen »Mehr noch als die anderen Abschnitte ist der über Kulturindustrie fragmentarisch«, heißt es in der »Vorrede« der ↑›Dialektik der Aufklärung‹ (GS Bd. 3, S. 17). Das Kapitel über ↑»Kulturindustrie. Aufklärung als Massenbetrug« schließt in der ersten Ausgabe mit dem Wort »Fortzusetzen« (in der überarbeiteten Ausgabe von 1969 ist der Zusatz getilgt). Was sollte fortgesetzt werden? Wie wäre die Kritik der Kulturindustrie fortzusetzen? Sollte die Kritik noch zugespitzt werden, etwa in die Richtung, die sich in den letzten Sätzen des Kapitels schon ankündigt: dass Kulturindustrie in Reklame mündet? Wären weitere Aspekte der Kulturindustrie beleuchtet worden? Und hätten auch positive Aspekte der Massenkultur, vielleicht sogar positive Aspekte der Kulturindustrie zur Sprache kommen sollen? Oder ist das »Fortzusetzen« ein Hinweis auf die noch ausstehenden, sich erst ankündigenden technischen Entwicklungen und sozialen Veränderungen, weshalb die notwendigerweise zu einem späteren Zeitpunkt zu verfassende Fortsetzung eventuell auch eine Revidierung, eine Ergänzung, eine Redigierung der Kritik der Kulturindustrie verlangt hätte? – In Adornos Nachlass fand sich ein Manuskript mit dem Titel ›Das Schema der Massenkultur‹, in dem laut den Herausgebern der ›Gesammelten Schriften‹ möglicherweise eine geplante Ergänzung des Kulturindustrieabschnitts zu sehen ist. Es trägt den Untertitel »Kulturindustrie *(Fortsetzung)*« und beginnt mit Überlegungen zum »Reklamecharakter der Kultur«, dem Thema, mit dem das Kapital zur Kulturindustrie in der ›Dialektik der Aufklärung‹ endete (GS Bd. 3, S. 299 ff.). – In einem späteren Text Adornos findet sich der Hinweis, dass ›Das Schema der Massenkultur‹ bereits 1943 als »Teil des Kapitels ›Kulturindustrie‹« entstanden sei (vgl. GS Bd. 10·2, S. 513).

An das Kulturindustriekapitel schließt auch der Text ›Résumé über Kulturindustrie‹ von 1963 an (in GS Bd. 10·1, S. 337 ff.), dessen Titel immerhin einen vorläufigen Abschluss der Erörterungen ankündigt. In der erst postum veröffentlichten ›Ästhetischen Theorie‹ tauchen das Thema und der Begriff der Kulturindustrie immer wieder auf. Thematisch wird die Kritik der Kulturindustrie zugleich in den soziologischen wie musiksoziologischen Schriften fortgeführt, etwa in der Untersuchung zu den »Typen musikalischen Verhaltens« in der ›Einleitung in die Musiksoziologie‹ (vgl. ↑»Mit den Ohren denken«), oder in Adornos Kritik der Horoskope, ↑›The Stars Down to Earth‹.

Das Kulturindustriekapitel ist als Fragment zu lesen, und Bemühungen, darin zum Beispiel bereits eine Theorie der gegenwärtigen ↑Popkultur zu sehen, sind mit entsprechender Vorsicht zu betrachten. Viele der zentralen Thesen zur Kulturindustrie hat

Adorno offenbar aus früheren Texten übernommen, vor allem aus ›On popular Music‹, ein Aufsatz, der 1941 in der ›Zeitschrift für Sozialforschung‹ publiziert wurde (Jg. 9, S. 17ff.).
Am 8. Dezember 1954 schrieb Adorno an ↑Leo Löwenthal: »Es fehlt natürlich etwas Entscheidendes, nämlich eine theoretisch-ökonomische Analyse der Basis der Kulturindustrie. Wer aber kann so etwas machen?« (Löwenthal, Schriften Bd. 4, S. 177f.) Umberto Eco will sich an ein Gespräch mit Adorno erinnern, in dessen Verlauf dieser gesagt habe, »wenn die ›Dialektik der Aufklärung‹ nicht in den USA der vierziger Jahre geschrieben worden wäre [...], sondern im Nachkriegsdeutschland und anläßlich einer Analyse des Fernsehens, dann wären seine Urteile minder pessimistisch, weniger radikal ausgefallen« (Eco 1986, S. 11).
In ›Komposition für den Film‹ sprechen Adorno und ↑Eisler von den »ästhetischen Potentialitäten der Massenkultur in einer freien Gesellschaft«, die bei einer Analyse der Kulturindustrie auch zu berücksichtigen wären (GS Bd. 15, S. 12f.). Mit Blick auf den Zusatz »Fortzusetzen« schreibt Elisabeth Lenk über das Kulturindustriekapitel: »Es ist Teil jener großen Enzyklopädie der menschlichen Dummheit, an der von Flaubert über Joyce zu Adorno viele gearbeitet haben, ein *work in progress*, für welches das Material leider nie ausgeht.« (Das unerhört Moderne, S. 27) Insofern verweist das »Fortzusetzen« auch auf eine kritische Auseinandersetzung mit dem ↑Abgebrochensein der Kunst, ihrem möglichen Ende in der bestehenden Gesellschaft.
Detlev Claussen schreibt: »Fortsetzen läßt sich die kritische Gesellschaftstheorie nur in der Sache. Die Sache selbst bewegt sich; die schon lange konstatierte Tendenz zur Vereinheitlichung nimmt zu. Unter dem Ähnlichen jedoch den bestimmten Unterschied aufzuspüren, bleibt Sache der Kritik. Die Wahrnehmung bestimmter Unterschiede ermöglicht die Erfahrung der Differenz. Ohne diese Erfahrung gäbe es keine Hoffnung, daß die Kulturindustrie und ihr Zweck, der Ausschluß des Neuen, im Leben der Menschen nicht das letzte Wort behalten.« (Das unerhört Moderne, S. 148) – Über die Musikzeitschrift ↑›Anbruch‹ schrieb Adorno 1929: »So dürfen wir fortsetzen, indem wir beginnen.« (GS Bd. 19, S. 608) Das gilt wohl auch für die kritische Theorie der Kulturindustrie.

Frankfurt am Main Adorno erlebte in Frankfurt seine ↑Kindheit; nach einem kurzen Abstecher nach ↑Wien setzte er seine philosophischen Studien in Frankfurt fort. Nach den Exiljahren in ↑Oxford und ↑Amerika kehrte Adorno in seine Heimatstadt zurück und ließ sich, nach einem weiteren Forschungsaufenthalt in Amerika, endgültig dort nieder. Er bekam an der Universität Frankfurt eine außerordentliche Professur für Philosophie und Soziologie und wurde 1950 stellvertretender Direktor des wieder eröffneten ↑Instituts für Sozialforschung.
Nicht zuletzt im Zusammenhang mit Adornos Wirken in Frankfurt dürfte das Schlagwort ›Frankfurter Schule‹ entstanden sein, worunter die ↑kritische Theorie Adornos, ↑Horkheimers und ↑Marcuses, aber auch die Kommunikationstheorie von Jürgen Habermas zusammengefasst werden. »Der Ausdruck ›Frankfurter Schule‹ ist ein in den sechziger Jahren von außen angeheftetes Etikett. [...] Gemeint war damit zunächst eine kritische Soziologie, die in der Gesellschaft eine antagonistische Totalität sah und Hegel und Marx nicht aus ihrem Denken verbannt hatte, sondern sich als deren Erben begriff.« (Wiggershaus 1986, S. 9) Gleichwohl wurde im Namen der Frankfurter Schule versucht, eine – mittlerweile großgeschriebene – Kritische Theorie auf ihre normative Selbstbegründbarkeit als Wissenschaft festzulegen. Die ursprünglichen, zum Teil revolutionären Forderungen nach einer radikalen Umgestaltung der Gesellschaft und der Abschaffung des Kapitalismus ließen sich eben nicht im Sinne akademischer Wissenschaft begründen, stattdessen nahm man in Anspruch, das Projekt der bürgerlichen Moderne samt deren legitimatorischer Institutionen zu verteidigen. Vernunftkritik war nicht länger in Gesellschaftskritik fundiert, sondern umgekehrt nur solche Gesellschaftskritik möglich, die den normativen Maßgaben einer auf das kommunikative Handeln bezogenen Vernunft genügte. Die Kritik der politischen Ökonomie wurde zur Kritik der Verständigungsverhältnisse, kritische Theorie sprachphilosophisch aufgehoben: Nicht die ↑Utopie von der Versöhnung, so hat Jürgen Habermas in seinen Schriften entwickelt, sei als Ziel einer kritischen Theorie anzustreben, sondern die Sicherung gelingender ↑Kommunikation.
Einer auf die Frankfurter Schule reduzierten kritischen Theo-

rie fehlt der diagnostische Blick auf die unlösbare Krise der Gesellschaft; sie ignoriert den Befund der in ↑Auschwitz mündenden ↑›Dialektik der Aufklärung‹ und damit auch das kritisch-theoretische Konzept der »radikalen Negation«. Dabei darf nicht irritieren, dass Adorno sich selbst in späten Jahren der Frankfurter Schule zurechnete (vgl. GS Bd. 14, S. 171; Soziologie, S. 185).

Französische Philosophie Freilich eine unzulässige Verallgemeinerung, gerade aufgrund der vielfältigen und gegensätzlichen Positionen, die in der französischsprachigen Philosophie des zwanzigsten Jahrhunderts zu finden sind. Die Nachkriegsphilosophie wurde zunächst vom Existenzialismus Jean-Paul Sartres bestimmt. Adorno hat ihn als politischen Autor engagierter Literatur zur Kenntnis genommen und gern gelesen, so zum Beispiel ›Die Wörter‹, weil ihm »in diesem Buch die Verschränkung der Sprache und Erfahrung auf eine unübertreffliche Weise festgehalten zu sein« schien (GS Bd. 20·2, S. 737; vgl. GS Bd. 11, S. 409ff.).
Für das Sommersemester 1969 plante Adorno ein Seminar über den französischen Strukturalismus, »der vor allem mit den Namen Lévi-Strauss und Lacan verbunden ist« (Soziologie, S. 175). Mittlerweile ist auf die zahlreichen Bezüge zwischen der Machtkritik Michel Foucaults und der ↑›Dialektik der Aufklärung‹ aufmerksam gemacht worden (Honneth 1989); Foucault selbst bedauerte kurz vor seinem Tod 1984, die ↑kritische Theorie nicht eher kennen gelernt zu haben: Er hätte sich Arbeit erspart (vgl. Foucault 1983). Ausgehend von Foucault hat Gilles Deleuze das Szenario einer »Kontrollgesellschaft« entfaltet, in der sich die Individuen durch Selbstregulierungen und Anpassungen einfügen und sich und ihren Körper bereitwillig, ohne die Notwendigkeit von äußerem Zwang oder von Strafe, leistungsbereit formieren. Dem Begriff der Kontrollgesellschaft ähnliche Formulierungen benutzt Adorno in den ›Minima Moralia‹: »Zu den stumpfsinnigen Leistungen, welche die herrschaftliche Kultur von den Unterklassen verlangt, werden diese fähig allein durch permanente Regression. [...] Herrschaft erbt sich fort durch die Beherrschten hindurch.« (GS Bd. 4, S. 207f.) Es geht um »Disziplin«, »Selbstkontrolle«, »Kommandolust«...

In den achtziger und neunziger Jahren wurde versucht, die
›Ästhetische Theorie‹ Adornos in Zusammenhang mit der Postmoderne Jean-François Lyotards zu bringen. Lyotard erwähnt
Adorno in einigen Schriften, allerdings ohne sich auf die ↑kritische Theorie zu beziehen (Wellmer 1985; Welsch 1990). Während kritische Theorie wesentlich dialektische Theorie ist, gilt
Dialektik im Strukturalismus, Poststrukturalismus oder in der
Postmoderne als überholt und wurde zum Teil abgelöst durch
eine Philosophie der »Differenz« – eine Verschiebung vom
Widerspruch zum Widerstreit – oder einfach abgelehnt. Für
Parallelisierungen der kritischen Theorie Adornos und der französischen Philosophie erweist sich zudem der starke Einfluss
↑Heideggers auf die französische Philosophie als problematisch. Vermeintlichen theoretischen Verwandtschaften zwischen Adorno und Foucault, Deleuze oder Jacques Derrida ist
also etwas höchst Konstruiertes zu Eigen. Die Tatsache, dass
Derrida 2001 den ↑Adorno-Preis erhielt, sollte als Indiz für theoretische Übereinstimmungen nicht genügen.

Fremdwörter Einer der Vorwürfe, die sich gegen die vermeintliche ↑Unverständlichkeit von Adornos Sprache richten, gilt
dem Gebrauch zu vieler und zudem unbekannter Fremdwörter.
Adorno interpretierte den Vorwurf als Affront gegen die Anstrengung des Denkens, gegen das Intellektuelle allgemein, und
vermutete darin ein Moment des ↑Antisemitismus, der vor allem in Deutschland gegen die jüdische Intelligenz wütete (Ressentiments, die auch sechzig Jahre nach dem Nationalsozialismus durchaus noch bestehen, wie sich im Historikerstreit, in
den Debatten über Deutschlands Verhältnis zu Israel oder den
Diskussionen um das Berliner Holocaustmahnmal zeigt).
»Fremdwörter sind die Juden der Sprache.« (GS Bd. 4, S. 125)
Wenn etwa ↑Martin Heidegger und die Existenzphilosophen
statt des Gebrauchs von Fremdwörtern ein verwundenes, »bodenständiges« Deutsch bevorzugten, kam das für Adorno einem
›Jargon der Eigentlichkeit‹ gleich. Eine kritische Theorie kann
sich nicht auf programmatische Begriffe festlegen, weil damit
die Begriffe instrumentalisiert und in Parolen oder Etiketten verwandelt werden. Gerade die auf Anhieb nicht verständlichen Begriffe bewahren als Fremdwörter den ↑Rätselcharakter des

philosophischen Gedankens – gegen den Schein der Unmittelbarkeit und ein blindes Identifizieren.

Froschkönig »Mit sehnsüchtigen Augen blickt der Froschkönig, ein unverbesserlicher Snob, zur Prinzessin auf und kann von der Hoffnung nicht lassen, daß er sie erlöse.« (GS Bd. 4, S. 99) Der Soziologe Stefan Müller-Doohm vermutete einmal, dass sich Adorno hier selbst charakterisiert, schließlich heißt es ebenda: »Für jeden Menschen gibt es ein Urbild aus dem Märchen, man muß nur lange genug suchen.« (GS Bd. 4, S. 98)

G

Gänsehaut In der ›Ästhetischen Theorie‹ schreibt Adorno über den möglichen Ursprung der ↑Kunst aus der Gänsehaut: »Am Ende wäre das ästhetische Verhalten zu definieren als die Fähigkeit, irgend zu erschauern, so als wäre die Gänsehaut das erste ästhetische Bild.« (GS Bd. 7, S. 489)

Gedicht Nach ↑Auschwitz könne kein Gedicht mehr geschrieben werden (GS Bd. 10·1, S. 230). In den heftigen Debatten, die dieses Verdikt auslöste, hat Adorno dann präzisiert, es dürften wenigstens keine Gedichte mit ↑Humor sein. So heißt es 1967: »Kunst, die anders als reflektiert gar nicht mehr möglich ist, muß von sich aus auf Heiterkeit verzichten. Dazu nötigt sie vor allem anderen, was jüngst geschah. Der Satz, nach Auschwitz lasse kein Gedicht mehr sich schreiben, gilt nicht blank, gewiß aber, daß danach, weil es möglich war und bis ins Unabsehbare möglich bleibt, keine heitere Kunst mehr vorgestellt werden kann.« (GS Bd. 11, S. 603)
Gleichwohl wurden nach Auschwitz Gedichte geschrieben, sogar über Adorno. Bei Hans Magnus Enzensberger heißt es beispielsweise unter dem Titel »schwierige arbeit. für theodor w. adorno« (September 1964): »geduldig / festhalten den schmerz der negation [...] geduldig / ausfalten das schweißtuch

der theorie« (zit. nach Kraushaar 1998, S. 179). In den achtziger Jahren wagte sich dann das anarchistische Kabarett ›Die 3 Tornados‹ zum agitationspropagandistischen Schüttelreim vor und erzählte, wie ein Prolet zum Klassenbewusstsein kommt, nämlich »vom Porno zu Adorno«.

Gesellschaft, Gesellschaftstheorie, Soziologie Insofern ↑kritische Theorie eine Kritik der Gesellschaft ist, muss Gesellschaft als ihr Schlüsselbegriff gelten. »Mit Gesellschaft im prägnanten Sinn meint man eine Art Gefüge zwischen Menschen, in dem alles und alle von allen abhängen; in dem das Ganze sich erhält nur durch die Einheit der von sämtlichen Mitgliedern erfüllten Funktionen, und in dem jedem Einzelnen grundsätzlich eine solche Funktion zufällt, während zugleich jeder Einzelne durch seine Zugehörigkeit zu dem totalen Gefüge in weitem Maße bestimmt wird.« (Exkurse, S. 22) Dieses Gefüge ist zudem eine von ↑Dialektik, von Widersprüchen gekennzeichnete ↑Totalität: »Die Gesellschaft erhält sich nicht trotz ihres Antagonismus am Leben sondern durch ihn.« (GS Bd. 6, S. 314) Die Dynamik der Gesellschaft stellt sich in ihrer umfassenden Krise dar. Diese Krise ist keine Momenterscheinung, sondern als ↑Logik des Zerfalls in die Struktur der ↑Universalgeschichte eingeschrieben.

Wie ist die gesellschaftliche Totalität in ihren Widersprüchen und Brüchen zu begreifen? Die einzelnen Momente des gesellschaftlichen Seins sind miteinander vermittelt, erscheinen als konkreter Ausdruck der weitgehend abstrakt, gleichsam »hinter dem Rücken« der Menschen sich durchsetzenden ökonomischen Verhältnisse von Produktion und Reproduktion. Die Widersprüche zwischen den einzelnen Momenten sind notwendige und nicht etwa Randphänomene und demnach auch nicht als Spezialprobleme der Soziologie abzutun. »Die Erfahrung vom widerspruchsvollen Charakter der gesellschaftlichen Realität ist kein beliebiger Ausgangspunkt sondern das Motiv, das die Möglichkeit von Soziologie überhaupt erst konstituiert. [...] Nur durch das, was sie [i. e. die Gesellschaft] nicht ist, wird sie sich enthüllen als das, was sie ist.« (PS, S. 142) Das bestimmt Adornos ↑kritische Theorie der Gesellschaft als negative. ↑»Das Ganze ist das Unwahre.« (GS Bd. 4, S. 55)

Glück, Glücksversprechen Es gibt kaum noch Glück. Wer behauptet, glücklich zu sein, so würde Adorno dialektisch sagen, betrügt sich selbst um das Glück, das ihm eigentlich zusteht. »Jegliches Glück ist Fragment des ganzen Glücks, das den Menschen sich versagt und das sie sich versagen.« (GS Bd. 6, S. 396) – »Glück ist überholt: unökonomisch.« (GS Bd. 4, S. 248) Und wo es doch noch ist, wird es ökonomisch verwaltet, zum Streben nach der Glücksformel umgemodelt: Glück haben die Gewinner, die für einen Moment über das Schicksal herrschen. Dem entgegen ist »der Gedanke an Glück ohne Macht [...] unerträglich, weil er überhaupt erst Glück wäre« (GS Bd. 3, S. 196).

Glück ist eine ↑Utopie und folglich nur in der Erinnerung zu haben: »Treue hält ihm bloß, der spricht: ich war glücklich.« (GS Bd. 4, S. 126) Denn »mit dem Glück ist es nicht anders als mit der Wahrheit: Man hat es nicht, sondern ist darin. Ja, Glück ist nichts anderes als das Umfangensein, Nachbild der Geborgenheit bei der Mutter. Darum aber kann kein Glücklicher je wissen, daß er es ist. Um das Glück zu sehen, müßte er aus ihm heraustreten: er wäre wie ein Geborener.« (GS Bd. 4, S. 126) So bleibt Glück ein Versprechen, »promesse de bonheur«, wie es Adorno mit Stendhal nennt. In den avancierten Werken der Kunst kristallisiert sich dieses Versprechen – ohne dass die ↑Hoffnung suggeriert wird, es könne jemals eingelöst werden: »Weil alles Glück am Bestehenden und in ihm Ersatz und falsch ist, muß sie [die avancierte Kunst] das Versprechen brechen, um ihm die Treue zu halten.« (GS Bd. 7, S. 461) In den Produkten der ↑Kulturindustrie hingegen ist es ein falsches Glücksversprechen, das den Menschen »in seiner unmittelbaren, stofflichen Gestalt« entgegentritt. Kulturindustrie »plant das Glücksbedürfnis ein und exploitiert es« (GS Bd. 7, S. 461).

Das Motiv, dass Glück auf die ↑Kindheit zurückscheint, hat Adorno übrigens in der Musik ↑Gustav Mahlers wiedergefunden – als »Erinnerungsspuren der Kindheit« und »Bewußtsein, daß dies Glück verloren ist und erst als verlorenes zum Glück wird, das es so nie war« (GS Bd. 13, S. 287). Solches Kinderglück drückt sich in den Schellen zu Beginn der vierten Sinfonie aus, als Ankündigung und Advent, dem dann im vierten Satz die Losung gegeben wird: »Wir genießen die himmlischen Freuden, Drum tun wir das Irdische meiden [...].« Dass die Musik der

↑Popkultur trotz des tonangebenden falschen Glücksversprechens von solchen Motiven übersättigt ist, wäre selbst bei Kylie Minogue oder George Michael ohne weiteres herauszuhören.

Grand Hotel Abgrund Georg Lukács (1885–1971) gebrauchte diese Formulierung 1962 für die kritische Theorie: »Ein beträchtlicher Teil der führenden deutschen Intelligenz, darunter auch Adorno, hat das ›Grand Hotel Abgrund‹ bezogen, ein – wie ich bei Gelegenheit der Kritik Schopenhausers schrieb – ›schönes, mit allem Komfort ausgestattetes Hotel am Rande des Abgrunds, des Nichts, der Sinnlosigkeit. Und der tägliche Anblick des Abgrunds, zwischen behaglich genossenen Mahlzeiten oder Kunstproduktionen, kann die Freude an diesem raffinierten Komfort nur erhöhen.‹« (Zit. nach Scheible, S. 152) Lukács hat Adorno mit seinen beiden Arbeiten ›Die Theorie des Romans‹ (1916) und ›Geschichte und Klassenbewusstsein‹ (1923) – hier entwickelte er den Begriff der ↑Verdinglichung – nachhaltig beeinflusst. Während Adorno und Horkheimer eine↑›Dialektik der Aufklärung‹ veröffentlichten, ging Lukács noch einen Schritt weiter und sprach von einer letzthin vollständigen, restlosen ›Zerstörung der Vernunft‹.

Griechenland 1969 äußerte Adorno in einem ›Spiegel‹-Gespräch: »In Griechenland würde ich selbstverständlich jede Art von Aktion billigen.« Es war das einzige Mal, dass Adorno einräumte, Gewalt könne als Mittel einer verändernden ↑Praxis akzeptiert werden. (GS Bd. 20·1, S. 408 f.; ↑Aktionismus; ↑Theorie und Praxis). Damals herrschte in Griechenland die Militärdiktatur.

H

Halbbildung Gegenwärtig wird, unter Verweis auf zahlreiche Studien, die diese Tendenz belegen sollen, der Verfall der Bildung beklagt. Moniert werden Werteverlust und Leistungsabfall, meist jedoch der Niedergang der Bildung selbst: Bildung ist zwar ein Privileg, doch die Gebildeten sind nicht unbedingt Privilegierte. Veraltet ist die Aura, die dem Wort Bildung einmal anhing. Dass heute Goethe nicht mehr gelesen, Kopfrechnen nicht mehr beherrscht, Latein nicht mehr gesprochen wird, ist aber nichts, was unmittelbar auf das Vermögen der Menschen schließen ließe. Immerhin haben die, die Zugfahrten nach ↑Auschwitz organisierten, auch Goethe gelesen und Kopfrechnen beherrscht. »Bildung, welche davon absieht, sich selbst setzt und verabsolutiert, ist schon Halbbildung geworden.« (GS Bd. 8, S. 95)

Eine Verteidigung der Bildung um der Bildung willen widersprach schon immer dem ↑Begriff der Bildung, den Wilhelm von Humboldt als Prozesskategorie zur Bezeichnung der Selbstentfaltung der individuellen Fähigkeiten des Subjekts zu Beginn des neunzehnten Jahrhunderts etablierte. Bildung hat nichts mit ↑Bescheidwissen zu tun, eigentlich nicht einmal etwas mit ↑Dummheit oder Intelligenz. Überhaupt geht Bildung nicht in Wissen auf. Am Verfall der Bildung beklagt der ↑Kulturpessimist, dass er mit seinen maroden Leitbildern nicht mehr weiterkommt.

Mit dem Begriff der Halbbildung hat Adorno die Dialektik der Bildung zu fassen versucht. Halbbildung meint nicht die Hälfte der Bildung und auch nicht, schlecht informiert zu sein beziehungsweise kaum etwas zu wissen, sondern rekurriert auf die gesellschaftliche Entwicklung des Individuums, das gewissermaßen auf der Hälfte seiner Selbstentfaltung stehen geblieben und gleichsam in einem Wahn gefangen ist: als ohnmächtige und zugleich ↑autoritäre Persönlichkeit. »Paranoia ist das Symptom der Halbgebildeten«, wie es in der ↑›Dialektik der Aufklärung‹ heißt (GS Bd. 3, S. 221). Halbbildung entspricht der bürgerlichen

↑Kälte, der Rationalität der ↑verwalteten Welt, in der jeder um seinen eigenen Vorteil bemüht ist.

Nach Adorno ist Bildung »nichts anderes als Kultur nach der Seite ihrer subjektiven Zueignung« (GS Bd. 8, S. 94): Halbbildung und ↑Kulturindustrie korrespondieren miteinander. So wie eine menschliche Kultur überhaupt erst einzurichten wäre, müsste auch Bildung erst entfaltet werden. Nach Adorno ist dies heute nur möglich im Widerstand gegen die ↑Verdinglichung (vgl. GS Bd. 10·2, S. 497).

Hegel, Georg Wilhelm Friedrich (1770–1831) In Auseinandersetzung mit der Systemphilosophie Hegels entwirft Adorno in der ↑›Negativen Dialektik‹ sein Antisystem: Es gelte, »Hegel [...] gegen den Strich zu lesen« (GS Bd. 5, S. 368). Mit der dialektischen Wendung »Das Ganze ist das Unwahre« (GS Bd. 4, S. 55) hat Adorno gezeigt, wie er sich das vorstellt. Gegen den Strich zu lesen heißt, bevor der Rückwärtsgang eingelegt wird, den Text zu bremsen, seine Begriffe anzuhalten, sie gleichsam in Zeitlupe vor dem geistigen Auge ablaufen zu lassen: »Mit einem anachronistischen Vergleich sind Hegels Publikationen eher Filme des Gedankens als Texte. Wie das ungeschulte Auge Details eines Films nie so festhalten wird wie die eines stillgestellten Bildes, so ergeht es mit seinen Schriften.« (GS Bd. 5, S. 353) Und dennoch gesteht Adorno Schwierigkeiten bei der Lektüre von Hegel ein: »Im Bereich großer Philosophie ist Hegel wohl der einzige, bei dem man buchstäblich zuweilen nicht weiß und nicht bündig entscheiden kann, wovon überhaupt geredet wird.« (GS Bd. 5, S. 326)

Heidegger, Martin (1889–1976) Innerhalb der deutschsprachigen Philosophie bilden Heidegger und die von ihm begründete Fundamentalontologie den eigentlichen Gegenpol einer jeden kritischen Theorie. Gleichwohl übt vor allem die »bodenständige« und assoziationsreiche Sprache des heideggerschen Denkens, der etwas Deutschtümelndes anhaftet, nach wie vor – auch international – eine große Anziehungskraft aus, zumal auf eine jüngere Generation von Akademikern, die sich selbst als kritisch verstehen. Zu ihrer Vorstellung von kritischer Theorie gehört es, die Kontroverse zwischen Adorno und Heidegger als persönliche Fehde darzustellen und in philologischer Kleinarbeit irgendwelche Übereinstimmungen zwischen der kritischen Theorie Adornos und Heideggers Ontologie auszumachen. Dass Heideggers Philosophie ganz andere Probleme behandelt und Heidegger bereits die Fragen völlig anders stellt als Adorno seine dialektischen Fragen ↑immanenter Kritik, spielt dabei keine Rolle. Ebenso übergangen wird Heideggers Anbiederung an den ↑Nationalsozialismus.

Adorno hat sich schon in seinem ›Kierkegaard‹-Buch von 1931 und in frühen Vorträgen mit Heidegger auseinander gesetzt. Ein Großteil der in der ↑›Negativen Dialektik‹ behandelten Fragen gilt der Kritik des heideggerschen Denkens; im ↑›Jargon der Eigentlichkeit‹ wird vor allem die Sprache der Existenzialphilosophie, für deren Ton gerade Heidegger bestimmend war, ideologiekritisch untersucht. Noch heute ist – wie schon in den zwanziger Jahren – Heideggers Ontologie ein Modethema der Philosophie. Offenbar hat in ökonomischen Krisensituationen die Frage nach dem Sinn des Seins, wie sie die Ontologie stellt, etwas Aufregend-Beruhigendes für eine Philosophie, die vor den Diagnosen einer kritischen Gesellschaftstheorie zurückschreckt. Adornos Kritik an Heideggers Seinsphilosophie mündet in der ↑Dialektik als einer ↑»Ontologie des falschen Zustands«.

»**Heldenschatz**« nannte Adorno ↑Ernst Blochs ›Geist der Utopie‹. Er schreibt über das 1918 in erster und 1923 in revidierter zweiter Fassung erschienene Werk: Der »dunkelbraune, auf dickem Papier gedruckte, über vierhundert Seiten lange Band versprach etwas von dem, was man von mittelalterlichen Büchern sich erhofft und was ich als Kind zuhause noch an dem schweinsledernen ›Heldenschatz‹ verspürte, einem verspäteten Zauberbuch des achtzehnten Jahrhunderts, voll abstruser Anweisungen, an deren manche ich mich heute noch besinne« (GS Bd. 11, S. 556). Bloch selbst war davon überzeugt, mit diesem Buch der Welt seine Wichtigkeit bewiesen zu haben – was Bekannten, Lesern, Freunden nicht verborgen blieb: »Gerade war ein neuer jüdischer Philosoph da – ein Jüngling mit enormer schwarzer Haartolle und ebenso enormem Selbstbewußtsein, er hielt sich offenbar für den Vorläufer eines neuen Messias und wünschte, daß man ihn als solchen erkannte«, berichtet Marianne Weber. Über seine erste Frau Else Bloch-von Stritzki, die 1921 starb und der er den ›Geist der Utopie‹ widmete, notierte Bloch: »Else glaubte fest an die absolute Wahrheit meiner Philosophie.« Und bereits mit sechsundzwanzig Jahren schrieb er, obwohl er noch kein Buch veröffentlicht hatte, an seinen Jugendfreund Lukács: »Ich habe mich jetzt, nachdem es mir sachlich erlaubt ist, entschlossen, den Ruhm und den Druck meiner Philosophie sukzessive zu inszenieren; [...] Georg, ich versichere Dich, alle Menschen, in Rußland und bei uns im Westen, werden sich wie an der Hand genommen fühlen, sie werden weinen müssen und erschüttert und in der großen bindenden Idee erlöst sein [...] Ich bin der Paraklet und die Menschen, denen ich gesandt bin, werden in sich den heimkehrenden Gott erleben und verstehen.« Zurückhaltend in seiner Selbsteinschätzung war Bloch also nicht, und auch dem philosophischen ↑Betrieb trat er ohne übertriebene Ehrfurcht gegenüber. Das hatte für den jungen Adorno seinen Reiz: »Ich hatte, so dumpf wie ein Siebzehnjähriger solche Phänomene wahrnimmt, das Gefühl, hier sei die Philosophie dem Fluch des Offiziellen entronnen.« (GS Bd. 11, S. 557)

Hobbys Adorno hatte keine Hobbys. »Immer wieder wird man, in Interviews und Erhebungen, danach gefragt, was für ein hobby man habe. [...] Ich erschrecke über die Frage, wenn sie auch mir widerfährt. Ich habe kein hobby.« (GS Bd. 10·2, S. 646) Wie ist es heute? Gibt es noch Hobbys, oder hat man den Menschen nicht vielmehr daran gewöhnt, alle seine Tätigkeiten als Freizeitbeschäftigung zu deklarieren? In den Siebzigern und Achtzigern, als es noch die Hobbythek gab und jeder mit Bastelarbeiten seine Wohnung verschönerte – mit Bauernmalerei und Tauchlackblumen, mit Setzkasten und Nagelbildern –, hatte die Idee vom Hobby, die Emphase und Akribie, mit der das Nutzlose betrieben wurde, etwas von der ↑Utopie einer Gesellschaft ohne Arbeit oder wenigstens einer Gesellschaft mit anderen Formen der Alltagspraxis.

Und was hat Adorno in seiner Freizeit getan? Er sei »kein Arbeitstier«, aber das, was er außerhalb seines »offiziellen Berufs« mache, sei keine bloße Beschäftigung, bei der es darum gehe, »Zeit totzuschlagen«. – »Musik machen, Musik hören, konzentriert lesen ist ein integrales Moment meines Daseins, das Wort hobby wäre Hohn darauf.« (GS Bd. 10·2, S. 646)

Hoffnung »Hoffnung auch nur zu denken, frevelt an ihr und arbeitet ihr entgegen.« (GS Bd. 6, S. 394) Adornos negative ↑Utopie kennt keine positive Idee der ↑Rettung. Dass die Unmöglichkeit der Utopie benannt und gleichwohl an ihr festgehalten wird, entspricht Adornos Verständnis einer ↑Dialektik dieses ↑Begriffs. Ob überhaupt noch Hoffnung ist, scheint die Grundfrage ↑kritischer Theorie im zwanzigsten Jahrhundert zu sein, ganz im Sinne des Satzes Franz Kafkas, dass es ganz viel Hoffnung gibt – nur eben nicht für uns. ↑Benjamin hat das Problem dialektisch paraphrasiert: »Nur um der Hoffnungslosen willen ist uns die Hoffnung gegeben.« (BGS Bd. I·1, S. 201) Diese durch ↑Marcuses ›Eindimensionalen Menschen‹ bekannt gewordene Wendung steht als Schlusssatz (vgl. ↑Sturz) in ↑Benjamins ›Goethes Wahlverwandtschaften‹. Adorno beendet seinen Aufsatz ›Zur Schlußszene des Faust‹ von 1959 mit einer ähnlichen, an Benjamin erinnernden Reminiszenz: »Hoffnung ist nicht die festgehaltene Erinnerung sondern die Wiederkunft des Vergessenen.« (GS Bd. 11, S. 138)

Selbst wenn bei Adorno Hoffnung mit der ↑Utopie von der ↑Versöhnung zusammen gedacht wird, bleibt seine ↑Philosophie auch in diesem Punkt negativ. Anders als etwa bei ↑Ernst Bloch ist Adornos Begriff der Hoffnung in der ↑Katastrophe fundiert. Während bei Bloch Hoffnung der große, noch nicht befahrene Ozean des ↑realen Humanismus ist, die Summe der keineswegs ausgeschöpften, aber bereits gärenden Möglichkeiten des Menschen, bleibt für Adorno Hoffnung der Inhalt einer einsamen ↑Flaschenpost, die in einem Meer der ↑Verzweiflung schwimmt.

Horkheimer, Max (1885–1973) Nach dem Studium der Psychologie, Philosophie und Nationalökonomie promovierte und habilitierte sich Horkheimer in ↑Frankfurt am Main; 1930 wurde er ordentlicher Professor für Philosophie; 1931 übernahm er die Leitung des ↑Instituts für Sozialforschung. Mit seinem Aufsatz ›Traditionelle und kritische Theorie‹, der 1937 in der ›Zeitschrift für Sozialforschung‹ erschien, prägte er den Begriff der ↑kritischen Theorie der Gesellschaft. Horkheimer wurde zum engsten Freund und Kollegen Adornos. In der Emigration verfassten Adorno und er gemeinsam die ↑›Dialektik der Aufklärung‹; nach dem Krieg leiteten beide das ↑Institut für Sozialforschung in Frankfurt am Main. »Das Persönliche, das ich jetzt sagen werde, ist für die kritische Theorie nicht unwichtig. Wir beide sind bürgerlicher Herkunft und haben die Welt auch durch unsere Väter, die Kaufleute waren, kennengelernt. Wir haben eine tiefe Liebe zu unserer Familie gehabt [...]. Wir haben den ersten Weltkrieg erlebt und haben nachher nicht studiert, um Karriere zu machen, sondern weil wir von der Welt etwas kennenlernen wollten.« (Horkheimer 1981, S. 162) Horkheimer nannte seinen Freund ↑Nilpferd.

Zu Horkheimers wichtigen Schriften zählen neben ›Zur Kritik der instrumentellen Vernunft‹ – einem als Exkurs zur ›Dialektik der Aufklärung‹ zu lesenden Essay – zahlreiche Bände mit Reflexionen, Aufzeichnungen, Aphorismen. Horkheimers ↑Philosophie ist wie die Adornos vom Fragment bestimmt; fast wie eine Gebrauchsanweisung hat er einmal formuliert: »Jeder ↑Begriff muß als Fragment einer alles einbegreifenden Wahrheit gesehen werden, in der er zu seiner Bedeutung gelangt. Eben das Konstruieren der Wahrheit aus solchen Fragmenten ist das wichtigste Geschäft der Philosophie.« (Horkheimer 1985, S. 157)

Humor, Lachen »Fun ist ein Stahlbad.« (GS Bd. 3, S. 162) Der prägnante Satz aus der ↑›Dialektik der Aufklärung‹ macht klar: In der ↑verwalteten Welt der ↑Kulturindustrie gibt es nichts zu lachen. Humor funktioniert hier nach dem Prinzip der Schadenfreude. Man ist glücklich darüber, dass es nicht einen selbst erwischt hat, sondern Stellvertreter, bestenfalls als solche inszenierte Witzfiguren wie ↑Donald Duck.

Ob nun nach Adorno überhaupt gelacht werden darf, ist nicht genau zu sagen. Zur Frage, ob Kunst heiter sei, heißt es: »Je gründlicher die Gesellschaft jene Versöhnung schuldig bleibt, die der bürgerliche Geist als Aufklärung des Mythos versprach, um so unwiderstehlicher wird Komik in den Orkus gerissen, Lachen, einst Bild von Humanität, zum Rückfall in die Unmenschlichkeit.« (GS Bd. 11, S. 603) Dann wiederum scheint Lachen niemals »Bild der Humanität« gewesen zu sein, sondern ist »bis heute das Zeichen der Gewalt, der Ausbruch blinder, verstockter Natur«, hat aber »doch das entgegengesetzte Element in sich« (GS Bd. 3, S. 96f.). Kurz und bündig: »Humor selbst ist albern: lächerlich geworden. [...] Noch die Witze der Beschädigten sind beschädigt.« (GS Bd. 11, S. 300) Die »Beschädigten« treten als ↑Exzentrikclowns auf.

Aber auch wenn es nichts zu lachen gibt, bleibt doch zumindest die avancierte Kunst »a priori, vor ihren Werken, Kritik des tierischen Ernstes, welchen die Realität über die Menschen verhängt« (GS Bd. 11, S. 600). Das meint, wie Adorno an Becketts »Repressionsstück« ↑›Endspiel‹ erläutert: »Das Lachen, zu dem es animiert, müßte die Lacher ersticken. Das wurde aus Humor, nachdem er als ästhetisches Medium veraltet ist und widerlich, ohne Kanon dessen, worüber zu lachen wäre; ohne einen Ort von Versöhnung, von dem aus sich lachen ließe; ohne irgend etwas Harmloses zwischen Himmel und Erde, das erlaubte, belacht zu werden.« (GS Bd. 11, S. 300)

I

ICE Theodor W. Adorno Zwischen Stuttgart Hauptbahnhof und Frankfurt am Main Hauptbahnhof verkehrt der »ICE Theodor W. Adorno«. Im ›Zugbegleiter‹ der Bahn heißt es: »Adorno: Dt. Soziologe und Musiktheoretiker. Lehrte ab 1949 in Frankfurt Soziologie u. Philosophie. Seine kritische Theorie (Frankfurter Schule) hatte großen Einfluss auf die Studentenbewegung.« Adorno hatte wohl nichts gegen das Reisen mit der Bahn, wohl aber gegen Smalltalk mit anderen Fahrgästen. In den ›Minima Moralia‹ steht dazu: »Das Zufallsgespräch mit dem Mann in der Eisenbahn, dem man, damit es nicht zu einem Streit kommt, auf ein paar Sätzen zustimmt, von denen man weiß, daß sie schließlich auf den Mord hinauslaufen müssen, ist schon ein Stück Verrat.« (GS Bd. 4, S. 26) – Eisenbahnen, Trambahnen (Straßenbahnen) oder Untergrundbahnen kommen bei Adorno verhältnismäßig häufig vor. In ↑Amerika hat Adorno die Erfahrung des Fliegens gemacht, allerdings erst zu Beginn der fünfziger Jahre: »Auch der lange zu fliegen zögerte, bleibt frei von Angst. [...] Das Flugzeug hängt reglos im Leeren [...]. Bei der Landung aber ist die Berührung des Bodens nichts als ein sanfter Stoß.« (GS Bd. 20·2, S. 550) In einem Brief an Benjamin von 1935 »wagt« Adorno den »Gedanken [...], daß das Ende des neunzehnten Jahrhunderts die Erfindung des Flugzeugs ist« (AB, S. 124).

Das zwanzigste Jahrhundert beginnt jedenfalls mit dem Verkehr. Unter Verweis auf Roland Barthes' »Lesart des Citroën DS als ›déesse‹, zu deutsch Göttin, in den ›Mythen des Alltags‹« erklärt Ulf Poschardt: »Das Automobil als von Menschen geschaffenes Objekt der Selbstbewegung entsteht etwa zeitgleich zur metaphysischen Beerdigung Gottes.« (Poschardt 2002, S. 24) Dazu passt Adornos Bild des ↑Autofriedhofs. Das Automobil beziehungsweise der moderne einsame Autofahrer, der Individualverkehr, werden in der ›Dialektik der Aufklärung‹ als »Isolierung durch Verkehr« charakterisiert (vgl. GS Bd. 3, S. 252). Grundlegend für die Theorie der ↑Kulturindustrie ist die Automobilindustrie, der Fordismus (u. a. das Fließband). In den ›Minima Moralia‹ interessiert sich Adorno für Chevrolet, Cadillac und Rolls-Royce (GS Bd. 4, S. 135). Nach einem Unfall der Institutssekretärin Frau Woch 1962 schreibt Adorno in einem Leserbrief im Lokalteil der ›Frankfurter Allgemeinen‹: »Die Haltung der Automobilisten selbst, bei denen man den Eindruck hat, daß sie, wofern sie nur das grüne Licht und damit nach ihrer Meinung das Recht auf ihrer Seite haben, die Fußgänger als störende Objekte betrachten, trägt zu deren Gefährdung das ihre bei; da aber nicht darauf zu hoffen ist, daß sie anderen Sinnes werden, so sind verkehrstechnische und polizeiliche Maßnahmen dringend notwendig.« (GS Bd. 20·2, S. 741)

Ich (»Bei vielen Menschen ist es bereits eine Unverschämtheit, wenn sie Ich sagen.«) Gerne wird dieser Satz aus den ›Minima Moralia‹ (GS Bd. 4, S. 55) als arrogant und elitär, als diskriminierend und sogar verachtend bezeichnet. In seinem ›Offenen Brief an Rolf Hochhuth‹ revidiert Adorno: »Keiner darf sich selbst, in elitärem Hochmut, der Masse entgegensetzen, deren

Moment auch er ist. Als Gegenbegriff jedoch reicht der des Einzelnen nicht aus.« (GS Bd. 11, S. 595 f.) Besagter Satz sei nicht »inhuman«, sofern »damit nicht die zur Unmündigkeit Verhaltenen angeklagt sind sondern jener Machthaber, der schrieb ›Ich beschloß, Politiker zu werden‹, oder der Babbit, der über ein großes Kunstwerk zu urteilen meint mit dem Satz: ›I like it‹« (GS Bd. 11, S. 596).

Es geht um das zugerichtete Ich, das kein Ich mehr ist und zugleich doch das brutalste. Persönlichkeit ist das Surrogat der misslingenden Ichbildung. »Personality bedeutet [...] kaum mehr etwas anderes als blendend weiße Zähne und Freiheit von Achselschweiß und Emotionen. Das ist der Triumph der Reklame in der Kulturindustrie, die zwanghafte Mimesis der Konsumenten an die zugleich durchschauten Kulturwaren.« (GS Bd. 3, S. 191) In der ›Glosse über Persönlichkeit‹ heißt es bündig: »Das Kriterium von Persönlichkeit ist im allgemeinen Gewalt und Macht; Herrschaft über Menschen.« (GS Bd. 10·2, S. 641) Persönlichkeit wird zunehmend mit Führungsqualität identifiziert. Die von der ↑Kulturindustrie vorgeführten Persönlichkeiten, die Stars, berufen sich auf das Einverständnis ihrer Fans und Angestellten. Darauf zielt Adornos Satz: »Wir sagen und Ich meinen ist eine von den ausgesuchtesten Kränkungen.« (GS Bd. 4, S. 217) Die ↑Ideologie der Persönlichkeit verhilft den Stars zum Triumph und gestattet den Wirtschaftsführern, ihre ökonomische Überlegenheit als Ich-Stärke in Szene zu setzen. Das »zwanghaft projizierende Selbst [...]« kann »nichts projizieren als das eigene Unglück, von dessen ihm selbst einwohnendem Grund es doch in seiner Reflexionslosigkeit abgeschnitten ist« (GS Bd. 3, S. 217).

So ist die »Unverschämtheit«, »Ich [zu] sagen«, der suggerierte Sinn, der dem Ich in dieser Gesellschaft verstellt bleibt: »Dem Ich, das im sinnleeren Abgrund seiner selbst versinkt, werden die Gegenstände zu Allegorien des Verderbens, in denen der Sinn seines eigenen [↑] Sturzes beschlossen liegt.« (GS Bd. 3, S. 217).

Ideologie Nach ↑Marx ist Ideologie, die Art und Weise wie sich unsere Lebensumstände in unserem Denken und Fühlen ausdrücken, notwendig und objektiv ein falsches Bewusstsein. Von einem allgemeinen Begriff von Ideologie, wonach es sich um Weltanschauungen oder Denkgebäude handelt, ist ein dialektischer Begriff von Ideologie zu unterscheiden. – Ideologiekritik hat ihren neuzeitlichen Ursprung in der Kritik religiöser Trugbilder und Vorurteile (Francis Bacon sprach von Idolen als von »falschen Vorstellungen«). Die Ideologiekritik der ↑kritischen Theorie konzentriert sich auf die ↑Verdinglichung des Bewusstseins, auf den ↑Verblendungszusammenhang. Sie fragt nach den Bedingungen, die Menschen für Faschismus und ↑Antisemitismus anfällig machen, und versucht zu ergründen, wie die ↑autoritäre Persönlichkeit aufrechterhalten wird. – Die von der ↑Kulturindustrie verwaltete ↑Gesellschaft insgesamt erscheint als Ideologie: »Die Welt wie sie ist wird zur einzigen Ideologie und die Menschen deren Bestandteil.« (GS Bd. 6, S. 271) Insofern ist die Kulturindustrie die Manifestation von Ideologie, der Kitt, der bis ins Unbewusste hinein das widersprüchliche Leben der Menschen zusammenhält. Ideologiekritik wird von der ↑Psychoanalyse ergänzt. Gleichzeitig wird die Ideologie von ihren eigenen Widersprüchen eingeholt. »Je weniger die Kulturindustrie zu versprechen hat, je weniger sie das Leben als sinnvoll erklären kann, um so leerer wird notwendig die Ideologie, die sie verbreitet.« (GS Bd. 3, S. 169) Für Adornos Ideologiekritik zentral ist die Theorie vom ↑Fetischcharakter der Ware.

Immanente Kritik »Der Weg, der Sie zu dialektischem Denken und zu einigen dialektischen Modellen geleiten soll, ist – wie wir das in der Dialektik zu nennen pflegen – der Weg der immanenten Kritik.« (OD, S. 12) ↑Kritische Theorie urteilt nach einer Wendung ↑Horkheimers im »Bewußtsein der Differenz« (HGS Bd. 7, S. 85). Es geht darum, die Widersprüche nicht blind abzutun oder im Sinne der formalen Logik zu bereinigen, sondern vielmehr darum, die Widersprüche auszuhalten, nachzuvollziehen und die Differenzen vermittels der immanenten Kritik herauszuprozessieren: Kritik geht nicht von außen und abstrakt an das heran, was sie kritisiert, sondern von innen. Das dem Altgriechischen entlehnte Wort »Kritik« meint Scheiden, Unterscheiden, Teilen. Kritik zerlegt das, was sie kritisiert; immanente Kritik geht in die Sache hinein, um sie mit ihrer eigenen Logik aufzubrechen. Immanente Kritik vermag so, in den ↑Verblen-

dungszusammenhang einzudringen, seine Immanenz zu sprengen. Immanente Kritik richtet sich gegen die falsche Unmittelbarkeit, die der ↑Jargon der Eigentlichkeit propagiert: dass alles offen gelegt sei, sobald es direkt aus- oder angesprochen werde.
Immanente Kritik von Kunstwerken, etwa musikalischen Kompositionen, fordert den adäquaten Nachvollzug, warum welche Note gesetzt ist, welches Instrument welche Aufgabe hat. Während für Adorno im Hinblick auf »ernste« Musik das Verfahren der immanenten Kritik selbstverständlich war, hat er die »leichte« Musik, ↑Jazz und Schlager, eher schematisch von außen kritisiert, ohne dem Material damit gerecht zu werden. Er begründete sein Vorgehen mit der Oberflächlichkeit dieser Musikarten, deren Material ohnehin keine ästhetisch kritische Dimension bei ihrer Kritik zuließe.
↑Benjamin, der das Konzept immanenter Kritik bei Schlegel und Novalis herausgearbeitet hat, sprach von einer »destruktiven Kritik«. Für Adorno geht es bei immanenter Kritik um die »Stimmigkeit«. Festzustellen ist, ob Philosophie, Begriffe oder Sachverhalte das halten, was sie versprechen. »Fruchtbar ist nur der kritische Gedanke, der die in seinem eigenen Gegenstand aufgespeicherte Kraft entbindet.« (GS Bd. 5, S. 318)

Indianer-Joe ›Der Schatz des Indianer-Joe. Singspiel nach Mark Twain‹ heißt ein Libretto, das Adorno zwischen November 1932 und August 1933 schrieb. Erzählt wird die Geschichte von Tom Sawyer und Huckleberry Finn. Zu diesem Singspiel hat Adorno zwei ↑Kompositionen fertig stellen können; diese ›Zwei Lieder für Orchester‹ sind mittlerweile als CD eingespielt. Laut Rolf Tiedemann enthält das Singspiel einiges an autobiografischen Elementen, nicht nur Motive, die auf Adornos ↑Kindheit verweisen, sondern auch Stellen, die als kritischer Reflex auf die Entstehungszeit des Singspiels, die ersten Monate des ↑Nationalsozialismus in ↑Deutschland, zu verstehen sind.
Adorno, der ↑Benjamin die Arbeit mit Bitte um eine Stellungnahme zuschickte, steht mit diesem Stück Literatur, das aus seinem Werk herausfällt und auch nicht in die Gesammelten Schriften aufgenommen wurde, nicht nur in großer Nähe zu Benjamins ›Berliner Kindheit um neunzehnhundert‹ (die Benjamin ebenfalls in den dreißiger Jahren verfasste), sondern auch

in geschichtsphilosophischer Verwandtschaft zu Benjamins ›Passagen-Werk‹: »Was der ›Schatz des Indianer-Joe‹ am Amerika des neunzehnten Jahrhunderts demonstrierte, das hatte zuvor Benjamin an Paris als der Hauptstadt des neunzehnten Jahrhunderts entdeckt: die rasch veraltende Welt der Väter und Großväter als eine Gestalt der Urgeschichte. [...] Adorno versucht, den mythischen Raum dieser Welt von Kleinbürgern zu zeichnen, in der alles am Geld und guten Benehmen sich orientiert, und die nur denen, die noch nicht ganz dazugehören, den Jungen Tom und Huck, als jener Alptraum erscheint, der sie in Wahrheit ist.« (Tiedemann in: Adorno 1979, S. 129)

Institut für Sozialforschung 1924 wurde in ↑Frankfurt am Main das Institut für Sozialforschung eröffnet. Von 1928 bis 1930 vertrat ↑Friedrich Pollock den erkrankten Direktor Carl Grünberg, danach übernahm ↑Max Horkheimer bis zur Emigration des Instituts diesen Posten; 1933 wurde die Arbeit des Instituts zunächst nach Genf verlegt, dann nach New York. In ↑Amerika ging die Leitung an Pollock über. Als das Institut 1950 in Frankfurt am Main wieder eröffnet wurde, lag die Verantwortung erneut in den Händen Horkheimers. Adorno wurde zunächst Kodirektor, ab 1958 bis zu seinem Tod 1969 war er Direktor.
Ziel des Instituts war zunächst eine die sozialistische Arbeiterbewegung parteienunabhängig unterstützende kritische Analyse der Krise der ↑Gesellschaft. Die Kritik der politischen Ökonomie von ↑Marx besaß zwar noch Gültigkeit, allerdings waren die bestehenden sozialen Strukturen und die individuellen Verhältnisse nicht ohne weiteres als Überbauphänomene der ökonomischen Basis zu erklären. Konstatiert wurde vielmehr die Verselbstständigung des kollektiven und individuellen Bewusstseins zur ↑Ideologie, die sich in den konkreten materiellen Verhältnissen verfestigte. Im Vorwort der ersten Ausgabe der ›Zeitschrift für Sozialforschung‹, dem Institutsorgan, beschreibt Max Horkheimer das Programm der Sozialforschung, das später unter dem Begriff ↑kritische Theorie präzisiert werden sollte: Der kritischen Theorie geht es um »Erkenntnis des gesamtgesellschaftlichen Verlaufs und [sie] setzt daher voraus, daß unter der chaotischen Oberfläche der Ereignisse eine dem Begriff zugängliche Struktur wirkender Mächte zu erkennen sei. [Kritische So-

zialforschung] zieht die Faktoren, die für das Zusammenleben der Menschen in der Gegenwart bestimmend sind, seien sie ökonomischer, psychischer, sozialer Natur, in ihren Arbeitskreis.« (HGS Bd. 3, 36) 1938 schreibt Horkheimer: »Das Institut für Sozialforschung hat die Aufgabe, die Gesellschaft unter Gesichtspunkten zu erforschen, die nicht durch irgendeine Nachfrage oder akademische Gepflogenheit nahegelegt, sondern aufgrund seiner eigenen theoretischen Erwägungen als wesentlich erkannt werden.« Gesellschaft wird dabei betrachtet »als ein geschichtlicher Prozeß mit inneren Tendenzen und Gegentendenzen, die man nur erfassen kann, insofern man selbst mit seiner Arbeit und seinen Interessen bewußt an ihnen teilnimmt. Die wichtigste dieser Tendenzen ist die Herstellung von Zuständen, in denen die unendlichen Fähigkeiten der Menschen nicht mehr gehemmt sind, sondern in denen sie sich in voller Freiheit zum Wohl des gesellschaftlichen Ganzen entfalten können.« (HGS Bd. 12, S. 137f.)

Zu den Mitarbeitern des Instituts gehörten etwa ↑Leo Löwenthal, ↑Herbert Marcuse, Erich Fromm. Adorno hatte sich bereits in den zwanziger Jahren einen Namen als Musikkritiker gemacht und stieß zu Beginn der dreißiger Jahre zum Institut, um über musikphilosophische und -soziologische Fragen zu arbeiten. In der ›Zeitschrift für Sozialforschung‹, die von 1932 bis 1941, ab 1933 unter Exilbedingungen, erschien, publizierte Adorno folgende Aufsätze: ›Zur gesellschaftlichen Lage der Musik‹ (1932), ›Über Jazz‹ (1936), ›Über den Fetischcharakter in der Musik und die Regression des Hörens‹ (1938), ›Fragmente über Wagner‹ (1939), ›On Kierkegaard's Doctrine of Love‹ (1939), ›On Popular Music‹ (1941), ›Spengler Today‹ (1941), ›Veblen's Attack on Culture‹ (1941) sowie zahlreiche Buchbesprechungen.

Bekannt wurde das Institut für Sozialforschung durch seine ›Studien über Autorität und Familie‹ (1936) sowie die ›Studies in Prejudice‹ (1950); wegweisend sind die Untersuchungen zum ↑Nationalsozialismus, insbesondere die Analyse des ↑Antisemitismus. Im Zuge der studentischen Protestbewegung wurde das Institut und die mit seinem Namen verbundene kritische Theorie zeitweise zum Kristallisationspunkt der außerparlamentarischen Opposition. Als Studierende versuchten, das Institut zu besetzen, kam es zu einem legendären ↑Polizeieinsatz.

J

›Jargon der Eigentlichkeit‹ »Der Jargon der Eigentlichkeit ist [↑] Ideologie als Sprache, unter Absehung von allem besonderen Inhalt.« (GS Bd. 6, S. 520) Ausgehend vom Einfluss der Fundamentalontologie ↑Martin Heideggers, reüssiert in der Nachkriegszeit in ↑Deutschland die Existenzialphilosophie zur theoretischen Mode. Kennzeichen dieser Mode sind Innerlichkeit und die Rückbesinnung auf das Bodenständige, Echte, Ursprüngliche und eben Eigentliche. Dass sich in der Regression der Sprache auf einen Jargon vor allem auch eine Regression des gesellschaftlichen Bewusstseins ausdrückt, ist das Thema des kleinen Buches ›Jargon der Eigentlichkeit‹, das Adorno zwischen 1962 und 1964 schrieb und das ein Teil der ↑›Negativen Dialektik‹ werden sollte. Der Untertitel ›Zur deutschen Ideologie‹ dürfte auf die gleichnamige Schrift von ↑Karl Marx und Friedrich Engels anspielen.

In seiner Vorlesung über ›Ontologie und Dialektik‹ führt Adorno als Beispiel für den ›Jargon der Eigentlichkeit‹ einige lyrische Texte Heideggers an: »Wenn der Bergbach in der Stille der Nächte von seinen Stürzen über die Felsblöcke erzählt [...]. Wenn es von den Hängen des Hochtales, darüber langsam die Herden ziehen, glockt und glockt [...]. Wälder lagern / Bäche stürzen / Felsen dauern / Regen rinnt. / Fluren warten / Brunnen quellen / Winde wohnen / Segen sinnt.« (Zit. nach OD, S. 228) Adorno kommentiert den »maßlosen Widerspruch zwischen dem pathetischen Anspruch dieser Sätze und der Sprachgestalt, in der sie erscheinen. Dieser Widerspruch begründet sich damit, daß hier rekurriert wird auf einen Bilderschatz, einen Sprachschatz und eine Vorstellungswelt, die ebenso durch die Entwicklung der Sprache als eines dichterischen Mediums wie umgekehrt durch die Entwicklung der Welt selbst überholt wird.« (OD, S. 228) »Es hat also gerade dieses Archaische, gerade das, was so tut, als ob es ein jenseits der Gesellschaft wäre, durch solche Wendungen wie die [...]: daß es glockt und glockt, oder daß Segen sinnt oder ähnlichen Formulierungen, einen geschichtlichen Stellenwert, den sie gerade negieren, nämlich den der Kleinbürgerlichkeit.« (OD, S. 232)

Adorno kritisierte die Existenzialphilosophen als »anti-intellektuelle Intellektuelle« (GS Bd. 6, S. 415), die den Konsens innerhalb ihrer Gruppe durch den Ausschluss oder sogar die Denunziation Andersdenkender zu erreichen suchen. Diese Kritik hat nichts von ihrer Schärfe verloren, auch wenn der ↑Betrieb, in dem der Jargon gepflegt wird, sich mittlerweile verändert hat und harmloser geworden ist.

Der Gestus vorzugeben, die Welt spräche unmittelbar aus den Worten selbst und man könne allein durch die eigentliche Sprache einen exklusiven Zugang zu den Phänomenen beanspruchen, hat sich vor allem in der ↑Popkultur behauptet, vornehmlich im Pop-Journalismus. Man glaubt, dass wenn man mit gewichtigen Worten festgestellt hat, dass eine bestimmte Platte gut ist und eine andere schlecht, auch schon den hinreichenden Beweis dafür geliefert und zugleich der Musik damit einen Ewigkeitswert zugesprochen zu haben (»Die beste Platte des Jahrhunderts!«, »Ein geniales Meisterwerk!«, »Einfach super und absolut fett produziert!« etc.), der den kurzlebigen Produkten der ↑Kulturindustrie ohnehin nicht zukommt.

Dass der Jargon damit in die Kulturindustrie übergeht, registrierte Adorno in dem Aufsatz ›Kultur und Verwaltung‹: In der Kulturindustrie wird durch den Jargon der Eigentlichkeit »das Heterogene unter einen Hut gebracht. Sprachbestandteile aus dem individuellen Bereich, aus der theologischen Tradition, der Existenzialphilosophie, der Jugendbewegung, dem Barras, dem Expressionismus werden institutionell aufgesogen und dann, gewissermaßen reprivatisiert, an die einzelne Person zurückerstattet.« (GS Bd. 8, S. 140)

Jazz Adorno mochte keinen Jazz, zumindest nicht die Musik, die er in den zwanziger und dreißiger Jahren als Jazz identifizierte: Manche sagen, Adorno sei über Swing nicht hinausgekommen, seine Kritik verfehle Be- und Hardbop, ↑Cool Jazz und erst recht all die Musik, die unter ↑Popkultur firmiert. Christine Eichel berichtet von einem Gespräch Adornos mit dem Jazzgitarristen Volker Kriegel 1964 anlässlich von dessen mündlichen Vordiplomprüfung, in dessen Verlauf sich herausstellte, dass

Adornos Jazzkenntnisse sich lediglich auf die populäre Unterhaltungsmusik bezogen, die er während seiner Emigrationszeit in Amerika gehört hatte. Er kannte weder John Coltrane noch Charlie Parker. (Vgl. Eichel 1993, S. 301)
Das Paradoxe ist, dass Adornos Jazzkritik auch für ›den‹ Swing nicht greift, gleichwohl sie, was die Beschreibung der Tendenzen betrifft, aus anderer Perspektive für nahezu *alle* Musik im Zeitalter der ↑Kulturindustrie Gültigkeit zu besitzen scheint.
»Gesund ist, was sich wiederholt [...]. Ewig grinsen die gleichen Babies aus den Magazinen, ewig stampft die Jazzmaschine«, und das »Brot, mit dem Kulturindustrie die Menschen speist«, ist »der Stein der Stereotypie« (GS Bd. 3, S. 171). Das ist der Kern der Kritik. Vorgeworfen wird dem Jazz die unermüdliche Wiederholung, die Unabänderlichkeit der Standards, der Schematismus des Verfahrens, die Scheinfreiheiten in der Improvisation und den Synkopen, die das Gegenteil von Freiheit sind und auf die ↑Verdinglichung des musikalischen Materials hinauslaufen. »Der Jazz [...] unterwirft den Spieler und Hörer einem immerwährenden Test: wie weit sein musikalisches Bewußtsein es vermag, der Norm ein Schnippchen zu schlagen, ohne doch im Ernst jemals von ihr sich zu entfernen.« (GS Bd. 18, S. 71)
Übermächtig sind die Standardisierungstendenzen in der leichten Musik, bei den ↑Amüsierwaren überhaupt; mittlerweile hat sich in der Kulturindustrie jedoch alle Musik über ihre Standardisierung gegen die Konkurrenz auf dem Markt zu behaupten. Paradoxerweise scheint gegenüber der gesellschaftlich weitgehend bedeutungslos gewordenen ↑Neuen Musik, die sogar mehr als andere Sparten verwaltet wird, ausgerechnet die Geschichte der Jazzmusik von den wenigsten Standardisierungen bestimmt zu sein: An der Entwicklung vom ↑Blues über den Swing bis zum Cool Jazz und zum Freejazz, Fusion, P-Funk, HipHop und Drum 'n' Bass wird das deutlich. Adornos Jazzkritik basiert also offenbar auf seinem eigenen Unvermögen, diese Musik kritisch zu hören – ein Unvermögen, das er den Jazzfans unterstellte. Fragwürdig ist vor allem, wie wenig Adorno hier nach Kriterien der ↑immanenten Kritik vorgeht und wie häufig er Begriffe blind und ahistorisch aus dem Bereich der bürgerlichen Musik übernimmt: Rhythmus, Tonalität, Klang, Effekte haben im Jazz sowieso andere Konsequenzen und folgen nicht

der ästhetischen Logik europäischer Kunstmusik. Und während die Neue Musik bis heute nicht in der Lage ist, auch nur annähernd die Möglichkeiten elektronischer Klangerzeugung zu erfassen, geschweige denn ästhetisch umzusetzen, hatte der Jazz bereits kurz nach Einführung des Synthesizers eine völlig neue, noch unbegrenzte Klangwelt eröffnet (man vergleiche Herbie Hancock, Patrick Moraz oder George Duke mit den elektronischen Kompositionen Karlheinz Stockhausens, John Cages oder Pierre Boulez').

Bei einem Blick auf die gegenwärtige ›gesellschaftliche Lage der Musik‹, um einen Aufsatztitel Adornos aufzugreifen, wird man den Eindruck nicht los, dass Adornos »Jazzsubjekte«, jene »Pseudoindividuen« der Fangemeinschaft, sich heute ebenso unter den Konsumenten des Mainstream-Pop finden wie in den esoterischen Zirkeln der vermeintlichen Avantgarde: In den Jazzsubjekten verkörpert sich der Konformismus. Es geht nicht gegen diejenigen, für die Jazz Ausdruck des Widerstands und der Subversion ist, sondern darum, dass die Konsumenten um diesen Ausdruck eben betrogen werden: Das Jazzsubjekt ist der »patente Kerl«, der sich »die Vollkommenheit seiner Unterordnung unter den verdinglichten Mechanismus in Beherrschung« desselben beibringt: »Er ist das wahre Jazzsubjekt: seine Improvisationen kommen aus dem Schema, und das Schema steuert er, die Zigarette im Mund, so nachlässig, als hätte er es gerade selber erfunden.« (GS Bd. 14, S. 44)

Diese Haltung ist charakteristisch auch für den Popkonsumenten, der seine Sachkenntnis über die Musikbranche und die Stars als Informiertheit und ↑Bescheidwissen vorführt. Die Ressentiments, mit denen man der jeweils anderen Musik gegenübersteht, sind bezeichnend. Lohnenswert wäre es, Adornos Jazzkritik nicht kritiklos zu übernehmen, sondern sie im Sinne immanenter Kritik zu überprüfen und ebenso gegen den Strich zu lesen, wie Adorno es einmal für eine zeitgemäße Lektüre ↑Hegels empfahl. Ohnehin gilt es, auch Adornos Jazzkritik ↑fortzusetzen und sowohl auf die ↑Popkultur als auch auf die heutige musikalische Moderne zu übertragen.

Zusatz: Nicht verschwiegen werden darf, dass es bei Adorno durchaus Stellen gibt, in denen er eine ↑Rettung des Jazz versucht. So findet sich zum Beispiel die Notiz, Jazz müsse seine

Kraft *gerade* aus seinen rhythmischen Schemen schöpfen: »Von hier fällt Licht auf eine wirkliche Funktion des Jazz: nämlich solche Differenzierungen, die sonst verschwinden, zu bewahren. Wie übrigens die *Interpretation* manches vom Jazz zu lernen hat.« (Reproduktion, S. 172)

Jazzverbot, ›Abschied vom Jazz‹ »Sachlich« sei »das Ende der Jazzmusik selber […] längst entschieden« gewesen, kommentierte Adorno 1933 unter der Überschrift ›Abschied vom Jazz‹ das Verbot, im nazideutschen Rundfunk Jazzmusik zu spielen. Weiter heißt es: »Denn gleichgültig, was man unter weißem und unter [↑] Negerjazz verstehen will, hier gibt es nichts zu retten.« (GS Bd. 18, S. 795)

Das Beschämende an dieser Formulierung sind nicht nur das Ressentiment gegen die Jazzmusik, gegen ihre Fans und Macher, und die bestürzende Naivität, mit der noch hinter einem NS-Urteil eine ästhetische Wahrheit vermutet wird – verwunderlich sind vor allem die Ignoranz und die ↑Dummheit, mit der Adorno versucht, Jazz, Jazzverbot, ästhetische Kritik und ↑Nationalsozialismus zusammenzubringen. Autoren wie Heinz Steinert (1992) haben daran ausführlich Kritik geübt. Aus den Studien von Fred K. Prieberg (1982) und Eckhard John (1994) geht eindeutig hervor, dass jenes Verbot weniger dem Jazz selber galt als vielmehr einen Vorwand abgab, Menschen zu verfolgen, einzusperren und zu ermorden. Darunter waren auch afrodeutsche Musiker, Schauspieler und Tänzer, die in den zwanziger Jahren eine rege Szene gebildet hatten. Goebbels erfreute sich weiter am Jazz, während die Nazischergen die Swingjugend aufmischten. Die Geschichte des Jazzverbots in der NS-Diktatur kann zudem nicht ohne die der Jazzbands in den Lagern geschrieben werden – so wie jene von Adornos Auseinandersetzung mit dem Thema die neueren Untersuchungen darüber berücksichtigen muss, inwiefern auch Zwölftonmusik nicht aus musikalischen, sondern aus antisemitischen Gründen verfolgt, aber eben sozusagen unter deutschen Vorzeichen doch gespielt wurde (vgl. Holtmeier 1998).

Welcher Zusammenhang aber zwischen Massenkultur und Diktatur, im besonderen Fall dann auch zwischen Jazz und Nationalsozialismus besteht; wie die Arbeit unter äußerst repressiven

Bedingungen überhaupt möglich ist; wie sich die Arbeit von Tanzmusikern dabei von der Arbeit an Konzertkompositionen unterscheidet; wie verbotene Musik sich verbreitet, welche Funktion sie, etwa für den Widerstand, bekommt – auch jenen der Afroamerikaner in den USA – und wie sich unter diesen geschichtlichen Bedingungen die ästhetischen Maßgaben der Musik ändern – das sind die Fragen einer kritischen Musiktheorie, zu denen Adorno zumindest in Sachen Jazz nicht Stellung bezogen hat, ob er nun ↑»mit den Ohren denken« wollte oder nicht.

K

Kälte Kälte, das hat Andreas Gruschka für eine negative Pädagogik herausgearbeitet, ist eine zentrale Kategorie in Adornos ↑kritischer Theorie. Gruschka meint sich zu erinnern, Adorno habe »sein großes moralphilosophisches Buch ›Kälte‹ nennen« wollen (Pädagogische Korrespondenz 20/1997, S. 49). Gemeint ist, was heute als soziale Kälte bezeichnet wird. Diese Kälte manifestiert sich in der instrumentellen Vernunft (↑Horkheimer), mit der sich die Menschen aufeinander beziehen und zu Dingen machen (↑Verdinglichung). »Die Welt ist selbst kalt, der ihr Ausgelieferte muß einen ihr gemäßen Aggregatzustand annehmen«, erläuterte Gruschka 1987. Er zeigt, inwiefern Kinder bereits in der Schule diese Form der »bürgerlichen Kälte« als »Kompetenz« erlernen müssen: Widerstand soll gebrochen und erfahrene Ohnmacht in eine »kalte Verhaltensweise« verwandelt werden. »Jugendliche Erwachsene erfahren, daß sich Widerstand erschöpft und daß man Niederlagen mit Resignation und Gleichgültigkeit beantwortet«, schreibt Gruschka (Pädagogische Korrespondenz 1/1987, S. 26; ↑Resignation). Dieser Kälte entspricht die von ↑Herbert Marcuse beschriebene »zynische Sachlichkeit«, die er bereits an der ›Deutschen Mentalität‹ der Nazizeit ausmachte: »Der deutsche ›Träumer‹ und ›Idealist‹ ist zum brutalsten Pragmatiker geworden, den die Welt je gesehen hat. Er betrachtet auch das totalitäre Regime einzig unter dem Gesichts-

punkt des eigenen direkten Vorteils. [...] Er denkt in quantitativen Verhältnissen: in den Kategorien von Geschwindigkeit, Energie, Organisation, Masse. Der Terror, der ihn unablässig bedroht, befördert diese Mentalität: er hat gelernt, mißtrauisch und gewitzt zu sein, [...] seine Handlungen und Reaktionen zu automatisieren und dem Rhythmus der alles durchdringenden Reglementierung anzupassen.« (Marcuse 1998, S. 25) In der ↑›Dialektik der Aufklärung‹ heißt es: »Die betriebswissenschaftliche Kameradschaftspflege, die schon jede Fabrik zur Steigerung der Produktion sich angelegen sein lässt, bringt noch die letzte private Regung unter gesellschaftliche Kontrolle, gerade indem sie die Verhältnisse der Menschen in der Produktion dem Schein nach unmittelbar macht, reprivatisiert.« (GS Bd. 3, S. 173) Es wird gesorgt, aber belohnt wird die Eigeninitiative, die »Ich-AG«. Vorausweisend schreiben Adorno und Horkheimer: »Die Fähigkeit zum Durch- und Unterschlupfen selber, zum Überstehen des eigenen Untergangs, [...] ist die der neuen Generation; sie sind zu jeder Arbeit tüchtig, weil der Arbeitsprozess sie keiner verhaften lässt.« (GS Bd. 3, S. 177)
Kälte ist einer Verhaltensweise vergleichbar, die ihre eigene Starre nicht wahrnimmt und die zur ↑autoritären Persönlichkeit gehört; ihr zentrales Merkmal ist ↑Angst.

Kant, Immanuel (1724–1804) Die kantische Philosophie, insbesondere Kants Erkenntnistheorie, zählt zu den Grundlagen und Eckpfeilern einer ↑kritischen Theorie der Gesellschaft. Adorno hat über Kant keine geschlossene Abhandlung geschrieben (wie etwa über ↑Hegel oder ↑Kierkegaard), sehr wohl aber spielt der Aufklärungsphilosoph Kant eine große Rolle im »Juliette«-Exkurs der ↑›Dialektik der Aufklärung‹ und dem Abschnitt über »Freiheit« in der ↑›Negativen Dialektik‹. Im Rahmen der ›Nachgelassenen Schriften‹ erschien Adornos Vorlesung über Kants ›Kritik der reinen Vernunft‹ von 1959 (Frankfurt am Main 1995). Darin heißt es: »Die ganze ›Kritik der reinen Vernunft‹ spielt in einem eigentümlichen Niemandsland sich ab.« (S. 55) An anderer Stelle formuliert Adorno in einem kafkaesken Bild: »Die Sphäre des Transzendentalen ist [...] ein Niemandsland oder: nicht ein Land von irgendwie festen Beständen, sondern ein gigantisches Kreditsystem, bei dem dann die letzte Forderung nicht eingeklagt werden kann.« (S. 332) Weshalb spricht Adorno hier vom Niemandsland? Die Herausgeber der Vorlesung haben den Hinweis angefügt, dass Adorno in seinem Text über ↑Amorbach »Niemandsland« mit ↑Utopie übersetzt (vgl. GS Bd. 10·1, S. 305). Also könnte man sagen: Kants Transzendentalphilosophie als Utopie ...

Karplus, Margarete (Gretel Adorno, 1902–1993) 1923 lernten sich Adorno und die ein Jahr ältere Margarete Karplus kennen, eine Freundschaft, aus der Liebe wurde. ↑Walter Benjamin, der mit Margarete Karplus ebenso eng befreundet war wie mit Adorno, nannte sie in seinen zahlreichen Briefen liebevoll Felizitas, nach der weiblichen Hauptfigur von Wilhelm Speyers Theaterstück ›Ein Mantel, ein Hut, ein Handschuh‹. Margarete und Theodor selbst schrieben zumeist »Felicitas«. Das Paar heiratete 1937: »Die Hochzeit fand am 8. [September] in wirklich völliger Solitude statt: in [↑] Oxford.« (AB, S. 272) Die promovierte Chemikerin Gretel Adorno ist wohl für einige der zentralen Gedanken ihres Mannes (mit)verantwortlich. Als sicher gilt, dass sie beim Erfassen der Manuskripte half; so diktierten ihr Horkheimer und Adorno Anfang der vierziger Jahre große Teile des Manuskripts der ↑›Dialektik der Aufklärung‹. »Bei der Fortbildung unserer Theorie und an den anschließenden gemeinsamen Erfahrungen«, schrieben Adorno und Horkheimer 1969 ›Zur Neuausgabe‹ der ›Dialektik der Aufklärung‹, »hat uns Gretel Adorno, wie schon bei der ersten Fassung, im schönsten Sinn geholfen« (GS Bd. 3, S. 10). 1955 gaben Gretel und Theodor Adorno zwei Bände mit ›Schriften‹ von Walter Benjamin heraus. Gretel Adorno war maßgeblich an der Edition der Schriften Adornos beteiligt, die 1970 mit der ›Ästhetischen Theorie‹ eröffnet wurde. »Tag für Tag, von 1937 bis 1969, hat Gretel über Adornos Leben und Werk gewacht, die beide undenkbar gewesen wären ohne ihre helfende und schützende Hand. Darüber verging der bewußte Teil ihres Lebens«, schreibt Rolf Tiedemann in seinem Nachruf auf Margarete Adorno, die am 16. Juli 1993 im Alter von einundneunzig Jahren in ihrer Wohnung im Kettenhofweg in Frankfurt am Main starb (Tiedemann 1994, S. 150).

Eine Geschichte über Gretel Adorno und ihren Mann, der kein Trinkgeld geben wollte, erzählt Monika Plessner. Wir schreiben das Jahr 1963, Urlaub in Sils-Maria, Mitwirkende: Monika und Hellmuth Plessner, Ada und Karl Löwith, Gretel und Theodor Adorno. »Damals saßen wir alle vier auf der Bank, als ein rundlicher Herr mit schwarzem, städtischem Filzhut im Sturmschritt an uns vorbei und zum Hotel hinauf strebte: Es war Adorno. ›Nicht so schnell, Teddy. Das ist ungesund‹, rief Hellmuth ihm nach. ›Keine Sorge, ich bin ein Bergmensch. See you later.‹ Am nächsten Vormittag – wir gingen gemächlich zu Fuß ins Fextal – überholte uns kurz vor dem Hotel ›Sonne‹ eine Droschke. Adorno zog etwas verlegen den Hut: ›Ich bin noch nicht ganz akklimatisiert. Heute abend bei euch in der Fischstube?‹ Er kam oft in die Fischstube, unser Bergmensch. Einmal, Löwiths waren auch gerade da, beklagte er sich bitter: ›Ich weiß nicht, was der Kellner gegen mich hat. Ich tue ihm doch nichts. Zu anderen Leuten ist er viel freundlicher.‹ Karl Löwith machte eine unmißverständliche Bewegung mit Daumen und Zeigefinger. ›Na und dies?‹ – ›Das ist Gretels Sache. Ich kümmere mich nicht um Finanzen.‹ Adornos sind nie wieder nach Sils-Maria gekommen.« (Plessner 1995, S. 141)

Katastrophe Altgriechisch: die entscheidende Wendung zum Zusammenbruch, zum Unheil. Das zwanzigste Jahrhundert wird als Zeitalter der Katastrophe beschrieben, weil sich die Idee der Zivilisation ins Gegenteil verkehrt hat, in Barbarei. Nach der kritischen Theorie kulminiert die ↑Logik des Zerfalls in der Katastrophe. Schon 1932 notierte Adorno: »Das Jüngstvergangene stellt allemal sich dar als sei es durch Katastrophen vernichtet worden.« Benjamin nahm diesen Satz in sein ›Passagen-Werk‹ auf (vgl. AB, S. 125f.). Die Katastrophe des zwanzigsten Jahrhunderts mündete im ↑Antisemitismus und in der Vernichtung der Juden in ↑Auschwitz. »Der Gedanke, daß nach diesem Krieg das Leben ›normal‹ weitergehen oder gar die Kultur ›wiederaufgebaut‹ werden könnte – als wäre nicht der Wiederaufbau von Kultur allein schon deren Negation –, ist idiotisch. Millionen Juden sind ermordet worden, und das soll ein Zwischenspiel sein und nicht die Katastrophe selbst. Worauf wartet die Kultur eigentlich noch?« (GS Bd. 4, S. 63f.). Adornos Sätze aus den ›Minima Moralia‹ verwenden einen Begriff von Katastrophe, der sich aus der negativen Geschichtsphilosophie der ↑›Dialektik der Aufklärung‹ herleitet. In der ›Negativen Dialektik‹ formuliert Adorno kurz und bündig: »Die Welt ist schlimmer als die Hölle und besser.« (GS Bd. 6, S. 395)

Das Bild der Hölle, wie auch das der Katastrophe, geht auf ↑Walter Benjamin zurück. Er schreibt in seinem ›Baudelaire‹-Buch: »Der Begriff des Fortschritts ist in der Idee der Katastrophe zu fundieren. Daß es ›so weiter‹ geht, ist die Katastrophe. Sie ist nicht das jeweils Bevorstehende sondern das jeweils Gegebene. Strindbergs Gedanke: die Hölle ist nichts, was uns bevorstünde – sondern *dieses Leben hier*.« (BGS Bd. I·2, S. 683; vgl. auch: BGS Bd. V·I, S. 592) – In der ›Ästhetischen Theorie‹ entwirft Adorno das Bild einer »Katastrophe, die nun darin besteht, daß sie nicht eintritt« (GS Bd. 7, S. 231). Die moderne Kunst hat dieses Bild im Reflex auf die reale Katastrophe aufgenommen und, inmitten der ↑Verzweiflung, als Möglichkeit der ↑Rettung gestaltet. Adorno bezog sich in diesem Zusammenhang zum Beispiel auf Samuel Becketts ↑›Endspiel‹.

Kategorischer Imperativ So zu handeln, dass die Maxime des Handelns zum allgemeinen Gesetz werden könne, formulierte ↑Kant eine Variante seines kategorischen Imperativs. ↑Marx hat diesen ethischen Idealismus in das Gebot materialistischer ↑Theorie und Praxis gewendet und gefordert, »alle Verhältnisse umzuwerfen, in denen der Mensch ein erniedrigtes, ein geknechtetes, ein verlassenes, ein verächtliches Wesen ist« (MEW Bd. 1, S. 385).

Die kritische Theorie begründet ihre »negative Moralphilosophie« als eine ›Ethik nach Auschwitz‹ (Schweppenhäuser 1993). »Hitler hat den Menschen im Stande ihrer Unfreiheit einen neuen kategorischen Imperativ aufgezwungen: ihr Denken und Handeln so einzurichten, daß [↑] Auschwitz nicht sich wiederhole, nichts Ähnliches geschehe.« (GS Bd. 6, S. 358)

Kierkegaard, Søren (1813–1855) Dänischer Philosoph und Theologe; seine Themen sind ↑Angst, ↑Tod, Sterben, Furcht, Krankheit. Als Begründer der Existenzphilosophie hatte er erheblichen Einfluss auf die Philosophie des zwanzigsten Jahrhunderts, insbesondere auf ↑Heidegger und die ↑französische Philosophie, namentlich Jean-Paul Sartre und Albert Camus. In der Frage nach dem Sein, dem Sinn der Existenz, finden sich durchaus Berührungspunkte mit der Theorie von ↑Karl Marx. Anders als die ↑kritische Theorie von Marx mündet die Existenzphilosophie jedoch in ↑Verzweiflung. Adornos Urteil über Kierkegaard gilt für sein Verhältnis zum Existenzialismus überhaupt: »Kierkegaards Entwurf ist zerbrochen und unwiederherstellbar.« (GS Bd. 1, S. 329) Adorno habilitierte sich 1931 bei Paul Tillich in Frankfurt mit einer Arbeit über Kierkegaards ›Konstruktion des Ästhetischen‹.

Kindheit In allen einschlägigen Biografien und Einführungen zu Adorno (etwa: Wiggershaus 1987; Scheible 1989; Schweppenhäuser 2000) wird die Bedeutung der behüteten und glücklichen Kindheit Adornos herausgestellt. »Die Welt des Kindes ist geprägt von Privatheit, Intimität, Weiblichkeit. [...] Diese Welt ist in sich geschlossen, wie sonst nur das Märchen. [...] Widerstand, Härte, den Druck der Lebensnot kennt Adornos Kinderwelt nicht.« (Scheible, S. 13) Adorno genoss die liebevolle Fürsorge seiner katholischen Mutter, Maria, geborene Calvelli-Adorno delle Piane (1864–1952), einer ehemaligen Opernsängerin aus korsischem Adel, deren Schwester Agathe Calvelli-Adorno (1868–1935) und seines jüdischen Vaters, des Weingroßhändlers Oscar Alexander Wiesengrund (1870–1946), der sich allerdings aus Erziehungsangelegenheiten weitgehend heraushielt. Noch bis in die dreißiger Jahre hinein machte die Familie Urlaub in ↑Amorbach im Odenwald. Adorno erinnert sich daran, wie er als Kind aus dem Urlaub nach Hause, ins Frankfurter Westend, zurückkehrte: »Dem Kinde, das aus den Ferien heimkommt, liegt die Wohnung neu, frisch, festlich da. Aber nichts hat darin sich geändert, seit es sie verließ. Nur daß die Pflicht vergessen ward, an die jedes Möbel, jedes Fenster, jede Lampe sonst mahnt, stellt ihren sabbatischen Frieden wieder her, und für Minuten ist man im Einmaleins von Zimmern, Kammern und Korridor zu Hause, wie es ein ganzes Leben lang nur die Lüge behauptet. Nicht anders wird einmal die Welt, unverändert fast, im stetigen Licht ihres Feiertags erscheinen, wenn sie nicht mehr unterm Gesetz der Arbeit steht, und dem Heimkehrenden die Pflicht leicht ist wie das Spiel in den Ferien war.« (GS Bd. 4, S. 126) – Während ↑Benjamin sich bereits in seiner Kindheit in Berlin mit großstädtischer Armut konfrontiert sah und aus dieser Erfahrung später wesentliche Momente seiner Theorie gewann und ↑Bloch sich als Junge in Ludwigshafen von den Proletariern das Rauchen beibringen ließ, blieb für Adorno die Erinnerung an eine glückliche und behütete bürgerliche Kindheit bestimmend, sie wurde ihm nachgerade zur ↑Utopie. Gerhard Schweppenhäuser charakterisiert Adornos ↑Philosophie deshalb mit dessen eigenen Worten als »Versuch, die Kindheit verwandelnd einzuholen« (GS 10·1, S. 394).

Klopapier Adorno hätte alles Geschriebene veröffentlicht, »notfalls auf Klopapier«, erinnerte sich ↑Leo Löwenthal. – »Die erste Niederschrift des Themas ›Alles Vergängliche ist nur ein Gleichnis‹ aus der Achten Symphonie«, schreibt Adorno selbst über ↑Gustav Mahlers so genannte ›Sinfonie der Tausend‹, »steht auf einem Stück Klosettpapier.« (GS Bd. 13, S. 187) Es ist das Schlussthema des monströsen Werkes.

Kommunikation Dem Versuch, ↑kritische Theorie in eine Kommunikationstheorie zu überführen, um aus der ↑Utopie der ↑Versöhnung die realpolitische Forderung nach optimierten Verständigungsverhältnissen werden zu lassen, konnte Adorno nicht viel abgewinnen: »Die Kommunikation besorgt die Angleichung der Menschen durch ihre Vereinzelung.« (GS Bd. 3, S. 252) Ein solcher Positivismus der Sprachwissenschaft war ihm suspekt, wie sich an seinem Verhältnis zu ↑Ludwig Wittgenstein zeigt, ebenso der ↑›Jargon der Eigentlichkeit‹, wie ihn Adorno etwa als das für ↑Martin Heidegger charakteristische Idiom herausarbeitete. In frühen Schriften nannte Adorno die ↑Kulturindustrie eine ↑Communication Industry.
Nichtsdestotrotz schätzte Adorno die Diskussion, den Widerspruch auch von studentischer Seite. Zur Verbesserung der Kommunikation in seinen Vorlesungen schlug Adorno Zwischenrufe vor: »Es wäre vielleicht gut, wenn man unterscheiden würde, damit der betreffende Dozent weiß, woran er ist; wenn man also etwa, wenn er lauter sprechen soll, zischen würde, dagegen, wenn man sachlich opponiert, nach alter Sitte: Scharren! Ich würde die Wiedereinführung dieses Brauches zwecks besserer Verständigung empfehlen.« (Soziologie, S. 64)

Kompositionen »Auch meine ersten Kompositionsversuche habe ich frühzeitig gemacht; Harmonielehre trieb ich autodidaktisch und kam 1919 zu Bernhard Sekles mit Liedern und Kammermusik. [...] Unabhängig schrieb ich für mich weiter: 6 ›Studien für Streichquartett‹ (1920) wurden 1921 vom Rebner-Hindemith-Quartett privat aufgeführt, mein 1. Quartett (1921) 1923 von Hans Lange. Außerdem schrieb ich 2 Streichtrios und Lieder in verschiedenen Besetzungen. Die letzten Jahre gehörten wesentlich wissenschaftlicher, pianistischer und technischer Arbeit; es entstanden nur 3 vierstimmige Frauenchöre a cappella (1923) und 3 Klavierstücke. Mit alldem bin ich heute unzufrieden und meine neuen Pläne zu verwirklichen, möchte ich mich zunächst Ihrer Leitung und Kontrolle anvertrauen«, schrieb Adorno am 5. Februar 1925 an ↑Alban Berg, bei dem er bald darauf in ↑Wien Kompositionsunterricht nahm.
Adornos Kompositionen, zumeist an freier Atonalität und der ↑Zwölftonmusik orientiert, sind von Heinz-Klaus Metzger und Rainer Riehn als Notentexte herausgegeben worden. Einige Arbeiten liegen als CD-Einspielungen vor, etwa Auszüge aus dem Singspiel ›Der Schatz des [↑] Indianer-Joe‹. Komponisten wie Pierre Boulez, Claus-Steffen Mahnkopf oder Jens-Peter Ostendorf beziehen sich auf Adorno. Dieter Schnebel widmete Adorno seine Komposition ›Glossolalie‹ zum sechzigsten Geburtstag. Christine Eichel beschreibt das Werk folgendermaßen: »Ein Werk für Sänger, Sprecher, herkömmliche Instrumente und merkwürdige Geräusche. Die Grenzen des Machbaren werden da erkundet, die Grenzbereiche der menschlichen Stimme etwa: Husten, Stöhnen, Flüstern und Deklamation von Versen in einer Phantasiesprache. Und immer gibt es auch das ironische Spiel mit den Erwartungen des Publikums: ›Warum eigentlich mögen Sie diese Musik nicht?‹ ruft ein Interpret anweisungsgemäß in den Zuschauerraum. Adorno hat, wie Schnebel berichtet, das Werk mit großem Interesse gehört – irritiert, aber gerade in dieser Irritation angezogen.« (Eichel 1993, S. 31)
Noch mehr dürfte Adorno irritiert haben, dass er heute von der Musik der ↑Popkultur rezipiert wird, die er doch eigentlich verachtet und als Schund abgetan hätte. Zum Beispiel nimmt die Band ↑Consolidated auf ihn Bezug; auch einige Punk- und Hardcorebands sowie Jazzmusiker und Bands aus dem Umfeld politi-

scher Subkulturen versuchen seine Ästhetik mit neuen Mitteln umzusetzen.

So wichtig wie für Adorno das Komponieren war, so wichtig waren für ihn auch das Klavierspiel und die Beschäftigung mit Fragen der Reproduktion und Aufführungspraxis. Sofern er ein Klavier zur Verfügung hatte, spielte er jeden Tag. – »Die Pranke, die es dem Pianisten erlaubt, ins Klavier dreidimensional hineinzuspielen, ist ein Stück seines Talents.« (Reproduktion, S. 194)

Konferenzen Am 9. und 10. September 1983 fand in der Frankfurter Universität die »Adorno-Konferenz« statt. In vier Kolloquien wurden »Negative Dialektik«, »Ästhetische Theorie«, »Methodologie« und »Gesellschaftstheorie« behandelt. Alfred Schmidt, Martin Jay und ↑Leo Löwenthal hielten die Hauptvorträge. »Als Referenten wurden, um den notwendigen Abstand zu gewährleisten, keine unmittelbaren Adorno-Schüler geladen.« (von Friedeburg und Habermas 1983, S. 2) Weder Rolf Tiedemann, Herausgeber der Adorno-Schriften und Leiter des ↑Theodor-W.-Adorno-Archivs, noch der Adorno-Experte Hermann Schweppenhäuser waren unter den Referenten. Christoph Türcke schrieb über die Konferenz: »Kein Thema war für sie der gesellschaftliche Zustand, an dem sich Adornos Begriff von Negativität entfaltete – ein Zustand, der sich nach Adornos Tod prinzipiell nicht geändert hat und bei allem technischen Fortschritt nach wie vor keinen der Humanität in Aussicht stellt.« (In: Hamburger Adorno-Symposium, S. 148) – Vom 4. bis 6. Mai 1984 wurde in den Räumen der Hamburger Universität ein »Adorno-Symposium« ausgerichtet, an dem auch Hermann Schweppenhäuser, Günther Mensching und Rolf Tiedemann teilnahmen. Hier ging es explizit um die verschiedenen Facetten des kritischen Theoretikers Adorno. – Vom 2. bis 5. November 1989, also wenige Tage vor dem deutschen Vereinigungstaumel, fand in Berlin unter dem Titel »Die Neugier des Neuen« eine Tagung zu Adorno statt, auf der ästhetische Aspekte der ↑kritischen Theorie im Mittelpunkt standen; die Vorträge werden unter dem Titel ›Das unerhört Moderne. Berliner Adorno-Tagung‹ veröffentlicht. »Die Beiträge der Tagung, die hier gesammelt sind, ›bringen‹ auch nichts und bedienen keinen ›Bedarf‹: nichts für Deutschland, keine Sinnstiftung, kein Geld. Vielleicht befördern einige Beiträge die Lust zu denken«, schreiben die Herausgeber des Tagungsbandes Frithjof Hager und Hermann Pfütze (Das unerhört Moderne, S. 9).

Nach wie vor ist die kritische Theorie Adornos Thema vieler Konferenzen, Tagungen und Symposien. So organisierte etwa die Gesellschaft für Musik und Ästhetik vom 4. bis 6. Oktober 1996 in Horben bei Freiburg eine Konferenz über Adornos Musikphilosophie. Sie wurde von Richard Klein und Claus-Steffen Mahnkopf ausgerichtet, die auch den Tagungsband ↑›Mit den Ohren denken‹ (1998) herausgaben. Darüber hinaus sind Konferenzen der radikalen Linken zu erwähnen, die sich in ihren theoretischen Debatten immer wieder auf Adorno bezieht. Vom 9. bis 11. Februar 2001 tagte in Frankfurt am Main der Kongress »Ich schau Dir in die Augen, gesellschaftlicher Verblendungszusammenhang!«, bei dem der Problemkomplex Subjektivität – Subjekt – Individuum sowohl mittels poststrukturalistischer Theorien (↑französische Philosophie) als auch aus dem Blickwinkel der kritischen Theorie untersucht wurde. Jan Deck, Sarah Dellmann, Daniel Loick und Johanna Müller bildeten das Herausgeberkollektiv des Tagungsbandes (Mainz 2002). Die Themenblöcke des Kongresses zeigen die ↑Aktualität der kritischen Theorie Adornos: Neben »Basics« waren es zum Beispiel »Rassismus«, »Geschlechterverhältnisse« und »Kapitalismus & Kontrolle«.

Kracauer, Siegfried (1889–1966) »Vorerst besteht er zum guten Teil aus Lukács und mir. Ihm fehlt vielleicht der philosophische Eros, den Sie besitzen. Allzu viel stammt bei ihm aus dem Intellekt und dem Willen statt aus den Tiefen der Natur«, schrieb Siegried Kracauer 1921 an ↑Leo Löwenthal über den jungen ↑Theodor Wiesengrund (zit. nach Wiggershaus 1988, S. 82 f.). Kracauer kann als Mentor Adornos gelten. An Samstagnachmittagen las er mit dem Abiturienten ↑Kants ›Kritik der reinen Vernunft‹. »Nicht im leisesten übertreibe ich, wenn ich sage, daß ich dieser Lektüre mehr verdanke als meinen akademischen Lehrern« (GS Bd. 11, S. 388), urteilte Adorno 1964 über den »wunderlichen Realisten« Kracauer. Noch in Adornos Vorlesung zu Kants ›Kritik der reinen Vernunft‹ von 1959 ist Kracauers Einfluss deutlich. Bekannt wurde Kracauer als Theoretiker des Kinos: ›Von Caligari zu Hitler‹ (1947) und ›Theorie des Films‹ (1960) sind Standardwerke der Filmwissenschaft. Als wegweisend haben seine Essaysammlungen wie ›Das Ornament der Masse‹ (1927) und ›Die Angestellten‹ (1929/30) zu gelten. Kracauer war dem ↑Institut für Sozialforschung eng verbunden.

Kraftfeld, Kraftfelder Ein von Friedrich Nietzsche stammender Begriff, der bei ↑Walter Benjamin und Adorno eine große Rolle spielt. Er bezeichnet die »strukturelle Dynamik« (↑Horkheimer) der gesellschaftlichen ↑Totalität. »Die Welt ist aufgeteilt in unmäßige und übermächtige Kraftfelder.« (GS Bd. 20·2, S. 461) Auch in der ↑französischen Philosophie, in der strukturalistischen Gesellschaftstheorie Pierre Bourdieus, kommt dem Konzept des Kraftfelds eine kategoriale Bedeutung zu.
Adorno bezeichnet insbesondere ästhetische Phänomene als Kraftfelder: »Nur an der Oberfläche scheinen die großen Kunstwerke der Vergangenheit geschlossen und mit ihrer Sprache einfach identisch. In Wahrheit sind sie Kraftfelder, in denen der Konflikt zwischen der anbefohlenen Norm und dem ausgetragen wird, was in ihnen Laut sucht.« (GS Bd. 10·1, S. 294) Das Kraftfeld des Kunstwerks spannt sich zwischen dem Gesellschaftlichen und dem ästhetischen Material; es »ist immer zugleich das Geschichtliche – die [↑] Dialektik von Besonderem und Allgemeinem. Dies halte ich für den *entscheidenden* Gedanken.« (Reproduktion, S. 121)

Kränzchen Als »Kränzchen« bezeichnete sich, so Rolf Wiggershaus, »jener Frankfurter Debattierkreis« vom Ende der zwanziger Jahre, an dem Paul Tillich, ↑Friedrich Pollock, ↑Max Horkheimer, Adolph Löwe und Adorno teilnahmen (Wiggershaus 1986, S. 112). ↑Frankfurt am Main; ↑kritische Theorie.

Kritiker Adornos »Die größten Kritiker der Elche waren früher selber welche«, so verkündete es die Neue Frankfurter Schule. Selbstreflexion gehört zur ↑kritischen Theorie notwendig dazu – sonst wäre sie keine kritische. In einem Leserbrief schreibt Adorno in der ›Süddeutschen Zeitung‹ vom 22./23. Dezember 1962: »Sie wissen, dass es nicht meine Art ist, auf negative Kritiken zu reagieren; jeder soll mich nach Herzenslust zerreißen; wenn meine Sachen etwas taugen, sollen sie sich selber dagegen wehren und nicht ich.« (GS Bd. 20·2, S. 741)

Philosophische Kritiker Adornos: der Positivismus und der kritische Rationalismus, Hans Albert, Karl R. Popper (↑Positivismusstreit), aber auch, als Gegenpol dazu, die Fundamentalontologie; ↑Martin Heidegger.

Die konservative Presse beschimpfte Adorno während der Protestbewegung in den sechziger Jahren als »Kapitalverbrecher«, als »Staatsfeind«, der verantwortlich sei für die Aktionen der außerparlamentarischen Opposition.

Vom Marxismus-Leninismus des realsozialistischen Deutschlands ging der Vorwurf an Adorno aus, seine kritische Theorie repräsentiere eine kleinbürgerliche Denkweise, die sich nicht genügend oder gar nicht um die Belange der Arbeiterklasse kümmere, demnach auch den revolutionären Zug der Zeit nicht bemerke und stattdessen resignativ an der Kultur herumnörgele.

Aus sozialdemokratischer Sicht Kritik an Adorno formulierten Theoretiker wie Jürgen Habermas, Albrecht Wellmer und Axel Honneth: Für sie ist die Gesellschaftskritik Adornos weder zeitgemäß noch normativ begründbar. Die ↑Aporie des ↑Verblendungszusammenhangs wird jedoch auf ein innertheoretisches Problem reduziert, wenn Habermas etwa feststellt, Adornos und Horkheimers ↑›Dialektik der Aufklärung‹ sei ihr »schwärzeste[s] Buch [...], um den Selbstzerstörungsprozeß der Aufklärung auf den Begriff zu bringen. [...] Geleitet von Benjamins ironisch gewordener Hoffnung der Hoffnungslosen, wollten sie von der paradox gewordenen Arbeit des Begriffs gleichwohl nicht lassen. Diese Stimmung, diese Einstellung ist nicht mehr die unsere [...] Die ›Dialektik der Aufklärung‹ wird dem vernünftigen Gehalt der kulturellen Moderne, der in den bürgerlichen Idealen festgehalten (und mit ihnen auch instrumentalisiert) worden ist, nicht gerecht.« (Habermas 1985, S. 130 und 137f.) Honneth geht dabei noch über Habermas hinaus. Er erklärt die ›Dialektik der Aufklärung‹ für obsolet, weil sie nicht mehr zeitgemäß, vor allem aber, weil sie so wenig auf »realgeschichtliche Vorgänge bezogen« sei (Honneth 2000, S. 53).

Neben der Auseinandersetzung mit Adornos Analysen der Gesellschaft bestimmt die Diskussion seiner Ästhetik und Musik-

kritik die Debatten. Kritik an Adornos Beurteilung des ↑Jazz kam hier vor allem von Joachim-Ernst Berendt, aber auch von Simon Frith (↑Cultural Studies) und in ausführlicher Weise von Heinz Steinert (Steinert 1992; ↑Kulturindustrie).
Kritik an der Kulturindustrie-These und der Vorwurf des ↑Kulturpessimismus wurden beispielsweise von Richard Shusterman vorgebracht. Er verteidigte den HipHop gegen Adorno (↑The Consolidated): Adorno hätte das subversive Potential von Subkulturen ebenso wenig bemerkt wie die positiven Tendenzen der ↑Popkultur.
Hinzu kommen allgemeine Ressentiments gegen Adorno, insbesondere hinsichtlich der ↑Unverständlichkeit seiner Sprache, oder blinde Wut auf den Intellektuellen.

Kritische Theorie Der Kritiker, sagt Adorno, »darf nicht mitspielen. Wer nicht kritisch ist in dem Sinn, daß er es anders will als es ist, taugt nicht zum Kritiker.« (GS Bd. 19, S. 588)
1937 veröffentlichte ↑Max Horkheimer in der Zeitschrift für Sozialforschung‹, dem Organ des ↑Instituts für Sozialforschung, den grundlegenden Beitrag ›Traditionelle und kritische Theorie‹; zusammen mit ↑Herbert Marcuse ergänzte er seine Überlegungen noch im selben Jahr in dem Aufsatz ›Philosophie und kritische Theorie‹.
Ausgangspunkte der kritischen Theorie sind die Erkenntniskritik ↑Kants, die Logik ↑Hegels, die Kritik der politischen Ökonomie von ↑Marx, schließlich Freuds ↑Psychoanalyse. Kritische Theorie ist als übergeordneter Begriff zu verstehen, der nicht auf eine Schule oder ein Programm einzuschränken ist. »Allgemeine Kriterien für die kritische Theorie als ganzes gibt es nicht [...]. Ebenso wenig existiert eine gesellschaftliche Klasse, an deren Zustimmung man sich halten könnte.« (Horkheimer 1937, S. 291)
Kritische Theorie ist, folgt man Marx, eine historische, materialistische und dialektische Theorie. ↑Dialektik wird dabei als allgemeines Widerspruchsverhältnis verstanden, das in den Forschungsgegenständen und den Methoden ebenso zum Tragen kommt wie in der Theoriebildung selbst. Als dialektische meint kritische Theorie immer auch die Reflexion auf die soziale Stellung des Forschers, auf Forschungsauftrag und Interessen. Insofern ist kritische Theorie selbstkritisch; sie zieht sich nicht

auf eine falsche Objektivität, Unmittelbarkeit und Wertfreiheit der Forschung zurück, sondern reflektiert, dass Objektivität, »Wahrheit«, nur vermittelt zu haben ist, im bewussten Interesse am Erkenntnisgegenstand. Und das heißt zu »benennen, was insgeheim das Getriebe zusammenhält« (PS, S. 81).

Kritische Theorie ist ↑Praxis im Sinne einer Haltung. »Es gibt nun ein menschliches Verhalten, das die Gesellschaft selbst zu seinem Gegenstand hat [...]. Dieses Verhalten wird im folgenden als das ›kritische‹ bezeichnet. [...] Es bezeichnet eine wesentliche Eigenschaft der dialektischen Theorie der Gesellschaft.« (Horkheimer 1937, S. 261) So ist Adornos Satz zu verstehen, »Theorie ist unabdingbar kritisch« (PS, S. 82).

Im Zuge des so genannten ↑Positivismusstreits hat Adorno noch einmal die Grundzüge einer kritischen Theorie herausgestellt: Kritische Theorie ist wesentlich eine Theorie der Krise: »›Kritik‹ und ›Krise‹ hängen nicht nur der Wortgeschichte nach miteinander zusammen. Kritik kristallisiert sich in krisenhaften Situationen heraus: als Negation des Bestehenden.« (Schweppenhäuser 2000, S. 19) Im Sinne dieser bestimmten Negation ist kritische Theorie eine negative Theorie der Gesellschaft, die keinen positiven Gegenentwurf anzugeben vermag. Ferner geht kritische Theorie von einer gesellschaftlichen ↑Totalität aus. – Kritische Theorie und ihre Momente sind keine vom Gegenstand losgelösten, davon unabhängigen Methoden: »Wer der Struktur seines Objekts sich anschmiegen möchte und es als ein in sich Bewegtes denkt, verfügt über keine davon unabhängige Verfahrensweise.« (PS, S. 59) In diesem Sinne ist Adornos Konzept der ↑immanenten Kritik zu verstehen.

Zusatz: Bei Adorno korrespondiert kritische Theorie mit ästhetischer Theorie. Zum einen ist die Theorie selbst ästhetisch, um sich gegen die »unsinnlichen«, instrumentellen Formen der Wissenschaft, das Denken in Formeln und Statistiken, abzusichern; dann impliziert das Konzept einer kritischen Theorie auch das Ästhetische als Gegenstand, insbesondere in Bezug auf die moderne, gegenwärtige ↑Kunst. Allerdings ist Kunst- wie Kulturkritik nur als kritische Theorie der Gesellschaft durchführbar, kritische Ästhetik bedarf der kritischen ↑Philosophie.

Die Bewegung von der transzendenten zur immanenten Kritik zählt ebenso für das ästhetische ↑Kraftfeld der Künste: Auch die

Kunstwerke bedürfen von sich aus der Kritik. Zugleich gilt: »Kritik muß den Werken voraus sein, die sie kritisiert, muß geradezu Werke erfinden, die sie zu kritisieren vermag.« (GS Bd. 19, S. 587; ebd., S. 577) Solche Kritik liefert keine Informationen, sondern muß stattdessen »vermögen«, beispielsweise »die spezifische musikalische Erfahrung zu verbalisieren, sie in Worte zu bringen, die nicht nur angemessen sind, sondern die Sache selber treffen« (GS Bd. 19, S. 583).

Kulturindustrie Mittlerweile zählt der Abschnitt zur Kulturindustrie in der ↑›Dialektik der Aufklärung‹ von Adorno und ↑Horkheimer zu den bekanntesten Texten der ↑kritischen Theorie. Jeder Versuch, die These von der Kulturindustrie bezüglich gegenwärtiger Phänomene der ↑Massenkultur und ↑Popkultur zu aktualisieren, sieht sich mit einer Reihe von Fragen konfrontiert, die mit dem »Kulturellen« und der ↑Ideologie der Kultur selbst zu tun haben. Stimmt die Diagnose, dass die Massenkultur in die von einer Kulturindustrie ↑verwaltete Welt mündet? Ist die Kulturindustrie-These noch aktuell angesichts einer scheinbar pluralistischen Popkultur? Sind andere Begriffe wie etwa »Bewusstseinsindustrie« (Enzensberger), »Informationsindustrie« (W. F. Haug) oder »Medienverbund« (Negt und Kluge) präziser? Wie verhält es sich mit dem von Adorno zuerst verwendeten Begriff der ↑Communication Industry?

Anhand des Begriffs »Kulturindustrie« versuchen die ↑Kritiker Adornos zu zeigen, dass kritische Theorie im ↑Kulturpessimismus endet beziehungsweise sich zumindest in ↑Aporien verstrickt: Adorno und Horkheimer würden einen Zustand kritisieren, dem sie selbst unterliegen; sie könnten die allmächtige Kulturindustrie nicht kritisieren, da sie selbst ein Teil von ihr sind. Dabei wird gemeinhin überlesen, dass insbesondere das Kapitel über die Kulturindustrie als Fragment verstanden werden sollte: Der – allerdings später getilgte – Hinweis ↑Fortzusetzen am Kapitelende unterstreicht das Unabgeschlossene der Kritik. Wichtig ist jedoch vor allem die Stellung, die das Kapitel in der ›Dialektik der Aufklärung‹ innehat: Es ist eingerahmt von einem geschichtsphilosophischen Entwurf über die Logik neuzeitlicher Vernunftentwicklung und deren Umschlag ins Gegenteil (erster Abschnitt und die beiden darauf folgenden Exkurse)

und von einem Abschnitt zum ↑Antisemitismus. Das heißt, mit ›Kulturindustrie‹ wird kein Randphänomen behandelt, das etwa als Spezialbereich zur ›Kulturkritik‹ gehört, sondern der Abschnitt zur Kulturindustrie ist der Teil der ›Dialektik der Aufklärung‹, in dem die Autoren grundsätzlich zur gegenwärtigen Gesellschaft Stellung nehmen: Die Dialektik der Aufklärung realisiert sich momentan in der Gestalt einer Kulturindustrie. Dabei gibt es strukturelle Überschneidungen zwischen dem Schema der Kulturindustrie und dem des Antisemitismus. Dass das ganze Buch im Schatten des Terrors des ↑Nationalsozialismus geschrieben wurde, ist nicht zu übersehen.
Die ›Dialektik der Aufklärung‹ ist im amerikanischen Exil entstanden. Die noch junge Filmkunst, die in Hollywood bereits eine Hochphase erlebte, sowohl in Hinblick auf die Produktion wie auch auf die im Kino vermittelte Ideologie, war für die Autoren mehr als nur ein Beispiel einer Kulturindustrie. Im Film, ebenso wie in den Magazinen, im ↑Radio und – wie Adorno zuvor schon gezeigt hatte – im ↑Jazz, manifestiert sich das neue Verhältnis von kapitalistischer Ökonomie und Kultur: Basis und Überbau, die Produktions- und die Reproduktionssphäre verschmelzen, die Künste werden in das Alltagsleben überführt, der Alltag in einer Massenkultur ästhetisiert. Aufklärung wird deshalb zum Betrug, weil gerade mit den technisch perfektionierten Mitteln der Aufklärung – der Informationstechnologie – die Masse um ihr Recht auf Aufklärung betrogen wird. Hollywood erscheint als »Traumfabrik« (↑Bloch), wobei Adorno später korrigierte, dass »Kulturindustrie« eben nicht Industrieanlagen meint: »Der Ausdruck Industrie ist dabei nicht wörtlich zu nehmen. Er bezieht sich auf die Standardisierung der Sache selbst [...] und auf die Rationalisierung der Verbreitungstechniken, nicht aber streng auf den Produktionsvorgang.« (GS Bd. 10·1, S. 339)
Gleichwohl ist die Standardisierung der Kulturwaren aber von der Art und Weise abhängig, wie sie hergestellt werden: In den Filmstudios in Hollywood, die im Kulturindustrie-Kapitel immer wieder als Beispiel dienen, hatte sich damals gerade das so genannte fordistische Fabriksystem einer durch die Fließbandproduktion organisierten Arbeitsteilung durchgesetzt. Eine Analogie zur Industrie liegt also durchaus nahe und spielt auch

bei Adorno und Horkheimer als Bild immer wieder in die Argumentation hinein.
Weiterhin geht es auch nicht um eine Verdammung des Kommerzes, der überteuerten Preise für die Kulturgüter, sondern um die Warenlogik überhaupt, die alle Bereiche des gesellschaftlichen Lebens durchdrungen hat: Dass alle Kultur zur Ware wird und sich der ↑Fetischcharakter der Ware in den kulturellen Produkten ausdrückt, ist die Kernthese von Adorno und Horkheimer: »Kultur wurde vollends zur Ware, informatorisch verbreitet.« (GS Bd. 3, S. 223)
Auch der Kunstbetrieb ist Teil der Kulturindustrie: »Der ›Erfolg‹ der Kulturindustrie liegt in der ›Transposition der Kunst in die Konsumsphäre‹« (GS Bd. 3, S. 156). Sollten die Kunstwerke früher die Realität noch durch ihren ↑Wahrheitsgehalt aufsprengen, so sind sie nun nichts weiter als ästhetischer Schein, bloßes Versprechen, Effekt. Die Funktion der Kunst in der Kulturindustrie ist nicht mehr die der Erkenntnisförderung, die dem Subjekt zur Selbstermächtigung verhilft, sondern die der Vermittlung von ↑Halbbildung; Kulturindustrie heißt »die Verwandlung aller geistigen Gehalte in Konsumgüter. Weder sind diese mehr verbindlich, noch auch nur eigentlich verstanden. Statt dessen informiert man sich über sie, um an der Kultur teilzuhaben.« (GS Bd. 8, S. 575) Sofern die Kultur zur Ware wird, geht das Wertverhältnis unmittelbar in ihre Funktion über: »Was man den Gebrauchswert in der Rezeption der Kulturgüter nennen könnte, wird durch den Tauschwert ersetzt, anstelle des Genusses tritt Dabeisein und ↑Bescheidwissen, Prestigegewinn anstelle der Kennerschaft.« (GS Bd. 3, S. 181) Oper, Theater, Kunstausstellungen sind gesellschaftliche Ereignisse; es geht ums Sehen und Gesehenwerden, ums Dabeisein, das Versprechen der Unmittelbarkeit: »Je mehr die Teilhabe an der Massenkultur in der informierten Verfügung über Kulturfakten sich erschöpft, um so mehr nähert der Betrieb dem Kontest, der Eignungs- und Leistungsprüfung, schließlich dem Sport sich an« (GS Bd. 3, S. 324), erläutert Adorno in ›Das Schema der Massenkultur‹. Dies schlägt auf den Produktionsprozess zurück: Die Trennung zwischen Arbeit und Freizeit wird tendenziell annulliert. In der total verwalteten Welt hängt alles mit allem zusammen. »Die ganze Welt wird durch das Filter der Kulturindustrie geleitet.« (GS Bd. 3, S. 147)

Adorno und Horkheimer beleuchten verschiedene Dimensionen der Kulturindustrie, die sie als ↑Totalität, als ↑System begreifen. Kulturindustrie besteht aus der Verschmelzung gesellschaftlicher, technologischer, politischer, psychologischer und ästhetischer Momente des auf die bürgerliche Kultur übertragenen Produktionszusammenhangs. Die Grundfiguren sind Standardisierung, Wiederkehr der Immergleichen, Benutzung von Stereotypen und Pseudorealismus. Kulturindustrie ist der ↑Amüsierbetrieb, in dem Kultur in Unterhaltung verwandelt wird, Kunst in Zerstreuung. Die technischen Errungenschaften der Massenkultur – Film, Fotografie, Rundfunk – bedeuten keinen Fortschritt der Künste, sondern eine ↑Verfransung der Künste, das ↑Abgebrochensein von Kunst.

Die Kritik an der Kulturindustrie richtet sich nicht auf die Verflechtung von Kultur und Warenproduktion, sondern auf das, was dadurch in Kraft gesetzt wird: die Gefährdung des Individuums, die potenzielle Vernichtung des ↑Ichs. Kulturindustrie wirkt nicht *nur auf das Subjekt, sondern im Subjekt.* »Die Kulturindustrie hat den Menschen als Gattungswesen hämisch verwirklicht. Jeder ist nur noch, wodurch er jeden anderen ersetzen kann: fungibel, ein Exemplar.« (GS Bd. 3, S. 168) Als Exemplar wird das Individuum verwaltet: »Die Kulturindustrie aber reflektiert die positive wie negative Fürsorge für die Verwalteten als die unmittelbare Solidarität der Menschen in der Welt der Tüchtigen.« (GS Bd. 3, S. 173) Kulturindustrie spannt die Individuen ein, um ihnen Entspannung zu gewähren. Alle werden gleichgeschaltet, und mittels der standardisierten Waren wird gleichzeitig propagiert, dass doch jeder Einzelne etwas Besonderes sei. »Jedes Produkt gibt sich als individuell; die Individualität selber taugt zur Verstärkung der Ideologie, indem der Anschein erweckt wird, das ganz Verdinglichte und Vermittelte sei eine Zufluchtsstätte von Unmittelbarkeit und Leben.« (GS Bd. 10·1, S. 339)

Hierher gehört auch die Schlussthese aus dem Kulturindustrie-Kapitel der ›Dialektik der Aufklärung‹: Als Ware wird Kultur paradox; sie wird umso mehr getauscht, je weniger sie tauschbar ist (ein aktuelles Beispiel liefert die Musikbranche und die Diskussion um Downloads aus dem Internet). Kulturindustrie hebt sich schließlich auf, wird vollends zur ↑Reklame. Als Reklame dient Kulturindustrie dazu, die Konsumenten pausenlos zu beschäftigen. Insofern besteht die Lüge des Fernsehens und der Illustrierten weniger im Verbreiten unsinniger Bilder und Berichte, sondern darin, die Aufmerksamkeit der Konsumenten auf diesen Unsinn zu konzentrieren. »Das high life will das schöne Leben sein« (GS Bd. 4, S. 215), lautet das Versprechen. Doch in der Kulturindustrie bleibt »der Stumpfsinn [...] objektiv« (GS Bd. 4, S. 232). Die Kulturindustrie tendiert zur Langeweile (vgl. GS Bd. 15, S. 132).

Zahlreiche Formulierungen Adornos lassen darauf schließen, dass er den ↑Verblendungszusammenhang der Kulturindustrie doch nicht für so universell und allumfassend hielt. »Nicht nur fallen die Menschen, wie man so sagt, auf Schwindel herein, wenn er ihnen sei's noch so flüchtige Gratifikationen gewährt; sie wollen bereits einen Betrug, den sie selbst durchschauen; [...] Uneingestanden ahnen sie, ihr Leben werde ihnen vollends unerträglich, sobald sie sich nicht länger an Befriedigungen klammern, die gar keine sind.« (GS Bd. 10·1, S. 342) An anderer Stelle heißt es: »Die Integration von Bewußtsein und Freizeit ist offenbar doch nicht ganz gelungen.« (GS Bd. 10·2, S. 655) Zum Beispiel sei zu beobachten, dass die Menschen die Meldungen, die sie mit Spannung verfolgen, trotzdem nicht für so wichtig halten. Wahrscheinlich, vermutete Adorno, würden sie nichts vermissen, wenn man ihnen Fernsehen, Radio und Zeitungen wegnähme. »Darum ist es dringlich, die heutige Ideologie, die in der Verdopplung des Lebens durch alle Sparten der Kulturindustrie besteht, beim Namen zu nennen. Eine Impfung der Menschen gegen die ausgespitzte Idiotie, auf die jeder Film, jedes Fernsehprogramm, jede illustrierte Zeitung ausgehen, wäre selber ein Stück verändernder [↑] Praxis.« (GS Bd. 8, S. 455f.)

Kulturpessimismus Adornos Kritik der ↑Massenkultur ist immer wieder dem Vorwurf ausgesetzt, sie sei »kulturpessimistisch«. Damit wird Adorno in die Nähe jener den klassischen Werten der bürgerlichen Hochkultur verpflichteten »Lebensphilosophie« gebracht, die einen Zerfall des Geistigen moniert und Kultur als solche gegen ihren Untergang verteidigt. Auch wenn Adorno mit negativen Urteilen über die Massenkultur – »Schund«, ↑Dummheit der Massenkultur etc. –, die oft sehr allgemein blieben, schnell bei der Hand war, unterscheidet sich seine Position doch in zentralen Aspekten vom Kulturpessimismus: Adorno geht es keineswegs darum, aus einem elitären Blickwinkel heraus Traditionen gegen neue Tendenzen zu verteidigen, sondern vielmehr um den Nachweis, dass die Positionen der Kulturpessimisten und der optimistischen Anwälte der Massenkultur sich in wesentlichen Punkten ähneln, da beide Positionen Kultur als ↑Totalität verabsolutieren und Gesellschaft ›kulturalistisch‹ deduzieren. Kultur als Wert, Sphäre und Reservat des Geistigen bleibt ↑Ideologie; aufgelöst in ihren allgemeinsten Begriff als Alltagsleben, wie etwa in den ↑Cultural Studies, wird sie zum Reservat von Unmittelbarkeit und ↑Aktionismus. Dementgegen hat Adorno auf die Notwendigkeit verwiesen, Kulturkritik in der kritischen Theorie der Gesellschaft zu fundieren, um sie davon ausgehend sachlich als Reproduktionssphäre (↑Marx) zu bestimmen.

Diejenigen, die Adornos Kritik der ↑Kulturindustrie in die Nähe des Kulturpessimismus bringen, sehen in Discotheken, Love-Parades, Massentourismus und Programmvielfalt des Fernsehens Errungenschaften der Erlebnisgesellschaft, die den Freizeitler demokratisch mit Unterhaltung versorgt: Im Zuge der Entwicklung einer körper- und genussorientierten ↑Popkultur ist der Vorwurf, Adornos Kritik der Kulturindustrie sei kulturpessimistisch, auch von jenem Teil der Protestbewegung wiederholt worden, der sich, enttäuscht von der politischen Linken, die Strategien einer subkulturellen Subversionspraxis zu Eigen machte: Vertreter des ↑Punk, aber auch die Initiatoren alternativer Vertriebsstrukturen in der Musikbranche (so genannter Independent-Labels) und dem offiziellen Mainstream gegenüber kritische Musikszenen insistierten darauf, dass eine ↑kritische Theorie auch das Recht auf die bessere Party einfordern könne und solle. »Wir werden noch tanzen, wenn von Euch schon niemand mehr spricht«, hieß die Parole an den Wänden der Jugendzentren und besetzten Häuser in den achtziger Jahren.

Unberührt von der Forderung nach dem Recht auf gute ↑Unterhaltung, die im Übrigen schon von Brecht und ↑Benjamin gegen Adorno erhoben wurde, wurde allerdings im Verlauf der neunziger Jahre die Kulturindustrie-These in einem Punkt bestätigt – ohne dass sie dadurch kulturpessimistischen Positionen anheim fiele: Die Medienindustrie wird heute von einigen wenigen Riesenkonzernen bestimmt, die als Verbund die verschiedensten Zweige der Unterhaltungsbranche verwalten. Sie haben die vermeintlichen Subkulturen vollends integriert – sofern diese nicht von der Kulturindustrie von vornherein geplant lanciert wurden. Subversion ist nunmehr modisches Accessoire eines von der Reklame konstruierten Ideals von Jugendlichkeit; Konsum wird als Widerstand zelebriert, und als Kulturpessimist gilt, wer bezweifelt, dass ↑Glück käuflich ist. Kulturpessimisten scheinen jedoch eher diejenigen zu sein, die es sich in zynischer Haltung zum Maßstab gemacht haben, nicht jeden Unsinn zu glauben, der in der Reklame propagiert wird, um dann bestimmte Produkte und dazugehörige Werbekampagnen »einfach genial« zu finden – weil sie eben von den Amüsierwaren tatsächlich amüsiert werden und werden wollen.

Kunst Die ↑kritische Theorie sperrt sich gegen eine Definition von ↑Begriffen. Das gilt erst recht für solche Begriffe, für die als allgemein anerkannt gilt, dass sie schwirig zu bestimmen sind. Das betrifft auch den Begriff der »Kunst«. Gerade in diesem Fall machte Adorno allerdings einige prägnante Angebote – im Sinne von Definitionen per negationem. Zum Beispiel: »Kunst heißt nicht: Alternativen pointieren, sondern, durch nichts anderes als ihre Gestalt, dem Weltlauf widerstehen, der den Menschen immerzu die Pistole auf die Brust setzt.« (GS Bd. 11, S. 413) Oder: »Kunst ist Magie, befreit von der Lüge, Wahrheit zu sein.« (GS Bd. 4, S. 254)
Paradoxerweise gilt: Kunst ist, was keine Kunst mehr ist, denn die einzigen Werke heute, »die zählen, sind die, welche keine Werke mehr sind« (GS Bd. 12, S. 37). Das verweist auf das ↑Abgebrochensein der Kunst, ihr ↑Verstummen.

L

Liebe In der ↑verwalteten Welt, die das Leben der Menschen auf instrumentelle Vorgänge und Verfahren reduziert, ist auch die Liebe beschädigt. Gleichwohl erscheint sie als eine schwache Kraft, in deren Licht sich noch ↑Rettung denken und ↑Verzweiflung aushalten lässt. »Lieben meint unauflöslich das Allgemeine im Besonderen.« (GS Bd. 8, S. 84) »Liebe ist die Fähigkeit, Ähnliches an Unähnlichem wahrzunehmen.« (GS Bd. 4, S. 217; ↑Mädchen, ↑Pornografie, ↑Sexualität, Sex, Erotik).

Löwenthal, Leo (1900–1993) Der Philosoph und Sozialwissenschaftler gehörte zum Kern des Forschungskreises um ↑Max Horkheimer, traf schon als Schüler mit Adorno zusammen und fand wie dieser in ↑Siegfried Kracauer einen Freund und Mentor. Bevor er ab 1930 Vollzeit am ↑Institut für Sozialforschung arbeitete, war er Lehrer. Am Institut untersuchte er vor allem die Entwicklung der bürgerlichen Literatur in der Neuzeit. Von Genf aus emigrierte Löwenthal 1934 in die Vereinigten Staaten und beriet während des Zweiten Weltkriegs das Office of War Information im Vorgehen gegen Nazideutschland. Bei Adornos und Horkheimers ↑›Dialektik der Aufklärung‹ (1944/47) arbeitete Löwenthal an dem Kapitel ›Elemente des Antisemitismus‹ mit. Mit Antisemitismus und zudem faschistischer Agitation hat er sich auch in ›Falsche Propheten‹ auseinander gesetzt, einer Untersuchung, die zu den ›Studies in Prejudice‹ über die ↑autoritäre Persönlichkeit gehört. Seine Thesen über ›Individuum und Terror‹, eine der ersten theoretischen Reflexionen über den Holocaust, waren wegweisend für eine kritische ↑Theorie des ↑Nationalsozialismus. 1949 bis 1953 war Löwenthal Direktor der internationalen Forschungsabteilung der Voice of America, ab 1956 Professor für Soziologie an der University of California in Berkeley. Löwenthal, der sich Ende der Vierziger vor dem McCarthy House Committee on Unamerican Acitivities zu verantworten hatte, unterstützte in den Sechzigern die studentische Protestbewegung gegen den Vietnamkrieg. Eine Auswahl seiner Schriften in fünf Bänden erschien 1987. 1989 wurde ihm von der Stadt ↑Frankfurt am Main der ↑Adorno-Preis verliehen. Am 21. Januar 1993 starb er in Berkeley unerwartet an den Folgen einer Lungenentzündung.

»Logik der Zerfalls« Im Gegensatz zu ↑Hegels Logik des Werdens entwirft Adorno das Modell einer Logik des Zerfalls. Auch sie ist ↑Dialektik, allerdings im Sinne einer ↑»Ontologie des falschen Zustands« (GS Bd. 6, S. 22), einer negativen Dialektik. Logik des Zerfalls meint einerseits die Logik, die im Augenblick des Zerfalls entsteht, andererseits die Logik, die diesen Zerfall beschreibt. Diese Doppelfigur ist bestimmend für Adornos Begriff von ↑Universalgeschichte. Auch Adornos ästhetische Theorie schließt an dieses Modell an und nimmt es in der These vom ↑Abgebrochensein der Kunst wieder auf.

Am Ende der ↑›Negativen Dialektik‹ ist von der »Logik des Zerfalls« in einer abschließenden »Notiz« die Rede: »Die Idee einer Logik des Zerfalls« sei »die älteste« dieser »philosophischen Konzeptionen: noch aus [...] Studentenjahren« (GS Bd. 6, S. 409). In Adornos Habilitation über ↑Søren Kierkegaard mit dem Titel ›Konstruktion des Ästhetischen‹ ist ein Abschnitt mit »Logik des Zerfalls« überschrieben (GS Bd. 6, S. 148). Bereits hier ist von der Grunderfahrung der auf die ↑Katastrophe zulaufenden Welt die Rede, kommen ↑Angst beziehungsweise ↑Verzweiflung zur Sprache. In welch hohem Maße die geschichtliche Logik des Zerfalls für das Kierkegaard-Buch bestimmend ist, darauf verweist eine ›Notiz‹ zu seiner Wiederveröffentlichung 1966: In seiner »endgültigen Fassung« erschien es erstmals am Tag der nationalsozialistischen Machtergreifung 1933, ↑Benjamins Rezension des Buches wurde »einen Tag nach dem antisemitischen Boykott, am 2. April 1933«, veröffentlicht: »Die Wirkung des Buches war von Anbeginn überschattet vom politischen Unheil.« (GS Bd. 2, S. 261)

Lurche »Das Tierische wird das Menschliche und das Menschliche das Tierische.« (MEW Erg.-Bd. 1, S. 515) Mit diesem Satz charakterisiert ↑Marx in seinen Pariser Frühschriften, den ›Ökonomisch-philosophischen Manuskripten‹ (1844), die ↑Dialektik der Entfremdung. Einhundert Jahre später wird in der ↑›Dialektik der Aufklärung‹ mit einem ähnlichen Bild das Ende des Individuums beschrieben: »Die Eliminierung der Qualitäten, ihre Umrechnung in Funktionen überträgt sich von der Wissenschaft vermöge der rationalisierten Arbeitsweisen auf die Erfahrungswelt der Völker und ähnelt sie tendenziell wieder der der Lurche an.« (GS Bd. 3, S. 53) Später greift Adorno dieses Bild von Menschen als Lurchen wieder auf: »Dort, wo die Menschen unter dem Druck der Verhältnisse in der Tat auf die ›Reaktionsweise von Lurchen‹ heruntergebracht werden, wie als Zwangskonsumenten von Massenmedien und anderen reglementierten Freuden, paßt die Meinungsforschung [...] besser auf sie als etwa eine ›verstehende‹ Soziologie.« (PS, S. 87) – Verstehen, Erkennen, Denken und Reflexion wird durch bloßes Reagieren ersetzt. Diese Figur einer nicht nur sozialen, sondern auch evolutionären Regression rekurriert auf das dialektische Verhältnis von Mensch und Tier. Die Beherrschung der Natur als Beherrschung des Selbst und die Unterwerfung der menschlichen ↑Natur sind Charakteristika dieser ↑Dialektik: »Die Idee des Menschen in der europäischen Geschichte drückt sich in der Unterscheidung vom Tier aus. Mit seiner Unvernunft beweisen sie die Menschenwürde.« (GS Bd. 3, S. 283) – Die ›Dialektik der Aufklärung‹ endet mit einer Aufzeichnung zur »Genese der Dummheit«: »Das Wahrzeichen der Intelligenz ist das Füllhorn der Schnecke ›mit dem tastenden Gesicht‹ [Goethe, ›Faust‹] [...]. Wie die Arten der Tierreihe, so bezeichnen die geistigen Stufen innerhalb der Menschengattung [...] Stationen, auf denen die Hoffnung zum Stillstand kam, und die in ihrer Versteinerung bezeugen, daß alles Lebendige unter einem Bann steht.« (GS Bd. 3, S. 296; ↑Nilpferd, ↑Verdinglichung)

M

Mädchen, Ladenmädchen Mit einer Mischung aus Mitleid und Verehrung erwähnt Adorno, der zumeist über das männliche Subjekt schreibt, gelegentlich Mädchen, manchmal die Ladenmädchen. Er nimmt diese Verkäuferinnen, Angestellte in schlecht bezahlter Stellung, aus einer Perspektive wahr, die an den Beobachtungen seines Freundes und Lehrers ↑Siegfried Kracauer geschult ist. Kracauer hatte den Ladenmädchen in seiner Essay-Sammlung ›Die Angestellten‹ eine kritische Betrachtung gewidmet.

Insbesondere den Ladenmädchen und Mädchen überhaupt scheint das falsche Versprechen von ↑Glück zu gelten; Adorno findet in ihrem Verhalten oft das Klischee wieder, das von den Berichterstattern der Magazine und Illustrierten verinnerlicht und als allgemeine Richtlinie propagiert wird: Wer sich hübsch macht – und jedes Mädchen kann sich hübsch machen –, bekommt etwas von dem Glanz der großen Frauen. So erhasche das Ladenmädchen »etwas vom Abenteuer der unbegleiteten Dame«, wenn es selbstsicher eine Anmache abfertige und schnell nach Hause gehe. Adorno traut den Mädchen durchaus zu, den Betrug zu durchschauen, nicht zuletzt, weil »trotz aller Verhüllung […] die realen Klassenverhältnisse sich immer schärfer ab[zeichnen]: wenn etwa seit einem Jahr die Angestelltenschlager von der Art der Blonden Inge gedeihen, die dem Mädchen an der Schreibmaschine mit Tonfilm und Revue weismachen, es sei eine heimliche Königin« (GS Bd. 18, S. 793).

In Italien war Adorno dann froh, auch einmal andere Mädchen zu treffen: »Selbst von den häßlichsten Mädchen, an denen es nicht fehlt, kann man in Italien schwer sich vorstellen, daß sie, nach einem lieblos genauen Wort des neudeutschen Jargons, zickig seien […].« (GS Bd. 10·1, S. 396) In ↑Amerika hatte ↑Teddie nämlich durchaus weniger angenehme Erfahrungen mit Mädchen gemacht …

Mahler, Gustav (1860–1911) Zehn große sinfonische Werke, zahlreiche sinfonische Dichtungen, Lieder, Bearbeitungen: Die Kompositionen Mahlers, seine fast überdimensionierten sinfonischen Werke sind ein Übergangsphänomen inmitten der bürgerlichen Epoche. Mahlers Musik ist Ausdruck von ↑Totalität, besteht aber doch nur aus Fragmenten, versucht das Zerbrochene zusammenzuhalten. Die Sinfonien markieren das ↑Abgebrochensein der Kunst und im selben Augenblick den Beginn der Moderne. Jede einzelne Note beklagt den Niedergang des Individuums, und doch spricht jeder Takt von ↑Rettung, von ↑Hoffnung und vom ↑Glück gelingender Subjektivität. Mahlers Musik ist autoritär und freundlich. Sie ist voller ↑Humor, doch das Lachen bleibt einem im Halse stecken. Mahler ist ein Dialektiker des Materials: Er komponiert mit den Mitteln der untergehenden Hochkultur sinfonische Varianten populärer Musik, antizipiert ↑die Popkultur, macht aus trivialen musikalischen Formen sperrige Werke. Für Adorno eine ↑negative Dialektik: »Jede Mahlersche Symphonie fragt, wie aus den Trümmern der musikalischen Dingwelt lebendige Totalität werden kann. Nicht trotz des Kitsches, zu dem sie sich neigt, ist Mahlers Musik groß, sondern indem ihre Konstruktion dem Kitsch die Zunge löst, die Sehnsucht entbindet, welche der Kommerz bloß ausbeutet, dem der Kitsch dient. Der Verlauf von Mahlers symphonischen Sätzen entwirft Rettung kraft der Entmenschlichung.« (GS Bd. 13, S. 189) Mahlers Musik sei wie Scherben, die keinerlei Bedeutung haben. Hielte man diese Scherben jedoch gegen die Sonne, so vermöchten sie wie Brenngläser das Licht zu bündeln und mit dem Strahl die Gebäude der klassischen und reaktionären Kultur zu vernichten. – Diese Scherben allerdings sind, so ließe sich hinzufügen, die Trümmer dieser Gebäude selbst.

Der Wahrheitsgehalt avancierter Kunstwerke offenbart sich in ihrer Rezeption; wie Musik klingt, ist wesentlich von der Art des Hörens abhängig. An Mahlers Musik hat Adorno einmal anschaulich gemacht, wie er sich ein gutes Hören vorstellt: Während der Dilettant atomistisch hört, richtet sich das kritische Hören auf das musikalische Ganze, sich gewissermaßen die Gesamtkomposition ↑mit den Ohren denkend. »Das Niveau musikalischen Hörens läßt im allgemeinen danach sich beurteilen, ob jemand fähig ist, ein Werk als Ganzes aufzufassen, also die einzelnen Teile eines ausgedehnteren Satzes in ihrer Beziehung zueinander, als Momente einer lebendigen Totalität zu verstehen, oder ob er am Einzelnen haftet.« (GS Bd. 18, S. 588) Für Adorno definiert das den Unterschied zwischen einem bloß kulinarischen und einem künstlerischen Zugang zur Musik: »Wer nur das Einzelne, sogenannte schöne Stellen, Melodien, Klänge genießt, verhält sich schmeckend, wie zu isolierten sensuellen Reizen.« (GS Bd. 18, S. 588) Im bürgerlichen Konzertwesen wird Mahlers Musik mittlerweile häufig in diesem Sinne »benutzt«. Die einstigen Ressentiments des Publikums gegen Mahler sind in eine regelrechte Mahler-Manie umgeschlagen, die sich an den erinnerbaren, melodiösen Passagen der Sinfonien orientiert. Das Publikum, das sich an Mahlers Musik berauscht, feiert sich selbst: Es glaubt, sich darin wiederzufinden, feiert in der Behaglichkeit der bürgerlichen Kultur, von der die Musik Mahlers einmal verteufelt wurde, die Auferstehung des Titanen, dem Mahler in der ersten Sinfonie Form gegeben hat. Oder es berauscht sich an dem Taumel des Betrunkenen aus den ›Liedern eines fahrenden Gesellen‹. Hier kann das bürgerliche Individuum, das ↑Ich, gewissermaßen seine ↑Logik des Zerfalls vor sich her ↑pfeifen und mitsummen. Das Finale der sinfonischen Dichtungen aber bringt den ↑Sturz, den ↑Tod, die ↑Katastrophe.

Marcuse, Herbert (1898–1979) Ein radikaler Vertreter einer ↑kritischen Theorie, der die Möglichkeiten eingreifender und konkreter verändernder Praxis in seine Überlegungen einbezog. Adornos Verhältnis zu Marcuse war ambivalent. Von Marcuses ›Über den affirmativen Charakter der Kultur‹ von 1937 hielt Adorno zuerst überhaupt nichts, dann galt ihm der Aufsatz als »eine der besten Früchte« des ↑Instituts für Sozialforschung (vgl. GS Bd. 20·2, S. 768). Es ginge nicht um »theoretische Differenzen« – sie beide hätten »divergierende Temperamente«, äußerte Adorno 1968 (GS Bd. 20·2, S. 768).
Adorno widmete Marcuse die ›Anmerkungen zum philosophischen Denken‹ zum siebzigsten Geburtstag (GS Bd. 10·2, S. 599 ff.). Marcuse unterstrich in seiner späten Schrift ›Permanenz der Kunst‹, wie wichtig Adornos ästhetische Theorie für seine Kunstauffassung war. Mit dem ↑Polizeieinsatz im Institut 1969 war Marcuse allerdings nicht einverstanden: »Brutal: wenn

die Alternative ist: Polizei oder Studenten der Linken, bin ich mit den Studenten [...].« (Zit. nach Kraushaar 1998, S. 415) Mehr als Adorno setzte Marcuse auf die Solidarität mit den Rebellen und hielt eine verändernde emanzipatorische Praxis für möglich, notwendig und legitim.

Marcuses kritische Theorie konzentrierte sich auf die in der Gegenwart vorhandenen Möglichkeiten eines befriedeten, gelungenen und glücklichen Lebens. In seinem Versuch einer philosophischen Begründung der ↑Psychoanalyse betont Marcuse die Rolle von Fantasie, Lust und Spiel als emanzipatorischen Kräften gegen die Vorherrschaft des Leistungsprinzips. Seine Hauptwerke ›Triebstruktur und Gesellschaft‹ (1955) und ›Der eindimensionale Mensch‹ (1964) hatten großen Einfluss auf die undogmatische Linke. Laut Marcuse war im Zuge einer Neubestimmung und Umgestaltung der Kultur und der Bedürfnisse und durch die Entfaltung einer »Neuen Sensibilität« eine Revolte gegen die bestehenden Verhältnisse in Form einer »Großen Weigerung« denkbar und durchführbar geworden. Anzeichen einer solchen neuen Sinnlichkeit sah Marcuse in der ↑Popkultur, beispielsweise bei Bob Dylan. »Ich selbst habe behauptet, daß die kritische Theorie heute in viel gröberen und simplifizierteren Formen dargestellt werden muß, um den radikalen Inhalt wirklich mitteilen zu können. [...] Ich weiß, daß gerade in diesem Punkt Adorno nicht mit mir einig war. [...] Ich gebe zu, daß mich die Sätze Adornos manchmal in Raserei gebracht, manchmal wütend gemacht haben, aber ich glaube, das sollten sie.« (Marcuse 1971, S. 50f.; ↑Unverständlichkeit)

Marcuse, der während des ↑Nationalsozialismus ebenfalls in die Vereinigten Staaten emigrierte, kehrte nach 1945 nicht nach ↑Deutschland zurück. In ↑Amerika engagierte er sich gegen den Vietnamkrieg und unterstützte die Protestbewegung der Neuen Linken. Zu seinen Schülern zählte die Black-Panther-Aktivistin und Kommunistin Angela Y. Davis, die auch bei Adorno in ↑Frankfurt am Main studierte und dort zum Beispiel seine Vorlesungen über ↑Kant besuchte.

Marx, Karl (1818–1883) Hat zusammen mit Friedrich Engels (1820–1895) eine ↑kritische Theorie der Gesellschaft entwickelt, in deren Mittelpunkt die Analyse der geschichtlichen und

strukturellen Dynamik der Produktionsverhältnisse steht.
Adorno hat sich nur selten über Marx geäußert. Er hat ihn zwar gelegentlich zitiert, es aber weitgehend vermieden, die marxistische Terminologie des Klassenkampfes zu benutzen. Gelegentlich sprach er abfällig über die offiziellen Varianten des Marxismus im Realsozialismus, was seiner Theorie von dessen Seite wohl den Vorwurf einbrachte, ein ↑»eigenartiges Gebilde spätbürgerlicher Ideologie« zu sein.

Nichtsdestotrotz wurde die ↑kritische Theorie Adornos von der marxschen Theorie beeinflusst und nachgerade geformt, das gilt insbesondere für die Konzepte, die Eingang in die ästhetische Theorie und in die Kritik der ↑Massenkultur gefunden haben. Die marxsche Analyse des ↑Fetischcharakters der Ware ist für die Kritik der ↑Kulturindustrie und der durch diese geprägten Rezeptionsmuster der Konsumenten von zentraler Bedeutung.

So kann man sagen: Adornos kritische Theorie der ↑Gesellschaft ist gleichsam in Marx' Kritik der politischen Ökonomie eingebettet. An Marx orientiert sind beispielsweise die Thesen vom antagonistischen Charakter der gesellschaftlichen ↑Totalität oder vom ↑Profitmotiv (Adorno 2001, S. 74 ff.).

Zusatz: Marx Brothers. – Die mit Karl Marx nicht verwandte Schauspiel-Truppe wird von Adorno zum Beispiel in den ›Dissonanzen‹ erwähnt: Wenn in den Filmen der Marx Brothers eine Operndekoration demoliert werde, reflektiere dies »die geschichtsphilosophische Einsicht in den Zerfall der Opernform allegorisch [...]« (GS Bd. 14, S. 48). In subkulturellen Teilen der Protestbewegung wurde immer wieder auf eine mögliche Wahlverwandtschaft zwischen den Marx Brothers und Karl Marx hingewiesen.

Massenkultur Bewusst haben Adorno und ↑Horkheimer in der ↑›Dialektik der Aufklärung‹ auf die Verwendung des Wortes Massenkultur weitgehend verzichtet, weil es suggeriert, dass es sich dabei um eine Kultur handelt, die von der Masse – selbstbestimmt – gestaltet wird, und die insofern auch die Masse in ihrem Geschmack und ihren Bedürfnissen repräsentiert. Stattdessen sprechen sie von einer ↑Kulturindustrie, in der Aufklärung zum Massenbetrug wird.

Auch wenn globale Medienverbände und eindimensionale Informationspolitik die Kritik der Massenkultur als einer Kulturindustrie nahe legen, soll damit keineswegs pauschal die ↑Dummheit des Publikums präjudiziert sein. Vielmehr ist Massenkultur »das schlechte Gewissen der ernsten« Kultur, »sie spricht zumindest die Negativität der Kultur aus, zu der die Sphären sich addieren« (GS Bd. 3, S. 157). In den ›Minima Moralia‹ ergänzt Adorno: »Auch ihr schlechtes Gewissen hilft der Kulturindustrie nichts. So objektiv ist ihr Geist, daß er seinen eigenen Subjekten ins Gesicht schlägt, und so wissen denn diese, die Agenten alle, Bescheid und suchen, durch Mentalreservate von dem Unfug sich zu distanzieren, den sie anstiften. Das Zugeständnis, daß die Filme Ideologien verbreiten, ist selber schon verbreitete Ideologie.« (GS Bd. 4, S. 230)

»Massenkultur« ist wie »Kulturindustrie« ein historischer Begriff. Nach Kaspar Maase endete die klassische Massenkultur Anfang der siebziger Jahre. Längst funktionierte Massenkultur nicht so widerspruchslos, wie Adorno und Horkheimer es suggerierten. Dieter Prokop hat in seinen Studien immer wieder auf Fehler und Funktionsstörungen der Kulturindustrie hingewiesen. Gerade auf Schund reagiere das Publikum mitunter höchst empfindlich und ablehnend, beschwere sich beispielsweise über Fernsehsendungen. Ähnliches gilt für inakzeptable Preiserhöhungen bei den Kulturwaren: Die Fans brennen sich ihre CDs selber oder stürmen die Konzerte ihrer Stars. Sehr wohl gibt es »künstlerische und journalistische Kreativität auch beim Film und Fernsehen [...]. Es ist besser, anzunehmen, dass die Rezipienten Filme, Radiosendungen, Tanzmusik, Fernsehsendungen und Illustrierte konsumieren, weil deren produktive Aspekte sie erfreuen, ihr Leben bereichern, sie weiterbringen. [...] Immerhin gibt es einen Widerstand künstlerischen Ausdrucks oder auch journalistischer Berichterstattung gegenüber dem, was in die Produkte zwecks Verkäuflichkeit eingebaut werden muss. [...] Die Medien waren nie ein total geschlossenes Ganzes, an dem alles falsch ist. Darin toben Tag für Tag Konflikte, immer wieder werden Kompromisse neu geschlossen, und immer wieder brechen Kompromisse auf.« (Prokop 2001, S. 338f.)

Maase betont hingegen, dass Massenkultur kein »Fluchtort jenseits der Gesellschaftskrisen« sei. »Im Gegenteil: In aufgeheizter Atmosphäre wurden die populären Künste zu Realsymbolen;

[…]. So wirkten wahrscheinlich Ausbruchsversuche wie wilde Tänze und Starbegeisterung, Körperkult und Sexualisierung mit an der Steigerung der Widersprüche, die sich schließlich in Saalschlachten und Diktatur, Krieg und Völkermord entluden.« (Maase 1997, S. 117) Dennoch: »Adornos strenges Urteil, daß es kein richtiges Leben im falschen gebe, taugt nicht für den Alltag, aber man darf es sich ab und zu ins Bewußtsein rufen. Denn es sieht so aus, als müßten wir akzeptieren, daß Vergnügen in der Moderne grenzenlos verfügbar ist. Die Beteiligung an [↑] Barbarei ist von Bemühungen um privates Durchkommen praktisch nicht zu trennen.« (Maase 1997, S. 279f.)

Massenkultur ebenso wie Kulturindustrie bezeichnen nicht kulturelle Formen gesellschaftlicher Sphären, sondern die Gesellschaft selbst – »eine Dimension von Vergesellschaftung«, die, so Steinert, mit Begriffen wie »Medien-Soziologie« oder »Kultur-Soziologie« nicht erfasst werde (Steinert 1998, S. 9).

Man weiß heute – nicht zuletzt aufgrund der Untersuchungen der kritischen Theorie zur Massenkultur –, dass diese keineswegs ausschließlich ein Phänomen der demokratischen Gesellschaften war und dass sie im ↑Nationalsozialismus nicht nur lediglich in Form der Propaganda verbreitet wurde. Sehr wohl gab es in der NS-Gesellschaft eine Alltagsnormalität, eine populäre Kultur; die modernen Formen von ↑Unterhaltung, die noch heute gängigen ↑Amüsierwaren, haben hier einen ihrer Ursprünge (Fernsehen, Volksempfänger, kulturelle Großveranstaltungen, Umzüge etc.). Der Nationalsozialismus wusste sich die neuen Techniken der Zerstreuung zu Nutze zu machen, um die Produktion zu intensivieren. ↑Walter Benjamin beschrieb dies als Ästhetisierung der Politik, ein Aspekt, den Adorno in seinen Untersuchungen nur am Rande berücksichtigt.

Mathematik Das Mathematische war Adorno nicht geheuer, es galt ihm als Ausdruck der ↑Verdinglichung. Hartmut Scheible schreibt über die Schulzeit Adornos, des späteren Kritikers einer »berechnenden« Vernunft: Auf dem Kaiser-Wilhelm-Gymnasium in Sachsenhausen »überspringt er die Unterprima, so daß er schon zu Ostern 1921 die Reifeprüfung ablegen kann. Nur die mathematische Abitursarbeit wird als ›noch genügend‹ eingestuft, ›mit Bedenken‹, wie der korrigierende Lehrer ausdrücklich hinzufügt; Wiesengrund findet sich lediglich auf Platz elf (von dreizehn).« (Scheible 1999, S. 18) Man kann vermuten, dass bereits hier ein erster Impuls gegen das identifizierende Denken geweckt wurde, das Thema der ↑›Negativen Dialektik‹ werden sollte. Das Mathematische entspricht für Adorno offenbar im Kern einem Gleichmachen, einem restlosen Identifizieren. In der Geschichte der bürgerlichen Kunst spielen auch die mathematischen Erkenntnisse eine Rolle – bis hin zu kalkulatorischen Verfahren wie Serialismus und Minimalismus, die in der Neuen Musik und der ↑Zwölftonmusik Anwendung finden. Adorno aber verteidigt die Ästhetik gegen die instrumentelle Logik. Er insistiert darauf, »daß ästhetische Phänomene nicht mathematisieren sich lassen. Gleich in der Kunst ist nicht gleich.« (GS Bd. 7, S. 434)

Metaphysik Gemeinhin jener Bereich der Philosophie, der nach den letzten oder ersten Dingen fragt, die hinter oder über dem Körperlichen (Physis) zu finden sind.
In seiner ›Logik‹ expliziert ↑Hegel, dass das Wesen erscheint. »Man könnte daraus vielleicht eine gar nicht so üble Definition der Metaphysik machen, wenn denn Metaphysik definiert werden will, und sagen, sie sei das Denken, das da lehrt, daß das Wesen erscheinen muß, und sich damit beschäftigt, wie es erscheint.« (PT Bd. 2, S. 163) Gleichwohl sperrt sich Metaphysik jeder Definition: »Metaphysik kann keine positive Lehre von irgendwelchen Seinsgehalten sein, die da als metaphysische verkündet werden; sie besteht eben aus Fragen […]. Negative Metaphysik ist genauso Metaphysik wie positive auch.« (PT Bd. 2, S. 166) So bleibt als Definition für Metaphysik auch nur ihre bestimmte Negation, und »daß keine Metaphysik möglich sei, wird zur letzten« (GS Bd. 13, S. 297).
In der ↑›Negativen Dialektik‹ verbindet Adorno gemäß seinem Konzept des Nicht-Identischen das Problem der Metaphysik mit ihrem philosophischen Gegensatz, dem Materialismus. Während die Philosophie der Neuzeit insgesamt als Versuch einer Überwindung der Metaphysik gesehen werden kann, verteidigt Adorno die Möglichkeit der Rettung von Metaphysik und erklärt sich mit ihr im Augenblick ihres ↑Sturzes solidarisch. Und das gerade aus dem materialistischen Motiv einer ↑Rettung ange-

sichts der ↑Katastrophe heraus: Eine Einlösung oder Aufhebung von Metaphysik ist nach dem Holocaust nur möglich, wenn der Massenmord in den Vernichtungslagern als das negative Zerrbild sowohl der Metaphysik wie auch des Materialismus reflektiert wird. Adornos Philosophie wird zur Solidarität mit dem Unverfügbaren, also mit dem, was sich nicht mehr positiv denken lässt: ↑Glück, ↑Liebe, ↑Utopie. ↑Philosophie kann sich weder an die ↑Praxis selbst aufgeben, noch ist sie als »Denken an sich« zu verabsolutieren. Ihre praktische Verwirklichung findet vorerst im ↑Elfenbeinturm statt. Metaphysik nach ↑Auschwitz ist ↑kritische Theorie der ↑Gesellschaft: »Die metaphysischen Interessen der Menschen bedürften der ungeschmälerten Wahrnehmung ihrer materiellen.« (GS Bd. 6, S. 391)

Mit den Ohren denken »Wer gewohnt ist, mit den Ohren zu denken [...]« (GS Bd. 10·1, S. 11), schreibt Adorno in den ›Prismen‹. Das reflexive, reflektierte Denken, das ↑kritische Theorie fordert, hat man sich als akustisch, als hörend, vorzustellen, weniger als von optischen Reizen beeinflusst. »Man könnte sagen, daß wesentlich mit dem selbstvergessenen Ohr, anstatt mit dem flinken, abschätzenden Auge zu reagieren, in gewisser Weise dem spätindustriellen Zeitalter und seiner Anthropologie widerspricht.« (GS Bd. 15, S. 29) Das Ohr sei nämlich im Vergleich zum Auge »dekonzentriert, passiv. Man muß es nicht wie die Augen erst aufsperren. Mit ihnen verglichen hat es etwas Dösendes, Dumpfes. Auf diesem Dösen aber liegt das Tabu, das die Gesellschaft über die Faulheit überhaupt verhängt hat.« (GS Bd. 15, S. 31) Das führt zur ↑Utopie einer Gesellschaft ohne Arbeit, ohne den Zwang der Geschäftigkeit.

Die Entwicklung der kapitalistischen Gesellschaft ist seit ihren Anfängen von der Vorherrschaft des Auges geprägt; Sehen ist der Erkenntnis vermittelnde Sinn. Die ›Gesellschaft des Spektakels‹ (Guy Debord) ist eine optische, eingerichtet als »skopische Ordnung der Moderne« (Martin Jay), als »Oculartyrannis« (Ulrich Sonnemann, ↑›Negative Anthropologie‹): Die Bilder lügen, die Medien lenken den Blick des Menschen auf die Illusionen scheinbarer Unmittelbarkeit.

Das Ohr steht förmlich im Schatten des Auges; es soll zerstreut die Informationen aufnehmen, die sich vor dem Auge in Bildern konzentrieren. Das Musikfernsehen richtet sich an ein betrachtendes, weniger an ein hörendes Publikum. Doch gerade wer heute mit den Ohren denkt, wird nicht umhinkommen, in jener Kunst, die Adorno als Schund einstufte, die Potenziale einer Kunst zu entdecken, der Adorno noch ein befreiendes, wahres Moment zusprach. Kurzum: Wenn irgendwo Kunst noch Erkenntnischarakter hat, dann nicht in den weltvergessenen und pseudo-komplexen Kompositionen der E-Musik, sondern in jener dem Pop zuzuordnenden Musik, die in der Peripherie der ↑Popkultur zu hören ist. Unreflektiert ist hingegen die Bemerkung über das »Gedudel und Gestampfe, das aus den überall installierten Tonträgern und Distributoren quillt«. Widersinnig, dass Heinz-Klaus Metzger diesen pauschalen Affront gegen die Popmusik ausgerechnet in einem Text zum Besten gibt, in dem er sich mit der Musikphilosophie Adornos befasst. Der Aufsatz trägt den Titel ›Mit den Ohren denken‹. Unter demselben Titel erschien 1998 ein Tagungsband (↑Konferenzen). Mitherausgeber war der Habermas-Schüler und Komponist Claus-Steffen Mahnkopf, der sich in ähnlichem Duktus über Popmusik produzieren zu müssen glaubt: Da ist von »sado-masochistischen Geräuschkulturen« die Rede; für Mahnkopf kommt Pop »eher einer Mixtur aus ungesundem Sport, autistischer Sexualität und repressiver Kommunikation gleich, als daß er den Menschen eine Musik schenkte, die den Körper frei und unabhängig läßt« (Mahnkopf 1998, S. 86).

Mückenkuchen In seinen ›Thesen über Bedürfnis‹ von 1942 schlägt Adorno vor, Hunger »mit Heuschrecken und Mückenkuchen« zu stillen, wie sie »viele Wilde verspeisen« (GS Bd. 8, S. 392). Erst das Fressen, dann die Moral, sagt Brecht bekanntlich in seiner ›Ballade vom angenehmen Leben‹. Dass sich in einer befreiten Gesellschaft auch der Geschmack vom Fast Food befreit, hat Adorno als eine ↑kritische Theorie der Küche, als eine ↑Utopie der Haute Cuisine entworfen: »Der Gedanke aber, daß eine revolutionäre Gesellschaft nach der schlechten Schauspielerei von Hedy Lamarr oder den schlechten Suppen von Campbell schriee, ist absurd. Je besser die Suppe, um so lustvoller der Verzicht auf Lamarr.« (GS Bd. 8, S. 394)

Müll ↑Punk, engl. Mist oder Müll; will als Haltung verstanden sein. Adorno schreibt, ästhetisch den Punk vorwegnehmend: »Kultur ist Müll, und Kunst einer ihrer Sektoren doch ernst als Erscheinung der Wahrheit. Das liegt im Doppelcharakter des Fetischismus.« (GS Bd. 7, S. 459) Das ist keine kunsttheoretische Finesse, sondern folgt aus der geschichtlichen Logik, die das zwanzigste Jahrhundert bestimmt: »Alle Kultur nach Auschwitz, samt der dringlichen Kritik daran, ist Müll.« (GS Bd. 6, S. 359; ↑Autofriedhof) Punk ist folglich der erste Reflex der ↑Kulturindustrie auf das, was sie den Menschen antut.

Musik im Fernsehen »Musik im Fernsehen ist Brimborium«. Eine in einem ›Spiegel‹-Gespräch 1968 Adorno in den Mund gelegte Formulierung. Musik im Fernsehen sei »ein Stück leerer Kulturbetrieb«, heißt es ebenda (GS Bd. 19, S. 569). Und: »Ich glaube, daß die Reinigung der Massenmedien von diesem ganzen illusionären Kitsch [...] dringend an der Zeit wäre.« (GS Bd. 19, S. 562) Nach zahlreichen Experimenten war die ↑Popkultur dreizehn Jahre später so weit: Am 1. August 1981 um 12.01 ging MTV auf Sendung. Als Erstes gezeigt wurden Bilder der ersten Mondlandung, Neil Armstrong sagt: »That's one small step for man, one giant leap for mankind.« Auf der Flagge, die der Astronaut in den Mondstaub pflanzt, das Logo des neuen Fernsehsenders. Der erste Clip war ›Video Killed the Radio Star‹ von den Buggles: »We can't rewind, we've gone too far.« In seiner Coverversion ›Internet kills the Videostar‹ singt Knarf Rellöm: »Hört mal alle her, die Zukunft ist das neue Ding. Die Kinder bringen den [↑] Müll raus.«

Musique informelle ›Vers une musique informelle‹ heißt eine Vorlesung Adornos von 1961: »Der Text ist in eins prima philosophia, Manifest, Kritik der unmittelbaren Gegenwart und Künstlerutopie«, hebt Claus-Steffen Mahnkopf die Bedeutung dieses Textes hervor (Mahnkopf 1998, S. 87). Adorno endet darin mit einer Formulierung, die belegt, wie gut seine kritische Ästhetik auch auf Bereiche künstlerischer Produktion anwendbar ist, von denen er damals wenig geahnt haben dürfte: »Die Gestalt aller künstlerischen [↑] Utopie heute ist: Dinge machen, von denen wir nicht wissen, was sie sind.« (GS Bd. 16, S. 540)

Das verweist auf den ↑Rätselcharakter der Kunst, den als etwas Prozesshaftes herauszustellen Aufgabe des adäquaten Umgangs mit dem ästhetischen Material ist. Im Schatten der Standardisierung in der ↑Kulturindustrie, von der die gesamte Produktion dirigiert wird, hat sich Adornos Entwurf einer informellen Musik mittlerweile in einer Musik konkretisiert, von der er damals noch nichts wissen konnte ahnte: Goodspeed You Black Emperor!, Radiohead (die aktuellen), Goldie, Squarepusher, Uri Caine, Trans Am, Jazzanova, Barbara Morgenstern, Tom Jobim, Ursula Rucker, Kante, ... ↑Fortzusetzen.

N

›Nadelkurven‹ »Was unseren Eltern Photographien, Locken, Bänder bedeuteten, das werden uns, möglicherweise, einmal Schallplatten sein. Ihre Kurven sind Chiffren unserer Liebesgeschichten.« (GS Bd. 18, S. 34)
Dass bestimmte Aspekte von Ästhetik und Technik, der technisch-technologischen Veränderungen der Massenkultur und ihres Materials von Adorno unzureichend berücksichtigt wurden, zeigt sich am auffälligsten in seinen Arbeiten über Musik – und zwar in aller Widersprüchlichkeit. Schallplattenspieler zum Beispiel kommen bei ihm zumeist als Grammophone vor, die Schallplatte selbst beschreibt er so, als hätte er am liebsten weiter das Wort Wachsplatte benutzt. Gleichwohl hob Adorno hervor: »Noch 1934 mußte von der Schallplatte gesagt werden, sie gebe als Form nichts eigenes her. Das dürfte sich seit der Einführung der Langspielaufnahmen geändert haben.« (GS Bd. 19, S. 555) Freilich hat Adorno die endgültige Massenverbreitung von Tonträgern (Musikkassette, Compactdisc etc.) nicht mehr erlebt, demnach auch nicht die Ungleichzeitigkeit registrieren können, dass heute in der avancierten Popmusik anachronistisch anmutendes Vinyl bevorzugt wird.
Dennoch: Adorno kommt in seinen Texten über Schallplatten moderner DJ-Technik nahe, wenn er etwa in den ›Nadelkurven‹

von 1928 schreibt: »Einmal nur greift das Grammophon in Werk und Reproduktion ein. Das geschieht, wenn die Feder abläuft. Dann sinkt der Klang in chromatischer Schwäche und trostlos verrinnt die Musik. Es bedarf des Endes grammophonischer Reproduktion, die Gegenstände zu verändern. Oder man entfernt die Platten und läßt die Feder im Dunkeln ausspielen.« (GS Bd. 19, S. 529) Das sind beides Verfahren, die beim Mixen in der von Adorno verachteten Tanzmusik angewendet werden: zum einen das Ausschalten des Plattenspielers, was die Platte zum Stillstand kommen lässt. Zum Beispiel benutzt es DJ Storm in ihrem Set; die Drum-'n'-Bass-Musikerin lässt eine Platte auf diese Weise ↑verstummen, wahrscheinlich um so ihrer verstorbenen Partnerin Kemistry zu gedenken, die eigentlich jetzt hätte den Mix übernehmen müssen. Zum Anderen das Ausspielen der Feder. Es gleicht dem knackendem und knisterndem Auslaufen der Nadel und wird heute gelegentlich absichtlich als Effekt eingesetzt (hübsches neueres Beispiel: der Anfang von Trüby Trio, ›DJ Kicks‹, K7 2001).

Gerade die Schallplatte scheint dann doch eine andere Rezeption als bloße ↑Unterhaltung zu gewähren: »Die Schallplatte ist durch einige ihrer Eigenschaften näher am Hörer. Sie ist nicht an vorgegebene Programme gebunden sondern disponibel; die Kataloge lassen größere Freiheit der Wahl; außerdem gestattet die Platte häufige Wiederholung und dadurch gründlicheres Kennenlernen des Aufgeführten.« (GS Bd. 14, S. 326) Und sogar dem Schallplattensammeln vermag Adorno etwas abzugewinnen: Solange es nicht zum »Anhorten von Platten als ↑hobby von Konsumhörern« ausartet, trägt es als »Einverleibung zum Sachverständnis bei« (GS Bd. 14, S. 326). So fordert Adorno schließlich, was heute in der Kritik der ↑Popkultur Voraussetzung ist: »Kritik [...] unmittelbar an Musikbeispielen« als »running comment [...]. So müßte der Kritiker dazwischenrufen: warum schneller, das steht ja gar nicht da, oder ähnliches.« (GS Bd. 19, S. 590)

Narben Narben werden in der ↑kritischen Theorie im Sinne der ↑Psychoanalyse verstanden. Sie sedimentieren sich im Bewusstsein und im Unbewussten. Narben sind Male des Schmerzes, Wunden, die dem ↑Ich in seiner Schwäche der Gesellschaft gegenüber zugefügt werden, und markieren Erfahrungen. Nur durch solche Erfahrungen bildet sich das Ich. Am Körper zeigen sie sich als Wunden, als äußere Verletzungen. An der Haut drängt aber auch die Selbstverletzung des Ichs an die Oberfläche; ↑Gänsehaut. Narben sind ein somatischer Impuls, sie formen den Körper und das Ich überhaupt erst. In der Kulturindustrie wird der Körper in Szene gesetzt als Hülle des Subjekts, das mit Stolz die Narben seiner Verletzungen als Male seiner gewonnenen Stärke präsentiert. – Narben und Wunden werden als ↑Bilder auch in der kritischen Theorie verwendet. Adorno spricht beispielsweise von den »Wunden« Mahlers (GS Bd. 13, S. 173) oder von »sprachlichen Narben« (GS Bd. 5, S. 189).

Zusatz: Wenn Kinder Fragen stellen, die keine Antwort finden, hinterlässt das bei ihnen Narben. Das Kind hört auf zu fragen und »ist an Erfahrung reicher, wie es heißt, doch leicht bleibt an der Stelle, an der die Lust getroffen wurde, eine unmerkliche Narbe zurück, eine kleine Verhärtung, an der die Oberfläche stumpf ist. Solche Narben bilden Deformationen. Sie können Charaktere machen, hart und tüchtig, sie können dumm machen – im Sinn der Ausfallserscheinung, der Blindheit und Ohnmacht, wenn sie bloß stagnieren, im Sinn der Bosheit, des Trotzes und Fanatismus, wenn sie nach innen den Krebs erzeugen. Der gute Wille wird zum bösen durch erlittene Gewalt. Und nicht bloß die verbotene Frage, auch die verpönte Nachahmung, das verbotene Weinen, das verbotene waghalsige Spiel, können zu solchen Narben führen.« (GS Bd. 3, S. 296)

Nationalsozialismus, Faschismus »Eigentlich müßte ich den Faschismus aus der Erinnerung meiner [↑] Kindheit ableiten können.« (GS Bd. 4, S. 219)

Der Nationalsozialismus in ↑Deutschland und die Vernichtung der Juden in ↑Auschwitz und den anderen Lagern sind das schwarze Zentrum einer Moderne, der die ↑kritische Theorie sich bedingungslos entgegenstellt: Dass so etwas nicht noch einmal sei, sich nichts Ähnliches wiederhole, lautet der ↑kategorische Imperativ von Adornos ↑Philosophie.

Die Arbeiten des ↑Instituts für Sozialforschung gehören zu den ersten Analysen des faschistischen ↑Systems. Bereits die ›Studien über Autorität und Familie‹ (1936) konnten die wachsenden regressiven und reaktionären Tendenzen in der europäischen

Geschichte der ersten Hälfte des zwanzigsten Jahrhunderts nachweisen. Inwiefern der Faschismus in der psychischen Struktur der Individuen verankert ist, wurde dann Ende der vierziger, Anfang der fünfziger Jahre in den ›Studies in Prejudice‹ gezeigt, zu denen auch die zur ↑autoritären Persönlichkeit zählen, an denen Adorno maßgeblich beteiligt war. In zahlreichen Beiträgen hat Adorno immer wieder nach den sozialpsychologischen Bedingungen einer Anfälligkeit für faschistische ↑Ideologie gefragt, so etwa in ›Anti-Semitism and Fascist Propaganda‹ (GS Bd. 8, S. 397 ff.). Mit der Konstitution des faschistischen Bewusstseins beschäftigen sich ebenfalls die Untersuchungen über Horoskope und zum Aberglaube, dazu gehört beispielsweise die Studie ↑›The Stars Down to Earth‹.

Auch die 1947 publizierte ↑›Dialektik der Aufklärung‹, die Adorno zusammen mit ↑Horkheimer im Exil in ↑Amerika verfasste, kann gleichsam als Faschismusanalyse gelesen werden: Der Nationalsozialismus ist kein Bruch mit der liberalen Tradition des Bürgertums, sondern die totalitäre Tendenz ist in den bürgerlichen Idealen bereits angelegt und besteht auch nach dem Sieg über den Faschismus fort. »In Deutschland hat der Faschismus gesiegt unter kraß xenophober, kulturfeindlicher, kollektivistischer Ideologie. Jetzt, da er die Erde verwüstet, müssen die Völker gegen ihn kämpfen, es bleibt kein Ausweg. Aber wenn alles vorüber ist, braucht keine freiheitliche Gesinnung über Europa sich auszubreiten, seine Nationen können so xenophob, kulturfeindlich und pseudokollektivistisch werden, wie der Faschismus war, gegen den sie sich wehren mußten.« (GS Bd. 3, S. 250) »Zur Neuausgabe« der ›Dialektik der Aufklärung‹ 1969 schrieben Adorno und Horkheimer: »Die Konflikte in der Dritten Welt, das erneute Anwachsen des Totalitarismus sind so wenig nur historische Zwischenfälle, wie, der ›Dialektik‹ zufolge, der damalige Faschismus es war. Kritisches Denken, das auch vor dem Fortschritt nicht innehält, verlangt heute Parteinahme für die Residuen von Freiheit, für Tendenzen zur realen Humanität, selbst wenn sie angesichts des großen historischen Zuges ohnmächtig scheinen.« (GS Bd. 3, S. 9) Das ist das negative Credo der kritischen Theorie Adornos, das noch heute die ↑Aktualität seiner Philosophie garantiert.

Natur (Naturgeschichte, Naturbeherrschung) Zivilisation meint die Herrschaft des Menschen über die Natur. Zur ↑Dialektik des zivilisatorischen Prozesses wird, dass diese Herrschaft auf den Menschen zurückschlägt. Der Kapitalismus bezeichnet den Höhepunkt dieser dialektischen Entwicklung: Die Zivilisation kulminiert in einer Gesellschaft, in der Naturbeherrschung, Selbstbeherrschung des Menschen und soziale Herrschaft, gesellschaftliche Macht, als etwas quasi Natürliches zum strukturellen Grundmuster der Geschichte geworden sind.

Die Geschichtsphilosophie der ↑kritischen Theorie versucht zu beschreiben, wie der Mensch sich die Natur unterwirft, wie er es schafft, seine eigene von der Natur vorgegebene Begrenzung zu überschreiten; die ↑›Dialektik der Aufklärung‹ zeichnet nach, weshalb die Naturbeherrschung in Selbstbeherrschung umschlägt.

»Macht euch die Erde untertan«, heißt es in der Bibel. Dank der modernen Wissenschaften hat sich der Mensch die Kräfte der Natur zu Nutze gemacht, hat gelernt, ihre Ressourcen zu seinem Wohl zu verwenden. Doch dieser Fortschritt hatte seinen Preis: Aus der Nutzung der Natur wurde Raubbau, die Naturbeherrschung führte zur Gefahr einer ökologischen ↑Katastrophe. Die Situation ist paradox: Während die Menschen in den westlichen Industrienationen bemüht sind, die Reste ihrer Natur zu verändern, etwa durch Schönheitskult und Fitnessprogramme, werden anderenorts Millarden Menschen durch Hunger und Elend noch hinter den Naturzustand von Tieren zurückgeworfen.

Diese Dialektik der Naturbeherrschung ist als historischer Prozess zu begreifen. Ein weiterer Aspekt dieser Dialektik ist, dass auch der Begriff von Natur, unsere Vorstellung von der Natur also, nur historisch erklärt werden kann: Ein Naturwissenschaftler beispielsweise hat einen anderen Begriff von Natur als der Spaziergänger im Wald; was in der Alltagssprache »Natur« heißt, hat zudem viel mit dem idyllischen romantischen Bild von der unberührten Natur zu tun, mit der heute die Tourismuswerbung lockt. Insofern ist die Bezeichnung »Natur« für einen Baum, einen Wald oder eine Wiese immer zugleich eine Lüge, denn alle vom Menschen wahrgenommene Natur ist Landschaft, nämlich geschaffenes, bearbeitetes Land – und damit Kultur. Die kritische Theorie unterscheidet erste und zweite Na-

tur. Erste Natur ist die »echte« Natur; sie ist nur noch als Hypothese in der Verwendung eines wissenschaftlichen Naturbegriffs existent. Zweite Natur meint die kultivierte Natur, wie etwa den Schwarzwald, einen künstlich angelegten Forst.
Bereits in seinem Abituraufsatz ›Die Natur, eine Quelle der Erhebung, Belehrung und Erholung‹ von 1921 schrieb Adorno: »Heute ist uns Natur nicht mehr nur unbewußtes Dasein, sondern unbewußtes Dasein im Gegensatz zur bewußten Zivilisation.« (GS Bd. 20·2, S. 729f.) In seinen frühen Schriften entwarf Adorno ein Konzept von Naturgeschichte, das erste und zweite Natur vermittelt: »Es ist in Wahrheit die zweite Natur die erste.« (GS Bd. 1, S. 365) Erste und zweite Natur stehen in einem dialektischen Verhältnis, das sich im philosophischen Begriff der Natur kristallisiert: »Philosophische Natur muß als Geschichte angeschaut werden, Geschichte als Natur.« (GS Bd. 6, S. 479) Das Gesetz, das dieser Geschichte eingeschrieben ist, beschreiben Horkheimer und Adorno in der ›Dialektik der Aufklärung‹: »Grenzenlos Natur zu beherrschen, den Kosmos in ein unendliches Jagdgebiet zu verwandeln, war der Wunschtraum der Jahrtausende.« (GS Bd. 3, S. 285) Die Herrschaft über die Natur und über das Selbst wird im Prozess der Entfremdung von der Natur kompensiert und verdrängt. Was heute als »natürlich« gilt, ist in Wahrheit mühsam rekultivierte Natur; die Bedingungen der Zivilisation erscheinen als natürliche Ordnung, der Tausch und der ↑Fetischcharakter, der dem Warenverhältnis obliegt, als Naturgesetz. »Die Menschen sind einander und der Natur so radikal entfremdet, daß sie nur noch wissen, wozu sie sich brauchen und was sie sich antun.« (GS Bd. 3, S. 291)
Auch das Naturschöne wird zum Teil einer ↑Ideologie. Nicht einmal die ↑Kunst vermag die Erinnerung an die Natur zu bewahren: »Noch der Baum, der blüht, lügt in dem Augenblick, in welchem man sein Blühen ohne den Schatten des Entsetzens wahrnimmt.« (GS Bd. 4, S. 26) Adorno rekurriert hier auf ein Gedicht von Bertolt Brecht, das er in der ›Ästhetischen Theorie‹ zitiert: »Was sind das für Zeiten, wo / ein Gespräch über Bäume fast ein Verbrechen ist / Weil es ein Schweigen über so viele Untaten einschließt!« (Zit. nach GS Bd. 7, S. 66)

›**Negative Anthropologie**‹ »Ulrich Sonnemann arbeitet an einem Buch, das den Titel ›Negative Anthropologie‹ tragen soll. Weder er noch der Autor wussten vorher etwas von der Übereinstimmung. Sie verweist auf einen Zwang in der Sache«, schreibt Adorno in der Vorrede seiner ›Negativen Dialektik‹ (GS. Bd. 6, S. 11). In einer Besprechung der ›Negativen Anthroplogie‹ durch Adorno heißt es: »Meine Beziehung zur ›Negativen Anthropologie‹ Sonnemanns ist, wenn davon die Rede sein darf, von der merkwürdigsten Art, der einer ganz unvorhergesehenen Koinzidenz: der Titel seines Buches stand fest wie der des meinen: ›Negative Dialektik‹, ohne daß wir davon wußten. Darin prägt sich eine ungeplante, einzig durch die Sache motivierte Nähe der Intentionen aus, die mich als Bestätigung beglückt.« (GS Bd. 20·1, S. 262) – Bei Ulrich Sonnemann (1912–1993), zuletzt Professor an der Universität-Gesamthochschule Kassel, standen ↑Theorie und Praxis in einem solch paradoxen Verhältnis wie bei kaum einem anderen: Sein gesellschaftliches Engagement war unglaublich stark, seine Sprache äußerst kompliziert (↑Unverständlichkeit). Gleichwohl provozierte er durch ↑Humor, zum Beispiel durch Schüttelreime (etwa über Beate Uhse und ↑Herbert Marcuse). Der Philosoph, der in frühen Jahren auch als Grafologe tätig war, versuchte sich in der ›Negativen Anthropologie‹, die den Untertitel »Vorstudien zur Sabotage des Schicksals« trägt, an einer Philosophie vom Menschen, die diesen nicht nur als einen Unabgeschlossenen, nicht Festgelegten und Offenen, einen erst noch Werdenden begreift, sondern das Prozesshafte und das »Perfektible«, wie Rousseau und Herder gesagt hätten, als das – nur negativ bestimmbare – Wesen des Einzelmenschen herausstellt. Der zentrale Begriff Sonnemanns ist »Spontaneität«. Adorno schreibt über das Buch: »Was der Mensch sei, wird dieser Konzeption von Anthropologie, mit Recht, zu einer negativen Bestimmung; das Humane sei einzig ›aus seiner Verleugnung und Abwesenheit‹ zu erschließen.« (GS Bd. 20·1, S. 263)

›**Negative Dialektik**‹ 1966 veröffentlichte Adorno sein philosophisches Hauptwerk ›Negative Dialektik‹. Den Titel bezeichnete er als »paradox«, denn was er geschaffen habe, sei kein philosophisches ↑System, sondern ein »Antisystem« (GS Bd. 6, S. 9f.). Im Übrigen hatte Franz Borkenau den Begriff »Negative Dialektik« schon 1932 in anderem Zusammenhang in der ›Zeitschrift für Sozialforschung‹ verwendet (Borkenau 1932, S. 334f.).

Das Buch schließt an die ↑›Dialektik der Aufklärung‹, wie überhaupt an die ↑kritische Theorie der ↑Dialektik an. Der ↑›Jargon der Eigentlichkeit‹ kann als Exkurs dazu betrachtet werden, ebenso gehören die – mittlerweile aus dem Nachlass publizierten – Vorlesungen ›Ontologie und Dialektik‹ (1960/61), ›Zur Lehre von der Geschichte und von der Freiheit‹ (1964/65) und ›Metaphysik. Begriff und Probleme‹ (1965) in das theoretische ↑Kraftfeld negativer Dialektik. Die Aufsätze ›Zu Subjekt und Objekt‹ sowie ›Marginalien zu Theorie und Praxis‹ sind als Einführungen in die Fragestellungen lesbar, die Adorno in der ›Negativen Dialektik‹ entwickelt (GS Bd. 10·2, S. 741 ff.). Die Kerngedanken der ›Negativen Dialektik‹ sind bereits in Adornos frühen Schriften angelegt, so etwa sein Konzept von ↑Naturgeschichte.

Der Text ist in drei Teile gegliedert; darüber hinaus gibt es eine Einleitung, sie »exponiert den Begriff philosophischer Erfahrung« (GS Bd. 6, S. 10). Im ersten Teil setzt sich Adorno mit der Ontologie – damals eine Art philosophischer Mode – auseinander, namentlich mit der Philosophie ↑Heideggers. Im zweiten Teil, der den Kern der Ausführungen enthält, entwirft Adorno mit Blick auf ↑Kant und ↑Hegel den Begriff und die Kategorien negativer Dialektik und erläutert das Konzept vom ↑Vorrang des Objekts. Im dritten Teil werden drei »Modelle« genannte Begriffskomplexe besprochen, nämlich »Freiheit«, »Weltgeist und Naturgeschichte« sowie »Meditationen zur Metaphysik«.

Mit »Antisystem« ist also kein unsystematisches Chaos gemeint, sondern eine ↑immanente Kritik philosophischen Systemdenkens, vor allem der Philosophie Hegels. Es geht um die kritische Begründung einer nicht-idealistischen Erkenntnistheorie, um die Fundierung der philosophischen Logik kritischer Theorie. Adorno bezeichnet sie als ↑Logik des Zerfalls. Im Zentrum steht die Kritik des Einheitsprinzips und der Allherrschaft des übergeordneten Begriffs, die Kritik des identifizierenden Denkens: Hegel hatte Wahrheit als Übereinstimmung – Identität – von Begriff und Sache bestimmt. Dem stellt Adorno das Nichtidentische entgegen, jenen Rest, der aus der idealistischen Gleichung herausfällt.

Wie sehr das Buch doch – thematisch und methodisch – von einer großen Klammer zusammengehalten wird, zeigen der erste und der letzte Satz. Am Anfang des Textes heißt es: »Philosophie, die einmal überholt schien, erhält sich am Leben, weil der Augenblick ihrer Verwirklichung versäumt ward.« (GS Bd. 6, S. 15) Ohne Marx zu nennen, zitiert Adorno hier dessen Gedanken, dass die Philosophie nur aufgehoben werden könne, wenn sie verwirklicht, wenn sie also gelebte menschliche Praxis werde. Auch hier setzt er sich dezidiert ab vom hegelschen Idealismus, nach dem Philosophie in ihrem Begriff aufgehoben werden soll. Die ›Negative Dialektik‹ bewegt sich genau in diesem Widerspruch zwischen ↑Begriff und ↑Praxis, zum Beispiel der Spannung von Denken als Begrifflichem und Bedürfnis als Praktischem. Am Schluss des Textes heißt es: »Gegenstand von Kritik ist darum nicht das Bedürfnis im Denken sondern das Verhältnis zwischen beiden. Das Bedürfnis im Denken will aber, daß gedacht werde. Es verlangt seine Negation durchs Denken, muß im Denken verschwinden. […] Solches Denken ist solidarisch mit [↑] Metaphysik im Augenblick ihres [↑] Sturzes.« (GS Bd. 6, S. 399f.) Adorno kommt zurück auf das Problem der Verwirklichung der Philosophie und begründet das Denken als Praxis ↑kritischer Theorie.

Neger Adornos Philosophie bleibt, auch wenn sie die ↑Totalität der modernen, urbanen Gesellschaft anvisiert, bürgerlich-europäisch und damit provinziell beschränkt: Der Philosoph, der in seinen Schriften die Unzulänglichkeiten des identifizierenden Denkens wesentlich als Problem der Sprache beschrieb und kritisches Denken zur Reflexion verpflichtete, war, was die eigene Sprache betraf, zu unsensibel und unreflektiert, um den Rassismus darin zu bemerken: Dass Adorno keinen ↑Jazz mochte und ihn folglich kritisierte, mag noch als Ästhetizismus beziehungsweise Geschmacksurteil abgetan werden, dass er allerdings umstandslos von den ›Negern‹ sprach, wenn er die Jazzmusiker, die »Jazzsubjekte«, meinte, muss entweder als reaktionär (↑Jazzverbot) oder unkritisch (↑Dummheit) gelten. Nichts bestätigt so deutlich, dass Adorno das rassistische Klischee blind übernimmt, wie der folgende Satz: »Ich habe kein Vorurteil gegen die Neger, als daß sie von den Weißen durch nichts sich unterscheiden als durch die Farbe.« (GS Bd. 10·2, S. 809) – Den großen Einfluss afrikanischer und afroamerikanischer Kultur auf die europäische Moderne hat Adorno offenbar vollständig ignoriert.

Neue Musik »Im heraufdämmernden Antagonismus zwischen der Musik und ihrer Sprache offenbart sich einer der Gesellschaft.« (GS Bd. 13, S. 165) Begriffe der Ästhetik, zumal die klassifizierenden Begriffe, sind als Konzepte einer kritischen Ästhetik nur anzuwenden, wenn sie mit der Gesellschaft vermittelt sind; nur so ist überhaupt die geschichtliche Dynamik in der Entwicklung von Kunst darzustellen, nur so kann der Widerspruch von künstlerischem Fortschritt und ästhetischer Regression erfasst werden. »Neue Musik« bezeichnet für Adorno nichts Fachspezifisches. Zur Dialektik des Begriffs gehört bereits die Emphase, die darin auf das Neue gelegt wird. Deshalb ist Neue Musik erst einmal mehr als Musik, die sich von der traditionellen Kompositionsweise abhebt. Neue Musik ist »Sammelbegriff für alle die musikalischen Strömungen etwa seit dem Impressionismus, denen ein bestimmter Charakter von Modernität zukommt, in dem Sinn, daß sie aus der Kontinuität der musikalischen Entwicklung zunächst ausbrechen, chockhaft die musikalische Sprache entfremden und dem kontemplativ genießenden Publikums-Geschmack den Krieg ansagen [...]. Das sinnfälligste Zeichen des Bruchs ist die Verselbständigung der Dissonanz.« (GS Bd. 18, S. 80)

Die meisten der musiktheoretischen Schriften Adornos setzen sich mit der Neuen Musik, der musikalischen Moderne des frühen zwanzigsten Jahrhunderts, auseinander. Dabei geht es auch um den Umgang mit der Musik vorhergehender Jahrhunderte, um Traditionsbezüge und Aufführungspraxis der Neuen Musik. In diesem Zusammenhang sind Johann Sebastian Bach, ↑Ludwig van Beethoven, ↑Richard Wagner und ↑Gustav Mahler die wichtigsten Komponisten, für Adorno wie für die Neue Musik selbst.

In seinem frühen Aufsatz ›Zur gesellschaftlichen Lage der Musik‹ (1932) gibt Adorno einen brauchbaren Überblick über die damaligen Strömungen der Neuen Musik: ↑Arnold Schönberg ist Beispiel für eine moderne, »chokierende« Musik; ihr Kennzeichen ist eine Art materialimmanente Reflexion auf die gesellschaftlichen Bedingungen der musikalischen Produktion. Davon zu unterscheiden ist der »Objektivismus«, Musik, die sich entfremdet und isoliert sieht und glaubt, die künstlerischen Probleme allein »formimmanent und bloß ästhetisch, also ohne Rücksicht auf die tatsächliche Gesellschaft« aufheben zu können, »meist durch einen Rückgriff auf vergangene Stilformen« (GS Bd. 18, S. 734), die als nicht-entfremdet gelten. Innerhalb des Objektivismus können zwei Tendenzen unterschieden werden: ↑Igor Strawinsky repräsentiert »in den hochkapitalistisch-industriellen Ländern« den Neoklassizismus, Béla Bartók ist Beispiel für den Folklorismus »in den unterentwickelten agrarischen« Ländern (vgl. GS Bd. 18, S. 735). Einen dritten Typ bezeichnet Adorno als »surrealistisch«: Dieser bedient sich der Formensprache der bürgerlichen Musikkultur, verfremdet diese aber. Als Exempel nennt Adorno die ›Dreigroschenoper‹ von Kurt Weill und Bertolt Brecht. Ein vierter Typ ist die Gebrauchsmusik; sie orientiert sich an ihrer gesellschaftlichen Funktion, geht entweder mit den Erfordernissen des bürgerlichen Kulturlebens konform (Paul Hindemith) oder ist Kampfmusik emanzipatorischer Bewegungen (↑Hanns Eisler).

Die ›Philosophie der neuen Musik‹ von 1949 war von Adorno als Exkurs zur ↑›Dialektik der Aufklärung‹ gedacht: Anhand der beiden im Buch behandelten Komponisten wird die widersprüchliche, dialektische Entwicklung der Neuen Musik herausgearbeitet: Schönberg auf Seiten des Fortschritts und der Aufklärung, aber mit der ↑Zwölftontechnik schließlich auch in der Dialektik des Materials gefangen; Strawinsky auf Seiten der Reaktion, der Restauration und des Mythos, aber dennoch avanciert darin, gewissermaßen das Ungleichzeitige im geschichtlich überholten Material zu entfalten.

1954 spricht Adorno vom ›Altern der Neuen Musik‹, das sich in einer »Rationalisierung des Materials« und damit letzthin einer Schematisierung und Lähmung der musikalischen Kräfte bemerkbar mache: Auch die Zwölftonmusik falle schließlich auf den Klassizismus zurück und verpflichte sich auf das vermeintlich Authentische. »Altern« meine, dass der Neuen Musik eigentlich das verloren gegangen sei, was sie einmal ausgemacht habe: die Kritik jeder Affirmation, die musikalische Negation des Bestehenden, die Schockwirkung. »Mit dem Altern der Neuen

Musik ist nichts anderes gemeint, als daß dieser Impuls in ihr verebbt. Sie gerät in Widerspruch zu ihrer Idee und büßt deshalb auch die eigene ästhetische Substantialität und Stimmigkeit ein.« (GS Bd. 14, S. 143)
Angesichts des ↑Nationalsozialismus und im Hinblick auf ↑Auschwitz, die »äußerste Erfahrung des Grauens«, resümiert Adorno: »Der Boden der Musik selbst, wie der jeglicher Kunst, die Möglichkeit, Ästhetisches ganz ernst zu nehmen, ist erschüttert.« (GS Bd. 14, S. 166) In der ästhetischen Theorie reflektiert er dies thematisch unter dem Begriff des ↑Abgebrochenseins und diagnostiziert eine ↑Verfransung der Künste.
Mit ihrem Veralten zeigt die Neue Musik im Übrigen einen Reflex, der für die Musik der ↑Kulturindustrie typisch ist: Sie ist von Moden ebenso abhängig wie vom Markt. Auch hinsichtlich solcher Beobachtungen sind Adornos Ausführungen zur Neuen Musik durchaus auf Phänomene der ↑Popkultur übertragbar. Gleichwohl beziehen sich viele Vertreter einer avancierten Popmusik auf die Tradition der Neuen Musik: Frank Zappa, dessen Werke auch von Pierre Boulez aufgeführt werden, ist von Strawinsky beeinflusst, während Chris Cutler, Heiner Goebbles, Dagmar Krause und andere sich auf Eisler und sein Konzept der Agitation beziehen. Songs wie ›Mackie Messer‹ aus der ›Dreigroschenoper‹, die Adorno noch surreal nannte, sind längst Standardrepertoire der ↑Crooner und ihrer selbstgefälligen Nachahmer. So reduziert Robbie Williams Mackie Messer auf den Frauenhelden, den er selbst gern darstellen möchte – nachgerade so, wie ein Stockhausen sich nach einem Griff in die Motten- und Mythenkiste der musikalischen Reaktion mit dem ›Licht‹-Zyklus als Neuerer feiern lässt. Das diagnostizierte Adorno vorausschauend als ↑Verstummen der Neuen Musik in der ↑verwalteten Welt.

Nietzsche, Friedrich (1844–1900) Nietzsche spielt vor allem im zweiten Exkurs über »Juliette oder Aufklärung und Moral« aus der ↑›Dialektik der Aufklärung‹ eine Rolle: Zusammen mit den in der ›Dialektik der Aufklärung‹ als ↑Pornografie bezeichneten Schriften de Sades bildet Nietzsches Moralismuskritik in Adornos und ↑Horkheimers Schrift den dialektischen Gegenpol zur Aufklärungsethik des ↑kategorischen Imperativs ↑Kants.

Nietzsches Philosophie reflektiert die Zerrissenheit des bürgerlichen Individuums im ausgehenden neunzehnten Jahrhundert: Es verweigert dem anderen das Mitleid und ist doch selbst auf der Suche nach Trost. In diesem Impuls liegt für Adorno und ↑Horkheimer eine Möglichkeit der ↑Rettung. Der Exkurs endet: »›Wo liegen deine größten Gefahren?‹ hat Nietzsche sich einmal gefragt, ›im Mitleiden‹. Er hat in seiner Verneinung [des Mitleids] das unbeirrbare Vertrauen auf den Menschen gerettet, das von aller tröstlichen Versicherung Tag für Tag verraten wird.« (GS Bd. 3, S. 140)

Nilpferd Horkheimer und Adorno gebrauchten gelegentlich Tiernamen füreinander: Horkheimer wurde von Adorno »Mammut« genannt, Adorno war das »Nilpferd«. Die in den USA beim administrativen Schriftverkehr gebräuchlichen Abkürzungen persiflierend, schrieb Horkheimer am 11. Januar 1945 ein ›Memorandum to Dr. T. W. A., N. I. L. P. F. from Dr. M. H., M. A. M. U. (HGS Bd. 12, S. 306 f.). – Horkheimer und Adorno also als Dickhäuter der Theorie, wobei berücksichtigt werden sollte, dass das Mammut ausgestorben, das Nilpferd aber ein nicht minder urtümliches Tier ist.

Im Buch Hiob ist von dem Untier Behemoth die Rede: »Er ist der Anfang der Wege Gottes; der ihn gemacht hat, der gab ihm sein Schwert. [...] Er liegt gern im Schatten, im Rohr und im Schlamm verborgen.« Gemeint ist wahrscheinlich das Nil- oder Flusspferd (Hippopotamus). In der Antike und im Mittelalter galt das Nilpferd als gefährlich und unberechenbar: Man glaubte, es könne Krokodile verspeisen, sei fresssüchtig und habe einige Tricks parat: So beschmiere es sich etwa zur Tarnung mit Lehm, um leichter Beute zu machen und seine Fressgier zu befriedigen.

Einmal, und zwar am 24. Januar 1954, hatte Adorno einen Traum, in dem ein Nilpferd vorkam: Er träumte, »Ferdinand Kramer habe sich ganz der Malerei zugewandt und eine neue Gattung erfunden, die ›praktikable Malerei‹. Die sei derart, daß man einzelne gemalte Figuren herausziehen könnte, eine Kuh oder ein Nilpferd. Die könne man dann streicheln, und das fühle sich an wie das weiche Fell oder die dicke Haut.« (GS Bd. 20·2, S. 577) Heute gelten Nilpferde als putzig und süß und haben längst Einzug in die Kinderwelt gehalten: Sie finden sich als lustige Spielfiguren, »Happy Hippos«, in den so genannten »Überraschungseiern«, ein unterhaltsames Brettspiel heißt »Das Nilpferd in der Achterbahn«, und in den Bildergeschichten von Carla und Vilhelm Hansen über ›Petzi‹ und seine Freunde Pelle, Pingo und Seebär tauchen immer wieder Nilpferde auf (zum Beispiel das Nilpferd, das Zahnschmerzen hat, in ›Petzi bei den Pyramiden‹, eine ganze Nilpferdfamilie in ›Petzi sucht die Mary‹ oder ein Nilpferdpärchen in ›Petzi im Unterseeboot‹, auch der Bahnhofswärter in ›Petzi reist um die Erde‹ ist ein Nilpferd. Adorno am ähnlichsten ist der Nilpferdlehrer in ›Petzi und sein kleiner Bruder‹: Der nette Lehrer hat zwar eine Schule, aber leider keine Schüler). Über Dickhäuter und dem Nilpferd ähnliche Urzeittiere hat Adorno gelegentlich im Zusammenhang mit Aberglaube geschrieben, so etwa über ›Das Ur‹ (GS Bd. 20·2, S. 562 ff.). In den ›Minima Moralia‹ findet sich ein Aphorismus, der »Mammut« betitelt ist, obwohl es darin eigentlich um Dinosaurier, Tiere im Zoo und Bestien der Filmindustrie (King Kong etc.) geht (vgl. GS Bd. 4, S. 130 ff.). An einer anderen Stelle dieses Werkes dient ein Nashorn zur Erläuterung der Logik: »Ich bin ein Nashorn, bedeutet die Figur des Nashorns.« (GS Bd. 4, S. 261). In der ›Negativen Dialektik‹ spricht Adorno von den »Nashörner[n] von Ionesco« (GS Bd. 6, S. 289). Zu weiteren Tieren bei Adorno siehe auch ↑Lurche, ↑Pfeifen, ↑Hektor Rottweiler sowie ↑Zwitschern.

»Ontologie des falschen Zustands« Adornos Auseinandersetzung mit der Philosophie des Seins, der Ontologie, insbesondere der Fundamentalontologie von ↑Martin Heidegger, ist von ↑immanenter Kritik bestimmt. So verkündete Adorno in einer Vorlesung zum Thema ›Ontologie und Dialektik‹, es gelte, Ontologie »bei ihrem eigenen Anspruch« zu nehmen und zu »zeigen, daß sie diesen Anspruch nicht einlöst. Und was nun [↑] Dialektik heißt, ist im Grunde genommen gar nichts anderes als eben die-

ses Verfahren. Man könnte das auch so ausdrücken, daß in unserer gegenwärtigen Situation die Dialektik durch die Ontologie vermittelt ist.« (OD, S. 12) In der ↑›Negativen Dialektik‹ führte Adorno aus: »Angesichts der konkreten Möglichkeit von [↑] Utopie ist Dialektik die Ontologie des falschen Zustands. Von ihr wäre ein richtiger befreit, [↑] System so wenig wie Widerspruch.« (GS Bd. 6, S. 22)
Ontologie ist die Lehre vom Sein. Dieses Sein ist zumindest nach Heidegger widerspruchsfrei und ohne Bewegung. Auf diese Statik des Seins ließe sich keine Dialektik festlegen. Wenn Adorno Ontologie und Dialektik zusammenbringt, dann nur mittels dialektischer Durchdringung der Ontologie: Sein ist widersprüchlich. Die Lehre des Seins muss notwendigerweise als eine der Bewegung von Widersprüchen, eine prozessuale Widerspruchslogik, begriffen werden; die Bewegung der Widersprüche ist dem Sein, und folglich der Ontologie als Lehre vom Sein, immanent. Kurzum: Dialektik *ist* Ontologie, Ontologie *ist* Dialektik, aber eben unter Bedingungen, die sich aus der Verschränkung von Ontologie und Dialektik ergeben: Auszugehen ist vom Befund eines »falschen Zustandes«, einem Befund, der bedingt ist durch die Erkenntnis, dass ein richtiger Zustand möglich wäre, und mithin im Licht der »konkreten Möglichkeit von Utopie«, dem – wie ↑Bloch sagen würde – Noch-Nicht-Sein, steht. Nur weil der gegebene gesellschaftliche Zustand falsch ist und ein richtiger als Utopie denkbar, kann Ontologie überhaupt dialektisch und Dialektik ontologisch vermittelt werden. In diesem Sinne spricht Adorno von einer »negativen Ontologie der antagonistisch fortschreitenden Gesellschaft« (GS Bd. 8, S. 233). An einer anderen Stelle heißt es: Die »negative Ontologie ist die Negation von Ontologie« (GS Bd. 11, S. 319). In einer befreiten Gesellschaft wären Ontologie und Dialektik aufgehoben. Und die befreite Gesellschaft ist die Aufhebung von Ontologie und Dialektik.

Oxford Ab 1934 war Adorno »advanced student« am Merton College in der britischen Universitätsstadt Oxford. Hier entstand die ›Metakritik der Erkenntnistheorie‹, eine weniger bekannte, wenn auch wichtige philosophische Schrift, in der sich Adorno mit der Phänomenologie Edmund Husserls auseinander setzt. Auch dieses Buch ist als eine Vorstudie und Entwicklungsstufe jenes theoretischen Entwurfs lesbar, der später in der ↑›Negativen Dialektik‹ ausgeführt wurde. Außerdem schrieb Adorno in dieser Zeit unter dem Pseudonym ↑Hektor Rottweiler für die Zeitschrift für Sozialforschung den Aufsatz ›Über Jazz‹. Adorno war in Oxford mit Karl Mannheim befreundet, auch wenn er die von Mannheim entwickelte Wissenssoziologie ablehnte: »Die Gesinnung ist ›positivistisch‹: gesellschaftliche Phänomene werden ›als solche‹ hingenommen und dann klassifikatorisch nach Allgemeinbegriffen aufgeteilt.« (GS Bd. 10·1, S. 31) 1938 emigrierten Theodor W. Adorno und seine Frau (↑Margarete Karplus) nach ↑Amerika.

Zusatz über Adornos Fremdsprachenkenntnisse: Latein- und Altgriechischkenntnisse brachte Adorno bereits aus der Schulzeit mit. 1934 schrieb er aus Berlin an Benjamin: »Ich verbringe sehr viel Zeit mit Englischlernen. Die Aneignung einer neuen Sprache durch einen Erwachsenen zählt zu den eigentümlichsten Erfahrungen.« (AB, S. 47) Wie hat Adorno, dem Sprache so wichtig war, das nun gemacht? Mit Hilfe der ↑Amüsierwaren und mittels ↑Unterhaltung! Über seine erste Zeit in Oxford berichtet er: »Meine Sprachkenntnisse waren ungemein bescheiden. So bestand die Notwendigkeit, mir englische Kenntnisse so rasch wie nur möglich anzueignen. Ich habe das getan, indem ich unzählige Kriminalromane las, und zwar ohne dabei ein Wörterbuch zu benutzen.« (PT Bd. 1, S. 33)

P

Patriarchale Ordnung des Lebens, Patriarchat Die Familie ist als »Kitt« beschrieben worden, der die Gesellschaft zusammenhält; in der Familie formiert sich die strukturelle Herrschaft des Mannes über die Frau, die patriarchale Ordnung. Zugleich spiegelt sich in der familiären Unterwerfung des weiblichen Geschlechts auch die ↑Naturbeherrschung wider. Die patriarchalische Struktur ist ein grundlegendes Charakteristikum der kapitalistischen Gesellschaft: Diese wäre keine kapitalistische, wenn sie nicht im Vorrecht des Mannes ihre Fundierung hätte. Die Logik der ↑›Dialektik der Aufklärung‹ wäre entsprechend fortzudenken: Das ökonomische Tauschprinzip als ein männliches Prinzip erschuf als – tauschbares – Eigentum die Frau. Heute kulminiert dieses Prinzip in Verhältnissen zwischen den Subjekten, bei denen zwar das Geschlecht keine entscheidende Rolle mehr spielt, das Patriarchat jedoch ohne Mann-Frau-Binarität fortwirkt. Dies auszuführen ist in der ↑kritischen Theorie noch weitgehend Desiderat geblieben.

Die Philosophin Roswitha Scholz hat in ihrer Studie ›Das Geschlecht des Kapitalismus‹ versucht, mittels Adornos ↑›Negativer Dialektik‹ eine feministische Patriarchatskritik fortzusetzen (Scholz 2000). Neuere postfeministische Ansätze gehen davon aus, dass es eben nicht nur auf die Gleichstellung von Mann und Frau ankommt, sondern die Bestimmung der Geschlechter sowie grundsätzlich die Behauptung einer Geschlechterdifferenz – also der Verweis auf markante biologische Unterschiede zwischen Mann und Frau – eine gesellschaftliche Konstruktion darstellen, die über die individuelle Sozialisation hinausreicht und sich geschichtlich sedimentiert hat. Die Bestimmung der Identität einer Person nur aufgrund ihres Geschlechts wäre also mit Hilfe von Adornos Konzept des Nichtidentischen aufzusprengen. Den heute akzeptierten und als das Normale geltenden zwei Geschlechtern könnte beispielsweise die These von der Pluralität der Geschlechter gegenübergestellt werden (↑Postmoderne). Scholz führt diesen Ansatz fort: Sie weist darauf hin, dass die soziale Konstruktion der Geschlechter abhängig ist von der ökonomischen Verwertungslogik des Kapitals: Die sozialen Bedingungen sind durch eine patriarchale kapitalistische Gesellschaftsformation bestimmt. Die Aufhebung des Patriarchats ist folglich keine Frage von diskursiven Spitzfindigkeiten der Art, dass man sich das Geschlecht doch selbst aussuchen könne …

In Italien entdeckte Adorno die Widersprüche des Patriarchats: »In Italien überleben Züge der patriarchalen Ordnung des Lebens, der Unterordnung der Frauen unter den männlichen Willen, die Emanzipation der Frauen, die auch dort nicht aufzuhalten war. Für die Männer muß das ungemein angenehm sein; den Frauen bereitet es wahrscheinlich viel Leiden. Vielleicht sind darum manche Mädchengesichter so todernst.« (GS

Bd. 10·1, S. 397; ↑Humor, ↑Mädchen) Ähnliches hat Adorno in
↑Amerika beobachtet.

Pfeifen »Wer einmal den Laut von Murmeltieren hörte, wird ihn
nicht leicht vergessen. Daß er ein Pfeifen sei, sagt zu wenig: es
klingt mechanisch, wie mit Dampf betrieben. Und eben darum
zum Erschrecken. Die Angst, welche die kleinen Tiere seit unvor-
denklichen Zeiten müssen empfunden haben, ist ihnen in der
Kehle zum Warnsignal erstarrt.« (GS Bd. 10·1, S. 326f.) Die
Stimme der ↑Natur ist beschädigt; ↑Zwitschern beispielsweise
drückt nicht Vergnügen aus, sondern ↑Angst. Auch Menschen
pfeifen nicht einfach nur fröhlich vor sich hin, sie versuchen eine
alte Angst zu vertreiben oder diese, wo sie sich nicht vertreiben
lässt, beschwörend zu besänftigen. So mag Kunst entstanden
sein: als Versuch, eine Angst zu überwinden, die man nicht überwinden kann (↑Gänsehaut). In dieser Funktion geht das Pfeifen
in die ↑Massenkultur ein, und auch »Kinomusik hat den Gestus
des Kindes, das im Dunkeln vor sich hinsingt« (GS Bd. 15, S. 75).
Einer der ersten Filme im ↑Kino, in dem der Ton nicht nur als
Musik wichtig war, ist Fritz Langs ›M – eine Stadt sucht ihren
Mörder‹, wo sich ebendieser Mörder durch ein unheimliches,
fast dissonantes Pfeifen zu erkennen gibt. Einen »unangenehm
pfeifenden Laut, wie ihn altmodische Dampfmaschinen ausstie-
ßen« (GS Bd. 13, S. 152), hörte Adorno am Anfang von ↑Mahlers
erster Sinfonie. Unangenehm war Adorno offenbar auch das
Pfeifen in der Öffentlichkeit: »Der Mann, der in der Untergrundbahn das Thema des Finales der ›Ersten‹ von Brahms laut trium-
phierend pfeift, hat es bereits nur mehr mit deren Trümmern zu
tun.« (GS Bd. 14, S. 27)

Philosophie »Die Gedanken kommen nicht angeflogen, sondern kristallisieren sich, auch wenn sie plötzlich hervortreten, in
langwährenden unterirdischen Prozessen.« (PS, S. 97)
Adornos Philosophie schließt an das ↑hegelsche ↑System an,
allerdings als Antisystem. Als ↑kritische Theorie sperrt sie sich
zum einen jeder Programmatik und bleibt zum anderen Fragment. Ging es Philosophie als prima philosophia vormals um
Seiendes, Ewiges und Unvergängliches, um die Ursachen und
Prinzipien der Einheit der Welt, so ist spätestens mit der Erfah-

rung der ↑Katastrophe im zwanzigsten Jahrhundert eine Philosophie gefordert, die von einer negativen ↑Metaphysik bestimmt ist: Der Welt kommt nicht ein Sinn an sich zu; es gibt keine positive Logik, die ihr zu Grunde liegt; es gibt mithin nichts, worauf Philosophie sich unmittelbar beziehen könnte: »Nicht die Erste Philosophie ist an der Zeit sondern eine letzte.« (GS Bd. 5, S. 47) Wenn Philosophie »ihre Zeit in Gedanken erfaßt« (Hegel 1970, Bd. 7, S. 26), dann ist »Liebe zur Weisheit«, wie Hegel in der ›Phänomenologie des Geistes‹ forderte, in Wissenschaft aufzuheben. ↑Marx hat diesen Schritt der Aufhebung in seiner ↑Dialektik konsequent materialistisch gedacht: als praktische Aufhebung der Philosophie in Geschichte: Man kann die Philosophie nicht aufheben, ohne sie zu verwirklichen. Doch die Verwirklichung der Philosophie blieb aus, der ↑reale Humanismus wendete sich in ↑Barbarei. »Philosophie, die einmal überholt schien, erhält sich am Leben, weil der Augenblick ihrer Verwirklichung versäumt ward« (GS Bd. 6, S. 15), beginnt Adorno seine ↑›Negative Dialektik‹.

Zugleich ist Philosophie aber auch nicht ein letztes Reservat; sie hat ihren Ort nicht im ↑Elfenbeinturm, sondern ist selbst von der ↑Logik des Zerfalls bestimmt: »Die Freiheit der Philosophie ist nichts anderes als das Vermögen, ihrer Unfreiheit zum Laut zu verhelfen.« (GS Bd. 6, S. 29) Die »letzte Philosophie« muss folglich eine negative sein, die immer wieder auf ihre Unmöglichkeit verweist: Wenn der ↑Begriff das Medium der Philosophie ist, Sprache aber beschädigt wurde und das Grauen der Vernichtung ohnehin durch Sprache nicht zu fassen ist – wie lässt sich dann nach ↑Auschwitz überhaupt noch Philosophie betreiben? In der berühmten elften Feuerbach-These hatte Marx die Forderung aufgestellt, die Welt nicht nur zu interpretieren, sondern sie auch zu verändern. Doch wie sollen Veränderungen zustande kommen, wenn die beschädigte Sprache nicht einmal mehr das Interpretieren zulässt? Adorno griff das Problem bereits Anfang der dreißiger Jahre in ›Aktualität der Philosophie‹ auf: »Wenn Marx den Philosophen vorwarf, sie hätten die Welt nur verschieden interpretiert, und ihnen entgegenhielt, es käme darauf an, sie zu verändern, so ist der Satz nicht bloß aus der politischen Praxis, sondern ebensowohl aus der philosophischen Theorie legitimiert.« (GS Bd. 1, S. 338)

»Konkrete Philosophie« bedeutet für die kritische Theorie Praxis des Denkens: Diese Praxis wird in der Theorie konkret, etwa in der schon bei Hegel sprichwörtlichen Arbeit am ↑Begriff. Solche Arbeit kann heute allerdings den Begriff nur in seiner Auflösung bewahren: »Ist das Zeitalter der Interpretation der Welt vorüber und gilt es sie zu verändern, dann nimmt Philosophie Abschied, und im Abschied halten die Begriffe inne und werden zu [↑] Bildern.« (GS Bd. 5, S. 47) In solchen Begriffsbildern nähert sich die Philosophie der Kunst an. In diesem Sinne lässt sich, was Adorno mit Philosophie meint, unter Verweis auf die ↑Zwölftonmusik als »atonale Philosophie« (Jay 1994, S. 56 ff.) bezeichnen.

Kritische Philosophie ist eine philosophische Haltung, die Freiheit und Spontaneität des Denkens zu bewahren versucht – gegen jede Instrumentalisierung der Theorie oder ihre positivistische Reduktion (↑Positivismusstreit, ↑Wittgenstein), gegen die Ontologie der Eigentlichkeit und Unmittelbarkeit (↑»Ontologie des falschen Zustands«, ↑Heidegger). Schon zu Beginn der dreißiger Jahre sah sich Adorno »dem Problem einer Liquidation der Philosophie selber gegenüber« (GS Bd. 1, S. 331). Heute – darauf hat Fredric Jameson hingewiesen – droht die Liquidation der kritischen Philosophie durch die Postmoderne und die rigiden Varianten der Systemtheorie, weil solche Theorieströmungen nicht selten mit radikaler Geste für sich in Anspruch nehmen, die eigentlichen Erben des kritischen Denkens zu sein, ohne dieses auch tatsächlich am gewissermaßen ebenfalls – historisch gesehen – radikalisierten Gegenstand zu praktizieren.

Kritische Philosophie steht als solche quer zum offiziellen ↑Betrieb, ohne sich aber auf einen ↑Aktionismus einzulassen, wie er für diesen kennzeichnend ist. Gerade die Notwendigkeit einer verändernden ↑Praxis führt Philosophie auf die Theorie zurück, schließlich auf ihre ↑immanente Kritik. Insofern ist »die Aufgabe der Philosophie [...] das ganze Gegenteil dessen, was in dem berühmten Spruch von Wittgenstein postuliert ist [...]: ›Wovon man nicht sprechen kann, darüber muß man schweigen.‹« (PT Bd. 2, S. 183; ↑Elfenbeinturm, ↑Theorie und Praxis, ↑Zum Ende)

Zusatz: »Jedes Kunstwerk bedarf, um ganz erfahren werden zu können, des Gedankens und damit der Philosophie, die nichts anderes ist als der Gedanke, der sich nicht abbremsen läßt.« (GS

Bd. 7, S. 391) Zu überprüfen wäre, ob nicht auch die ↑Kunst der ↑Popkultur die Philosophie benötigt – und umgekehrt. Für die kritische Theorie gibt es jedenfalls einiges zu entdecken: »Ich muss reden, auch wenn ich schweigen muss«, singt beispielsweise die Band Tocotronic.

Polizeieinsatz 31. Januar 1969; in ↑Deutschland herrscht ↑Kälte, aber es liegt kein Schnee. Die Studenten protestieren gegen die bestehende Ordnung, gegen den Vietnamkrieg, gegen die Studienbedingungen, für eine emanzipatorische Umgestaltung der Gesellschaft. An der Frankfurter Universität soll ein Strategieplenum stattfinden, auf dem die Studenten überdenken wollen, wie sie weiter vorgehen. Am Abend zuvor hatte es vor dem Frankfurter Schauspielhaus Auseinandersetzungen mit der Polizei gegeben, als die Limousine von Altkanzler Ludwig Erhard angegriffen worden war. Das Soziologische Seminar ist verschlossen, im Haus haben sich Polizeikräfte verschanzt. Die Studenten ziehen weiter zum ↑Institut für Sozialforschung, sie wollen in den Seminarraum im ersten Stock. Ludwig von Friedeburg, Rudolf Gunzert und Theodor W. Adorno versperren den jungen Leuten, unter denen sich auch der Adorno-Schüler Hans-Jürgen Krahl befindet, den Weg. Nachdem die Studenten das Haus nicht auf Aufforderung verlassen – von Friedeburg: »Was wollen Sie?« Krahl: »Das geht Sie gar nichts an!« –, erstatten von Friedeburg und Adorno gegen die Eindringlinge Anzeige wegen Hausfriedensbruchs und beschließen, die Polizei zu holen. Sechsundsiebzig Studierende werden nach ungefähr zwei Stunden aus dem Gebäude eskortiert, sie leisten keinen Widerstand. Krahl zu Adorno: »Scheißkritische Theoretiker!« – Doktorand Krahl bleibt bis zum 6. Februar 1969 in Untersuchungshaft. Am 14. Februar schreibt Adorno an ↑Herbert Marcuse: »Hier ging es wieder gräßlich zu. Eine SDS-Gruppe [SDS: Sozialistischer Deutscher Studentenbund; R. B.] unter Krahl hatte einen Raum des Instituts besetzt und sich trotz dreimaliger Aufforderung nicht entfernt. Wir mußten die Polizei rufen, welche die im Raum Angetroffenen verhaftete; die Situation ist an sich scheußlich, aber Friedeburg, Habermas und ich waren bei dem Akt dabei und konnten darüber wachen, daß keine physische Gewalt angewendet wurde.« (Zit. nach Kraushaar 1998, S. 405) Adorno korrespondierte in dieser Zeit mit Marcuse über die Möglichkeit eines Deutschlandbesuchs des in Kalifornien lehrenden kritischen Theoretikers. 1999, dreißig Jahre danach, inszenierte Jan Philipp Reemtsma im Stil beckettscher Dramatik eine Collage aus Texten des Briefwechsels in der Kantine des Hamburger Schauspielhauses. Sie wurde am 5. Oktober uraufgeführt. Der Titel: ›Versuch, ein Endspiel verstehen‹. Die Personen: Hans-Jürgen Krahl, Theodor W. Adorno, Herbert Marcuse, Samuel Beckett. Hans-Jürgen Krahl hatte in der Nacht vom 14. zum 15. Februar 1970 auf eisglatter Straße einen Autounfall (↑ICE Theodor W. Adorno, ↑Tod), er erlag seinen Verletzungen. Der Siebenundzwanzigjährige zählte zu den begabtesten Schülern Adornos, sein Engagement galt der Diskussion des Verhältnisses von ↑Theorie und Praxis.

Pollock, Friedrich (1894–1970) Der Freund und Kollege von Adorno und ↑Horkheimer vertrat von 1928 bis 1930 Carl Grünberg als Direktor des ↑Instituts für Sozialforschung, von 1933 bis 1949 war er geschäftsführender Direktor des Institute for Social Research in New York. Die ↑›Dialektik der Aufklärung‹ ist Pollock zum fünfzigsten Geburtstag zugeeignet, zum sechzigsten widmete ihm Adorno den ↑›Jargon der Eigentlichkeit‹.
In welchem Verhältnis standen Wirtschaft und Staat im ↑Nationalsozialismus zueinander? Wurde mit politischen Zwangsmaßnahmen versucht, eine soziale und ökonomische Krise zu stabilisieren, oder bemühte man sich, zumindest den Anschein einer stabilen Ordnung zu erwecken? Oder waren die wirtschaftlichen Kräfte vollständig der Politik überantwortet? Beherrschten die Monopole konkurrenzlos die Gesellschaft, oder wütete unter der Oberfläche des gesellschaftlichen Alltags die kapitalistische Krisendynamik im fortgeschrittenen Stadium? Die Beantwortung dieser Fragen war für die ›Dialektik der Aufklärung‹ insbesondere hinsichtlich der Thesen von einer ↑verwalteten Welt und von einem universellen ↑Verblendungszusammenhang von entscheidender Bedeutung: Für Adorno und Horkheimer war der Nationalsozialismus Ausdruck gesellschaftlicher ↑Totalität; es schien, als könnten Widersprüche und Krisen ihm nichts anhaben. Auch wenn der Nationalsozialismus

diese Stabilität nur mit äußerster Gewalt durchsetzte und aufrechterhielt, stellten Adorno und Horkheimer im Hinblick auf die Totalität der Verhältnisse bei der Sowjetunion und den Massendemokrationen strukturelle Ähnlichkeiten fest.

Die Totalität der Systeme verweist im Wesentlichen auf die Ökonomie. Totalität meint den wirtschaftlichen Gesamtprozess. Adornos und Horkheimers Theorie der ↑Kulturindustrie liegt die Annahme zugrunde, dass die gegenwärtigen Gesellschaftssysteme, wie der Nationalökonom Pollock ausgeführt hat, auf der Herrschaft des Monopolkapitals basieren: Das Massenpublikum unterliegt starken ökonomischen Zwängen, die demokratisch, totalitär und faschistisch oder staatskapitalistisch verwaltet sein können.

Die »Kulturmonopole« sind abhängig von den »mächtigsten Sektoren der Industrie, Stahl, Petroleum, Elektrizität, Chemie. [...] Die Abhängigkeit der mächtigsten Sendegesellschaft von der Elektroindustrie, oder die des Films von den Banken, charakterisiert die ganze Sphäre, deren einzelne Branchen wiederum untereinander ökonomisch verfilzt sind. [...] Die rücksichtslose Einheit der Kulturindustrie bezeugt die heraufziehende der Politik.« (GS Bd. 3, S. 143 f.).

Die Übernahme der pollockschen Analysen erweist sich heute als für die ›Dialektik der Aufklärung‹, insbesondere die Kulturindustriethese, nicht unproblematisch (vgl. Johannes 1995). Innerhalb des Instituts für Sozialforschung wurde die ökonomische Theorie Pollocks ohnehin kontrovers diskutiert. So vertraten etwa Franz Neumann und ↑Herbert Marcuse die Ansicht, dass die Verhältnisse keineswegs derart stabil seien, sondern sich die Widersprüche vielmehr zu gefährlichen Krisen verdichtet hätten. Für Neumann und Marcuse zeigte sich der Kapitalismus auch unter faschistischer Herrschaft als extrem krisenanfälliges und widersprüchliches System, das zudem – ebenso wie andere Systeme – durch kaum kontrollierbare Störungen wie beispielsweise Alltagskriminalität, abweichendes Verhalten, aber auch Streiks und Widerstand gegen staatliche oder ökonomische Kontrolle (wilde Streiks, Arbeitsverweigerung, Sabotage) gefährdet ist. Pollock, Horkheimer und Adorno haben dem mit der These von der totalitären Einheit von Gesellschaft, Staat und Wirtschaft widersprochen.

Zusatz: »Es ist interessant zu beobachten, wie sich unsere Mitarbeiter verhalten«, beschwert sich Pollock 1941 in einem Brief an Horkheimer. Adorno habe »nur ein Interesse: möglichst rasch Kleinrentier in Californien zu werden, und was aus den anderen wird, ist ihm völlig gleichgültig« (zit. nach Wiggershaus 1988, S. 296).

Popkultur Was heute als »Popkultur« bezeichnet wird, umfasst die Entwicklung kultureller und sozialer Phänomene, von denen Adorno immerhin die ersten Anfänge in den fünfziger und sechziger Jahren hätte mitbekommen können, wenn er sich etwas genauer mit den ↑Beatles und anderen Musikgruppen beschäftigt hätte. Gleichwohl sind die Strukturen der Popkultur Folgen und Fortläufe der ↑Ideologie und der Mechanismen jener ↑Massenkultur, die von Adorno und ↑Horkheimer in den vierziger Jahren mit Blick auf die Filmindustrie in Hollywood als ↑Kulturindustrie beschrieben wurde.
So findet sich bei Adorno zwar keine Analyse der Popkultur, aber sehr wohl eine kritische Analyse von Phänomenen, aus denen sich dann die Popkultur entwickelt hat. Adornos kritische Theorie der Kulturindustrie und seine musiktheoretischen Untersuchungen, in deren Rahmen er sich schon früh mit dem Phänomen der ↑Communication Industry beschäftigte, haben in den Jahrzehnten nach Adornos ↑Tod die Diskussionen über die Popkultur stark beeinflusst. Die Rolle, die Adorno heute für eine kritische Theorie der Popkultur spielt, ist so ambivalent, wie eine ↑kritische Theorie der Popkultur notwendigerweise auch selbst sein muss. Die Popkultur tut sich schwer mit ihrer eigenen theoretischen Kritik und Analyse; die künstlerischen wie ökonomischen Wortführer der Popkultur wittern darin den Versuch intellektueller Vereinnahmung, den akademischen Ausverkauf: Durch die Theoretisierung der Popkultur werde dieser, so fürchten sie, ihre ungebändigte rebellische Energie genommen, Ähnliches drohe bei einer allzu rigiden Vermarktung durch die Industrie. Ohnehin unbeliebt ist eine kritische Theorie, die mit Adorno herausstellt, dass Subversion und symbolische Gesten des Widerstands gewissermaßen zum Beruf der Angestellten der Kulturindustrie gehören und von dieser selbst lanciert werden. Vertreter der ↑Cultural Studies haben dementgegen versucht,

Popkultur als politische wie künstlerische ↑Praxis zu begreifen, die jenseits der Hochkultur den Menschen eine Möglichkeit bietet, individuelle soziale wie ästhetische Bedürfnisse durchaus in widerständiger und subversiver Weise zu artikulieren. Die von den Cultural Studies inspirierten Theorieströmungen, die sich in den letzten zwanzig Jahren zum so genannten Popdiskurs entwickelten (mit einem eigenen Markt von Popmagazinen und -büchern sowie den dazugehörigen Diskussionszirkeln), dienten schließlich vor allem der gesellschaftlichen Aufwertung der verschiedenen Berufe, die sich mittlerweile in der »Popkulturindustrie« (Behrens 1996) herausgebildet hatten. Die kryptische Terminologie der neueren ↑französischen Philosophie wurde als ↑Jargon der Eigentlichkeit benutzt, um – insbesondere im Popjournalismus – der Sehnsucht nach Innerlichkeit, Befindlichkeit und Unmittelbarkeit Ausdruck zu geben. Begriffe wie Dispositiv, Performativität, Rhizom, Diskurs, Poststrukturalismus der Dekonstruktion wurden zu gewichtigen, aber zugleich bedeutungsleeren Phrasen verkürzt; die für jede – und zumal eine kritische – theoretische Analyse notwendige Distanz schlug um in einen »Positivismus des Dabei-Seins« (Behrens 1998, S. 48ff.). Dennoch haben sich vereinzelt durchaus Ansätze einer kritischen Theorie der Popkultur entwickeln können, so etwa im Umfeld des seit 1995 halbjährlich erscheinenden Magazins ›testcard‹, über das die Presse treffend urteilt: »The new knights of pop-discourse seem to be the makers of testcard. Pop is POP, history is hip, footnotes are [↑] cool, Adorno is fun.« (International Association for the Study of Popular Music)
Erste Versuche, Adornos kritische Theorie auf die Popkultur anzuwenden, hat es bereits in den siebziger Jahren gegeben. Immerhin endet das Kapitel über Kulturindustrie in der ↑›Dialektik der Aufklärung‹ mit dem Wort ↑Fortzusetzen. Die Verbindung der Poptheorie mit einer kritischen Theorie der Massenkultur liegt durchaus nahe. Bei den entsprechenden Untersuchungen, etwa den Analysen des Jugendforschers Dieter Baacke oder denen des ↑Bloch-Schülers Tibor Kneif, konzentrierte man sich ähnlich wie die Cultural Studies bei den frühen Forschungen zur Subkultur auf das autonome, stilbildende, selbstmächtige Verhalten der (jugendlichen) Popkonsumenten. Die Musik hatte sich längst über Rock 'n' Roll und Beat hinaus-

entwickelt, hatte das Prinzip »Pop« aus der Pop-Art (Andy Warhol, Robert Rauschenberg und andere) übernommen. Für Untersuchungen mit Hilfe von Adornos kritischer Theorie interessant erschien vor allem die avancierte Rockmusik, der so genannte Kunstrock, der mit einem hohen materialästhetischen Anspruch auftrat und sich in der Nachfolge der bürgerlichen Musikavantgarde sah (Frank Zappa, Gentle Giant, Soft Machine). Beachtung fand zum Beispiel Adornos so genannte »Hörertypologie« aus der ›Einleitung in die Musiksoziologie‹. Der Popkonsument wies offenbar Gemeinsamkeiten mit dem von Adorno beschriebenen Jazzfan ebenso wie mit dem Experten-Hörer auf: Der Jazzfan sei »dem Ressentiment-Hörer verwandt im Habitus der ›rezipierten Häresie‹, des gesellschaftlich aufgefangenen und harmlos gewordenen Protests gegen die offizielle Kultur, dem Bedürfnis nach musikalischer Spontaneität, die dem vorgezeichnet Immergleichen sich entgegensetzt, und im sektenhaften Charakter« (GS Bd. 14, S. 191). Der Experten-Hörer wäre »durch gänzlich adäquates Hören zu definieren. Er wäre der voll bewußte Hörer, dem tendenziell nichts entgeht und der zugleich in jedem Augenblick über das Gehörte Rechenschaft sich ablegt.« (GS Bd. 14, S. 181 f.) Passend dazu hat Tibor Kneif Adornos »Typen musikalischen Verhaltens« um den »Rockkenner« erweitert, »der die beabsichtigten Reizwirkungen der Musik heraushört, sie mit bestimmten elektroakustischen Ereignissen in Verbindung setzt und zugleich den Stellenwert des Gehörten in der technologischen wie auch rockgeschichtlichen Entwicklung zu benennen weiß. Der Ästhetik der Rockmusik angemessen verhält sich der Kenner dadurch, daß er vor allem auf die Eigenschaften isolierter Klänge achtet und dabei mühelos heraushört, daß bestimmte Soundmerkmale mit einem Verzerrer, einem Wah-Wah-Pedal und einem Hallgerät, andere Merkmale mit einem Phase Shifter, einem weißen Rauschen oder einer Random-Notes-Einheit auf dem Synthesizer hergestellt wurden.« (Kneif 1982, S. 26) – In einem von Wolfgang Sandner herausgegebenen Sammelband wurden ausgehend von Adornos kritischer Theorie ›Aspekte zur Geschichte, Ästhetik, Produktion‹ untersucht (Sandner 1977). Unter dem Titel ›Popularmusik als somatisches Stimulans‹ revidierte Sandner Adornos Kategorie der »leichten Musik« (Sandner 1979): Seither wurde versucht, den Verdacht, dass Adorno die Bedeutung des Körperlichen bei der Erfahrung von populärer Musik übersehen hätte, gegen Adorno stark zu machen: Adorno hätte keinen Sinn für das Erotische einer Körperästhetik gehabt, hätte nicht getanzt und sei eher genussfeindlich eingestellt gewesen (Shusterman 1994; Klein 1999).

Popmusik kann heute in einen so genannten Mainstream und verschiedene (auch verschieden ernst zu nehmende) Pop-Avantgarden unterschieden werden. Neben den Formaten des profitablen Mainstream-Pop versuchten und versuchen zahlreiche Musiker unterschiedlichster Stilrichtungen einen experimentellen, nicht marktorientierten Pop zu etablieren. Einen großen Einfluss auf diese – oftmals explizit politischen – Strömungen hatte noch in den Siebzigern das Werk ↑Hanns Eislers. Das Schaffen so unterschiedlicher Bands wie Charlie Haden Liberation Orchestra, Henry Cow, Red Krayola, Stormy Six, Ton Sterne Scherben, Einstürzende Neubauten, ↑The Consolidated etc. kann durchaus als Versuch gelten, Kategorien der kritischen (Musik-) Ästhetik Adornos auf die gegenwärtige Musik zu übertragen, um so jenseits des kulturindustriellen Mainstreams eine avancierte Peripherie der Popkultur zu stärken oder sogar mit den Mitteln der Kulturindustrie diese gewissermaßen von innen auszuhöhlen, den Vernältnissen also, nach einer Redewendung von Marx, ihre eigene Melodie vorzuspielen.

Soll heute die kritische Theorie Adornos auf die Popkultur, speziell die Popmusik angewendet werden, so ist der tief greifende Wandel zu berücksichtigen, der sich in ihr in den neunziger Jahren des zwanzigsten Jahrhundert vollzogen hat: Das Populäre, der Mainstream, das Schlagerhafte und die Pop-Avantgarde überlagerten sich. Mit der Club-Culture und der Disko-Bewegung hat sich, auch durch die verbesserte Technik – etwa Mikroelektronik, Synthesizer und Compactdisc –, ein ›Mainstream der Minderheiten‹ (Holert und Terkessidis 1996) herausgebildet: »Pop« wurde zum allgemeinen kulturellen Paradigma, gleichzeitig spaltete sich die Masse in kleine, spezialisierte Konsumentengruppen, auf die sich der einzelne Konsument allerdings nicht festlegt wie ehedem in den Subkulturen der Skinheads, Mods, Punks, Teds etc., sondern an denen er je nach augenblicklichem Interesse teilhat. Die gegenwärtige Ausdifferenzierung von Popkultur, die ohne klare Stilgrenzen auskommt, ermöglicht es dem Popkonsumenten, aus einem weiten Feld zwischen Techno und seinen Varianten, Drum-'n'-Bass, Postrock, Grindcore, Hardcore, Alternative, HipHop, Bastard Pop, Easy Listening, Dub oder NuJazz ständig neue Identifikationsangebote zu wählen. Heute gilt: Pop ist bunt, Pop macht Spaß. Das scheinen auch diejenigen verstanden zu haben, die sich in ihrer Beschäftigung mit Popkultur gelegentlich auf die kritische Theorie Adornos beziehen. Hier gilt es allerdings, noch einmal an den Ausgangspunkt einer kritischen Theorie zu erinnern: Alle Kultur nach ↑Auschwitz ist, so Adorno, ↑Müll. Insofern sind Rechtfertigungen der Partystimmung, wie sie in der Popkultur allenthalben anzutreffen ist, zynisch, wenn sie nicht auch das reflektieren, was durch Pop verdeckt wird: Kulturindustrie ist keine Verschwörung gefährlicher Agenten, und das Schlimme an den Kulturwaren ist nicht der mit ihnen verbundene Kommerz, sondern Kulturindustrie ist mittlerweile der zentrale ökonomische Sektor der gegenwärtigen Gesellschaft. Auch die Funktion der Popkultur ist wie die der Kulturindustrie eine ideologische: Sie kaschiert, dass es nach wie vor gravierende soziale Probleme, Elend, Leid und Hunger auf der Welt gibt und nicht alles so bunt ist, wie es im Pop erscheinen mag. Das ist für eine kritische Theorie der Popkultur zu berücksichtigen: Sie darf die Kritik der Gesellschaft nicht auf den Pop beschränken und schon gar nicht durch eine kulturalistische Überhöhung und Ästhetisierung des Pop unterschlagen. Popkultur ist nicht die – endlich gefundene – Nische, die es gegen kommerzielle Vereinnahmungen zu verteidigen gilt, sondern selbst ein dialektisches Moment des ↑Abgebrochenseins von Kunst, Ausdruck der gesellschaftlichen Krise und ihrer zerstörerischen Tendenzen. In der ›Ästhetischen Theorie‹ schreibt Adorno: »Die neuerdings bezogene Position von Unbildung aus Bildung, der Enthusiasmus für die Schönheit der Straßenschlachten ist eine Reprise futuristischer und dadaistischer Aktionen. Schlechter Ästhetizismus kurzatmiger Politik ist komplementär zum Erschlaffen ästhetischer Kraft. Mit der Empfehlung von Jazz und Rock and Roll anstelle von Beethoven wird nicht die affirmative Lüge der Kultur demontiert sondern der [↑] Barbarei und dem Profitinteresse der Kulturindustrie ein Vorwand geliefert.« (GS Bd. 7, S. 473)

Die Ambivalenz der Versuche, Adornos kritische Theorie auf Popkultur und Popmusik anzuwenden, führt zu Fragen wie: Bezeichnet »Pop« eine bestimmte Stilrichtung der populären Musik, ein Genre, das zum Beispiel von Rockmusik oder HipHop unterschieden werden muss? Ist »Pop« eine besondere kulturelle Formation, die mittlerweile das gesamte soziale Leben bestimmt? Oder ist »Pop« nur eine Mode, die ständig wiederkehrt? Und ist Adorno nicht in gewisser Hinsicht heute auch ein Popphänomen?

Pornografie »Keine nackte griechische Plastik war ein pin-up.« (GS Bd. 7, S. 28) Heute wird jedes sichtbare Stück Haut als sinnliches Abenteuer propagiert. Wer die ewigen Anspielungen auf den scheinbar immer währenden, doch in Wirklichkeit nie stattfindenden Geschlechtsverkehr nicht haben möchte, gilt als verklemmter ↑Spießer. Die ↑Kulturindustrie ist pornografisch. Selbst wenn die Körper angezogen bleiben und in der Werbung mit ihrer Hilfe lediglich Kaffee, Autos oder Tütensuppen verkauft werden sollen, geschieht dies mittels eines sexuellen Angebots, mit der Aufdringlichkeit von Pornographie. Der ↑Fetischismus der Ware und der Sexualfetisch fallen zusammen, und ebenso wenig wie der Warenfetisch sein Versprechen auf Befriedigung einlöst, wird die erotische Offerte erfüllt. »Kulturindustrie sublimiert nicht, sondern unterdrückt. [...] Keine erotische Situation, die nicht mit Anspielung und Aufreizung den bestimmten Hinweis vereinigte, daß es nie und nimmer so weit kommen darf [...]. Kunstwerke sind asketisch und schamlos, Kulturindustrie ist pornografisch und prüde.« (GS Bd. 3, S. 162) Kulturindustrie befreit die ↑Sexualität, indem alles als sexuell angepriesen wird. »Psychoanalytiker hätten es nicht schwer nachzuweisen, daß in dem gesamten monopolistisch kontrollierten und standardisierten Sexualbetrieb, mit den Schnittmustern der Filmstars, Vor- und Ersatzlust die Lust überflügelt haben.« (GS Bd. 10·2, S. 535)

Positivismusstreit Während des Soziologentags 1961 in Tübingen kam es zwischen Adorno und Karl Popper, dem wichtigsten Theoretiker des kritischen Rationalismus, zum Disput über die Frage, wie und mit welcher Methode heute sozialwissenschaftliche Forschung betrieben werden müsse. Daraus entwickelte sich dann in der deutschen Soziologie der so genannte Positivismusstreit. Daran beteiligt waren unter anderen Jürgen Habermas und Hans Albert. In dem Disput ging es um theoretische und methodische Fragen einer aktuellen Gesellschaftstheorie, insbesondere um die Möglichkeit und Begründbarkeit einer ↑kritischen Theorie, die versucht, Gesellschaft in ihrer ↑Totalität und ↑Dialektik zu begreifen: Auch wenn die moderne Gesellschaft eine freie Forschung ermögliche, sei die Welt, so wie sie ist, eben nicht die beste aller möglichen: Selbst in einer demokratischen Gesellschaftsordnung sei sie von tief greifenden Widersprüchen gekennzeichnet, die auf die Ausgangsbedingungen und Methoden der Sozialforschung zurückwirken. Während die positivistische Sozialforschung, so Adornos Kritik an der Position Poppers, letztendlich Widersprüche als innertheoretische Probleme ansieht und logisch auszuschließen trachtet, reflektiert eine kritische Theorie auch ihre widersprüchlichen Grundlagen. Der dialektischen Gesellschaftstheorie, die in letzter Konsequenz ihre Ziele allein negativ zu bestimmen und die emanzipierte Gesellschaft nur als ↑Utopie zu entwerfen vermag und zudem als kritische Theorie eindeutig und bewusst Partei ergreift, setzten Popper und seine Anhänger die Verpflichtung auf wissenschaftliche Objektivität und Wertfreiheit entgegen.

Postmoderne Kaum ein Begriff hat in der Philosophie des zwanzigsten Jahrhunderts für größere Verwirrung gesorgt: Von einem Augenblick auf den anderen war alles postmodern; selbst die Moderne hatte sich überholt; es hieß, wir lebten nach der Moderne. Alles, was sich in die schillernden Raster der Postmoderne einfügen ließ, konnte abgehakt und als erledigt, bewältigt zu den Akten gelegt werden. Alle Theorien galten plötzlich als postmodern und die explizit postmodernen als eigentlich modern. Und ebenso plötzlich war alles wieder vorbei und die Postmoderne nur noch ein verblichenes Etikett, von dem insbesondere diejenigen, die es vor kurzem noch überall angeheftet hatten, nun immer schon gewusst haben wollten, dass es nichts besagt. Man war wieder in der Moderne angekommen, allerdings sollte diese nur eine ›zweite Moderne‹ sein – gleich einer

zweiten Chance, bei der man durch die bereits erlebte ›postmoderne Episode‹ weiß, was droht, wenn auch diese Chance vertan wird.
Eine merkwürdige Mode, die irgendwann in der Architektur entstanden war, um dann in den achtziger Jahren in der Philosophie und Gesellschaftstheorie ›chic‹ zu werden: Gemeint war mit »Postmoderne« erst einmal nicht mehr als ebendie Zeit nach der Moderne. Bezogen wurde der Begriff dabei nicht nur auf kulturelle Phänomene (eben Architektur, wo etwa dem Funktionalismus überschäumende Ornamentik und Verspieltheit postmodern entgegengesetzt wurden), sondern auf Kultur selbst. Unterschieden werden muss, ob »Postmoderne« nun als a) Bezeichnung für eine bestimmte Epoche oder b) Bezeichnung für die Theorie, die sich mit bestimmten epochalen Veränderungen beschäftigt, verwendet wird. Unterschieden werden muss ferner, ob »Postmoderne« a) einen Bruch mit der Moderne oder b) eine Fortsetzung der Moderne bezeichnet und ob dies als Krise der Moderne oder als eine befreiende Lösung der Krise der Moderne zu deuten ist. Generell ist die postmoderne Philosophie durch drei große theoretische Konzepte gekennzeichnet: Erstens bedeutet postmoderne Philosophie allgemein eine Pluralisierung der singulären Schlüsselkonzepte der Moderne: statt einer Wahrheit, einer Rationalität, einer Ästhetik etc. nun viele Wahrheiten, Rationalitäten, Ästhetiken etc. Zweitens meint postmoderne Philosophie die Behauptung der Auflösung moderner Sicherheiten: Wirklichkeit sei bloß noch mediale Simulation und virtuelle Realität (Jean Baudrillard) oder habe sich bis zur Verflüchtigung beschleunigt (Paul Virilio). Drittens versteht sich postmoderne Philosophie als ein Philosophieren nach der Moderne, also nach dem Ende der »Großen Erzählungen« (i. e. Kommunismus, Demokratie, Kapitalismus), nach dem Tod des Subjekts, als ein Philosophieren im Zeichen des totalen Sinnverlustes und der Auflösung der Bedeutung bis zu deren Beliebigkeit (Jean-François Lyotard, Paul Feyerabend und andere).
Kritiker der Postmoderne deuten diese als Krisenphänomen (Gérard Raulet) und spezifischen Ausdruck der ›Logik der Kultur im Spätkapitalismus‹ (Fredric Jameson); sie sehen in der kritischen Theorie Adornos, etwa in der These von der ↑›Dialektik der Aufklärung‹, eine antizipierende Diagnose der als postmo-

dern bezeichneten Zeit (vgl. die Beiträge von Huyssen, Jameson, Raulet in: Huyssen; Scherpe 1986).
Vertreter der Postmoderne haben dementgegen versucht, Adorno als postmodernen Denker zu vereinnahmen und insbesondere seine Ästhetik als eine Vorwegnahme postmoderner Kunsttheorie zu lesen.
In seinem Buch ›Zur Dialektik von Moderne und Postmoderne‹ schlägt Albrecht Wellmer vor, Adornos kritische Theorie mit Lyotards postmoderner Philosophie zu vermitteln (Wellmer 1985): als Gegensätze, die sich in ihren Extremen, so Wellmers Idee, berühren würden. Während Lyotard von der Destruktion des Sinns spricht, findet sich bei Adorno eine Überhöhung des Sinns; während Lyotard die Wahrheit pluralisiert, dialektisiert Adorno die Wahrheit als Einheit im Widerspruch etc.
Adorno ist freilich kein postmoderner Philosoph, auch wenn es zwischen der Kritik der Postmoderne und der kritischen Theorie der Gesellschaft bisweilen Berührungspunkte gibt (↑französische Philosophie). Einmal schrieb Adorno etwas, das fast »postmodern« klingt: »Die Moderne ist wirklich unmodern geworden.« (GS Bd. 4, S. 249) Der postmoderne Philosoph Jean-François Lyotard nannte Adorno übrigens »melancholisch«.

Praxis Marx schreibt in seinen ›Thesen über Feuerbach‹ (1845): »Der Hauptmangel alles bisherigen Materialismus [...] ist, daß der Gegenstand, die Wirklichkeit, Sinnlichkeit nur unter der Form des *Objekts oder der Anschauung* gefaßt wird; nicht aber als *sinnlich menschliche Tätigkeit, Praxis*, nicht subjektiv.« (MEW Bd. 3, S. 5) »In der Praxis muß der Mensch die Wahrheit, i. e. Wirklichkeit und Macht, Diesseitigkeit seines Denkens beweisen.« (MEW Bd. 3, S. 5) »Alles gesellschaftliche Leben ist wesentlich *praktisch*. Alle Mysterien, welche die Theorie zum Mystizismus veranlassen, finden ihre rationelle Lösung in der menschlichen Praxis und in dem Begreifen dieser Praxis.« (MEW Bd. 3, S. 7) Auf diesen Entwurf einer materialistischen und konkreten Philosophie der Praxis rekurriert ↑kritische Theorie und versucht, dem Begriff der Praxis schärfere Konturen zu verleihen. Der ambivalente Begriff der Praxis bezeichnet einerseits die Gesamtheit menschlichen und gesellschaftlichen Handelns, andererseits speziell das vergesellschaftende Handeln, die Produktion und die Arbeitsverhältnisse, und schließlich die soziale Praxis als das die bestehende Gesellschaft verändernde Handeln, als revolutionäre Praxis. Insofern ↑Marx vom »sinnlich-praktischen Menschen« ausgeht, orientiert sich eine kritische Theorie an den materiellen Bedingungen gesellschaftlicher Praxis. Bereits bei ↑Hegel ist die Praxis Kriterium der Wahrheit. In der kritischen Theorie geht es um die Dialektik der Praxis, um die Frage, inwiefern gesellschaftliches Handeln in politische Aktivität umschlägt, letztlich also um die Frage emanzipatorischer Veränderung der Gesellschaft.

»Ich bin ein theoretischer Mensch, der das theoretische Denken als außerordentlich nahe an seinen künstlerischen Intentionen empfindet. [...] Mein Denken stand seit jeher in einem sehr indirekten Verhältnis zur Praxis. Es hat vielleicht praktische Wirkungen dadurch gehabt, daß manche Motive in das Bewußtsein übergegangen sind.« (GS 20·1, S. 403) Davon, dass seine Theorie unmittelbar in die Praxis umgesetzt wurde, hielt Adorno gar nichts. Ein schwieriges Verhältnis hatte er insbesondere zu jener Praxis, die von der studentischen Protestbewegung in den Sechzigern gefordert wurde. »Ich habe ein theoretisches Denkmodell aufgestellt. Wie konnte ich ahnen, daß Leute es mit Molotow-Cocktails verwirklichen wollen.« (Zit. nach Kraushaar 1998, S. 405)

Adorno wandte sich gegen blinden ↑Aktionismus: Praxis braucht ↑Theorie, und Theorie ist bereits Praxis. »Die Praxis, die die Theorie entmächtigt, kommt als Element der Zerstörung im Inneren der Theorie, ohne Blick auf mögliche Praxis, zutage. Eigentlich kann man nichts mehr sagen. Die Tat ist die einzige Form, die der Theorie noch bleibt.« (Adorno 1995, S. 7; ↑Polizeieinsatz) Theorie und Praxis sollten im Sinn einer Aufhebung der Praxis in Theorie vermittelt werden: »Die Dialektik von Praxis verlangte auch: Praxis, Produktion um der Produktion willen, universales Deckbild einer falschen, abzuschaffen.« (GS Bd. 6, S. 382)

Profitmotiv Sind die CDs nicht zu teuer? Können sich die jungen Konsumenten ein Konzert der No Angels von ihrem Taschengeld überhaupt leisten? Ist der Kommerz nicht ein Eingriff in das demokratische Recht des Konsumenten, am Kommerz teilzuhaben? Ist der Kommerz das Elend der Kulturindustrie? Oder ist die Kulturindustrie die Kommerzialisierung des Elends? Dass die ↑Kulturindustrie alle Kultur zur Ware macht, kann nicht allein auf den Kommerzialisierungsvorwurf reduziert werden. Man kann nicht einfach kritisieren, dass die Produkte zu teuer sind; wichtig ist, zu reflektieren, dass beispielsweise aus Profitgründen die Musik selbst verändert wird, dass das Profitmotiv Grundlage ihrer Standardisierung und Nivellierung als Ware ist: »Was an der Kultur als Fortschritt auftritt, das unablässig Neue, das sie offeriert, bleibt die Umkleidung eines Immergleichen; überall verhüllt die Abwechslung ein Skelett, an dem so wenig sich änderte wie am Profitmotiv selber, seit es über Kultur die Vorherrschaft gewann.« (GS Bd. 10·1, S. 339) Die neuen Bands, neuen Fernsehserien, neuen Talkshows, neuen Moden sind immer der Abklatsch ihrer selbst, ↑Reklame für das, was sie propagieren: dass es so, wie es ist, richtig ist. »Die gesamte Praxis der Kulturindustrie überträgt das Profitmotiv blank auf die geistigen Gebilde [...]. Neu an der Kulturindustrie ist der unmittelbare und unverhüllte Primat der ihrerseits in ihren typischsten Produkten genau durchgerechneten Wirkung.« (GS Bd. 10·1, S. 338)

Psychoanalyse »Freud hatte recht, wo er unrecht hatte.« (GS Bd. 8, S. 35) – Die Kritik der Politischen Ökonomie von ↑Marx, ↑Hegels Kritik der Geschichte, ↑Kants Erkenntniskritik und die psychoanalytische Theorie Sigmund Freuds (1856–1939) sind für die ↑kritische Theorie grundlegend.
Die von Freud entwickelte Lehre von der Dynamik des Unbewussten wird von der kritischen Theorie soziologisch und philosophisch erweitert: In den Strukturen des Unbewussten manifestieren sich die im »beschädigten Leben« entstehenden ↑Narben; sie sind Wundmale des misslungenen Versuchs, als Individuum zu bestehen.
Die Psychologie des Individuums verrät etwas über die psychische Struktur der Gesellschaft, andererseits manifestieren sich im kollektiven Unbewussten die Beschädigungen des Individuums, sein fortschreitender Niedergang. Aus dem Individuum wird in der ↑verwalteten Welt ein »psychologischer Kleinbetrieb« (GS Bd. 3, S. 229); Kollektive wie die Familien sind – nach Horkheimer – die »psychischen Agenturen der Gesellschaft«:

Die Psychoanalyse offenbart etwas über den »Kitt«, der die Gesellschaft zusammenhält.
Was die Psychoanalyse als individuelle Störungen analysiert, schlägt sich in den Charakterstrukturen der ↑autoritären Persönlichkeit nieder. Auf diese Art hilft die psychoanalytische Theorie beispielsweise, ↑Antisemitismus zu erklären, ohne ihn zu psychologisieren: Die kritische Theorie erkennt darin Grundmuster sozialen Verhaltens wieder. In der ↑›Dialektik der Aufklärung‹ explizieren Adorno und ↑Horkheimer dies anhand der Paranoia, die sich strukturell in antisemitischen, rassistischen Verschwörungstheorien (»jüdisches Finanzkapital«, »Die Juden finanzieren den Kommunismus«, »Die Juden sind selber schuld«) ebenso wiederfindet wie in der ↑Ideologie der ↑Kulturindustrie, also den alltäglichen Vorurteilen und Denkmustern, mit deren Hilfe sich die Menschen ihr Leben zurechtlegen: Lebensberatung, Esoterik, Horoskope etc. (vgl. GS Bd. 3, S. 211 ff.; ↑›The Stars Down to Earth‹)
Freuds Begriff der Kultur als einem Resultat einerseits der Triebregulierung, andererseits der Durchsetzung des Realitätsprinzips und der Freisetzung der Phantasie ist für den dialektischen Kulturbegriff Adornos entscheidend, weil damit der in der ›Dialektik der Aufklärung‹ beschriebene Doppelcharakter der Kultur fassbar wird.

Punk Gitarre, Bass, Schlagzeug, Gesang, vielleicht eine Orgel; einfache, sparsam eingesetzte, aber aggressive und ausdrucksvolle Akkordfolgen; Rock 'n' Roll ohne jede Virtuosität; eine Absage an den Illusionismus und Ästhetizismus des Kunstrock; eine Kampfansage an die Entfremdung zwischen Band und Publikum und das falsche Versprechen einer Authentizität, die nur was den Profit betrifft authentisch ist: Punk als kulturelle ↑Praxis einer zeitgemäßen ↑kritischen Theorie?
Es gab und gibt immer wieder Versuche, bestimmte Moden, Stile, Spielarten der ↑Popkultur und ihrer Musik im Licht kritischer Theorie zu interpretieren. Als sich Ende der siebziger Jahre der Punk als popmusikalische Protestbewegung der Jugend entwickelte und die Sex Pistols sangen: »I don't know what I want but I know I'm against it«, schien es, als hätte Adornos negative Philosophie erstmals seit der ↑Zwölftonmusik wieder ei-

nen ästhetischen Ausdruck gefunden. Punk ist ↑Müll; und mit seiner scheinbar antipolitischen Haltung des »No Future« war Punk, bei gleichzeitiger radikaler Kritik aller Kultur, in der Tat die erste Popkultur, die sich – wenn auch oft unreflektiert und nicht freiwillig – mit Massenkunst nach ↑Auschwitz auseinander setzte. Punk provozierte zum Beispiel mit Hakenkreuzen und Naziuniformen und übersteigerte so den ↑Fetischismus der Markenembleme und Moden. Punkgruppen wie die Sex Pistols gehörten zudem zu den ersten Bands, die – als zynischen Kommentar zur ↑Reklame – ein vollständiges Corporate Design inklusive zahlreicher Fanartikel entwickelten. Greil Marcus hat in ›Lipstick Traces‹ die Traditionslinie nachgezeichnet, die von Mary über Dada, kritische Theorie, Situationistische Internationale und Pariser Mai 68 bis zum Punk führt (Marcus 1990).

R

Racket ↑Max Horkheimer entwickelte die Rackettheorie in den vierziger Jahren. Folgt man ihr, dann ist die Struktur der fortgeschrittenen Industriegesellschaften politisch als ↑totalitär und wirtschaftlich als monopol- beziehungsweise staatskapitalistisch zu charakterisieren. Die gesellschaftlichen Gruppen vertreten nicht mehr die Interessen von Klassen, sondern operieren als mehr oder weniger kriminell organisierte Banden (= Rackets). Die Rackets bedeuten den Niedergang des Individuums: »Die Selbsterhaltung verliert ihr Selbst« (GS Bd. 4, S. 261), aus den Individuen werden »Racketeers« (GS Bd. 3, S. 207). In der ↑›Dialektik der Aufklärung‹ wird diese Theorie aufgegriffen, um den ↑Antisemitismus zu erklären: Er »wird als Ablenkung, billiges Korruptionsmittel, terroristisches Exempel verwendet. Die respektablen Rackets unterhalten ihn, und die irrespektablen üben ihn aus.« (GS Bd. 3, S. 194) Die Ohnmächtigen erledigen willig, was die Mächtigen propagieren.

Radio Zusammen mit seinem Freund und Kollegen ↑Max Horkheimer gehört Adorno zu den – mit Abstand – am häufigsten in Radio und Fernsehen vertretenen Intellektuellen der Nachkriegszeit: Adorno hielt Rundfunkvorträge, nahm an Gesprächsrunden teil, diskutierte im Fernsehen über Fragen der ↑kritischen Theorie. Während seiner musiktheoretischen Rundfunkbeiträge legte Adorno als Hörprobe Schallplatten auf. Durch seine Art, die ↑›Nadelkurven‹ der Schallplatten zu kommentieren, dürfte er zu den ersten kritischen DJs gehört haben. Er bediente sich des Rundfunks, um im Sinne der ›Erziehung zur Mündigkeit‹ (Adorno 1971) mit politisch-philosophischen Beiträgen Aufklärung zu leisten. In diesen Gesprächen, die Hellmut Becker in den sechziger Jahren mit Adorno führte, ging es um die Möglichkeit, das Radio als »Kommunikationsapparat« (Bertolt Brecht) zu nutzen, statt es wie in der ↑Kulturindustrie zum »Volksempfänger« zu funktionalisieren. – In der klassenlosen Gesellschaft sollen dann, so Adornos Wunsch, Radio wie Kino »stillgestellt« werden (GS Bd. 8, S. 394).

Der Rundfunk hatte sich schnell verbreitet; seit 1923 wurde auch in Deutschland gesendet, und die Radioprogramme erreichten bald Millionen Haushalte. Auch deshalb war der Rundfunk, ein Begriff, der damals im Übrigen auch schon die Möglichkeit der Bildübertragung einbegriff, für Adorno von besonderer Wichtigkeit – sowohl für die Kritik der ↑Massenkultur als auch für seine Musiktheorie: Die Radiotechnik bestimmte die Musikverbreitung und damit indirekt auch das Verhalten des Publikums ebenso wie die musikalische Form.

Unter der Leitung und in Zusammenarbeit mit Paul Lazarsfeld führte Adorno zu Beginn der vierziger Jahre empirische Untersuchungen und Erhebungen über den Rundfunk und das Radiopublikum durch. Der aus ↑Wien stammende Sozialforscher Lazarsfeld hatte schon an den ›Studien über Autorität und Familie‹ mitgewirkt; Ende der dreißiger Jahre arbeitete er eng mit dem bereits nach New York emigrierten ↑Institut für Sozialforschung zusammen und stellte Kontakte zum Wissenschaftsbetrieb in ↑Amerika her. Lazarsfeld hatte sich vor allem durch seine Studien zur Lage der Arbeiterschaft im »Roten Wien« einen Namen gemacht (›Jugend und Beruf‹, 1931; ›Die Arbeitslosen von Marienthal‹, ab 1930); mit Forschungsgeldern der Rockefeller-Stiftung sollte nun ein Radio Research Project durchgeführt werden, um etwas über das Hörverhalten des Rundfunkpublikums herauszubekommen. Adorno war für den musikbezogenen Teil der Forschung zuständig. Die Ergebnisse fanden in vielfältiger Weise Eingang in seine Schriften. So geht etwa die Hörertypologie der ›Musiksoziologie‹ auf die damaligen Untersuchungen zurück, und die Kulturindustrie-These basiert in vielen Aspekten auf den empirischen Daten. Auch dem Aufsatz ›On Popular Music‹ (1941) und dem Abschnitt »Über die musikalische Verwendung des Radios« aus ›Der getreue Korrepetitor‹ (1963) liegen diese Forschungsergebnisse zugrunde, die Arbeit ›Elements of a Radio Theory‹ wird innerhalb des Nachlasses erscheinen.

Adorno schwebte eine »dialektische Theorie des Rundfunks«, eine »Sozialtheorie des Rundfunks« vor, die etwa im Bereich der Radiomusik klarzustellen hätte, »daß die technische Beschaffenheit der musikalischen Phänomene des Rundfunks für ihre gesellschaftliche Bedeutung den Schlüssel bildet«, wie es in Thesen, die Adorno 1938 für Lazarsfeld verfasste, heißt (zit. n. Wiggershaus 1988, S. 286). Adornos Studien zum Rundfunk ergänzen seine Argumentation in der Kontroverse mit ↑Walter Benjamin um die Bedeutung und Möglichkeiten des ›Kunstwerks im Zeitalter seiner technischen Reproduzierbarkeit‹. In diesem Aufsatz hatte Benjamin vom Verlust der Aura gesprochen: Der Kunstcharakter tritt bei den neuen Künsten, Film und Radio, in den Hintergrund; die für diese Medien geschaffenen Werke zielen auf Zerstreuung statt auf Kontemplation und kursieren nicht als Originale, sondern sind auf Vervielfältigbarkeit hin angelegt. »Benjamins groß einfacher und fruchtbarer Einsicht dürfte gerecht werden nur, wer sie weitertreibt«, konstatiert Adorno (GS Bd. 15, S. 372) und zielt damit durchaus auch auf die positiven Aspekte der technisch reproduzierbaren Werke, wie beispielsweise der Radiomusik: »Wird Musik, bis sie in den Lautsprecher gelangt und vollends dann in der Hörsituation, verdinglicht, so ist es die verdinglichte zugleich, die eine erkennende Haltung weniger erschwert als die lebendige, auratische Wiedergabe und das Ideal von Musik als einem schlechthin Werdenden. Schon die Möglichkeit, das gleiche Stück auf einer Schallplatte beliebig oft anzuhören, auch bei einigem Geschick Teile herauszugreifen, fördert erkennendes Hören. Die Auf-

lösung der Aura unterm erkennenden Blick ist wiederherstellend zugleich.« (GS Bd. 15, S. 390)
Insgesamt jedoch richtet das Radio die Musik zu, beliefert den Hörer mit standardisierten akustischen Bildern. Lazarsfeld misstraute dieser Beobachtung Adornos und formulierte eine Kritik an Adornos Forschungsmethoden, die bis in die gegenwärtigen Auseinandersetzungen um die Kulturindustrie-These hinein bestimmend blieb: Adorno lasse in seinen Analysen keine logischen Alternativen zu, was den Spielraum bei seinen Untersuchungen verenge und zu einseitigen oder sogar falschen Resultaten führe; Adorno sei nicht informiert über den Stand empirischer Forschung, schreibe darüber aber im autoritären Gestus des ↑Bescheidwissens; seine Kenntnisse über Musik wirkten dadurch unglaubwürdig; Adorno greife andere, vornehmlich das Publikum, als fetischistisch, neurotisch und unpräzise an, verfahre bei seinen Argumentationen aber ebenso (vgl. Wiggershaus 1988, S. 272).

Rätsel, Rätselcharakter Kunstwerke sind Rätsel, bewahren ein Geheimnis, sind Vexierbilder: »Die Werke sprechen wie Feen in Märchen: du willst das Unbedingte, es soll dir werden, doch unkenntlich.« (GS Bd. 7, S. 191) Dass sich der ↑Wahrheitsgehalt der Kunstwerke als Unbedingtes nicht unmittelbar erschließt, ist für die ästhetische Theorie Adornos zentral. Kunstwerke als Rätsel zu interpretieren, die es gewissermaßen zu lösen gilt, ist ein Gedanke, den Adorno von ↑Benjamin übernimmt. Der Rätselcharakter der Kunstwerke weist über die Kunst hinaus; das Geheimnis der Kunst ist mehr als Kunst. Wenn es in der ↑verwalteten Welt noch Sinn gibt, dann ist er in den Kunstwerken eingeschlossen. Was Kunstwerke bedeuten, teilt sich als Orakel mit, und nicht Interpretation, dieses Rätsel zu lösen ist die Aufgabe einer kritischen Theorie der Kunst. – Die Lösung kann dabei keine eindeutige sein, sondern nur ein allegorischer Verweis auf den Rätselcharakter der Kunst, eben darauf, dass Kunst nichts anderes ist als ihr eigenes Rätsel. »Kunst wird zum Rätsel, weil sie erscheint, als hätte sie gelöst, was am Dasein Rätsel ist, während am bloß Seienden das Rätsel vergessen ward durch seine eigene, überwältigende Verhärtung.« (GS Bd. 7, S. 191)

Realer Humanismus Der Begriff des »realen Humanismus«, den ↑Karl Marx und Friedrich Engels in der ›Heiligen Familie‹ verwenden, meint beides: die ↑Utopie des Kommunismus und eine ↑kritische Theorie der herrschenden Zustände.
Auch Adorno spricht gelegentlich vom realen Humanismus; für seinen Schüler Alfred Schmidt ist er deshalb ein ›Philosoph des realen Humanismus‹. Beispielsweise heißt es in Adornos Fragment gebliebener ›Philosophie der Musik‹ über Beethoven, dem Adorno zugestand, dass in seinen Kompositionen etwas von ↑Hegels Philosophie des Weltgeists anklinge: »Vielleicht ist das Nicht-Veralten Beethovens nichts anderes als daß seine Musik noch nicht von der Wirklichkeit eingeholt ist: ›realer Humanismus‹.« (Beethoven, S. 58; ↑Abgebrochensein, ↑Verstummen)

Reklame Adorno und ↑Horkheimer beschließen das Kapitel über Kulturindustrie in der ›Dialektik der Aufklärung‹ mit dem mehrdeutigen Hinweis ↑»Fortzusetzen«. Zu den letzten Thesen des Kapitels gehört die vom möglichen Ende der Kulturindustrie: die These, dass sich die Kulturindustrie in Reklame auflöst: »Kultur ist eine paradoxe Ware. Sie steht so völlig unterm Tauschgesetz, daß sie nicht mehr getauscht wird; sie geht so blind im Gebrauch auf, daß man sie nicht mehr gebrauchen kann. Daher verschmilzt sie mit der Reklame. Je sinnloser diese unterm Monopol scheint, um so allmächtiger wird sie. Die Motive sind ökonomisch genug. Zu gewiß könnte man ohne die ganze Kulturindustrie leben, zuviel Übersättigung und Apathie muß sie unter den Konsumenten erzeugen. Aus sich selbst vermag sie wenig dagegen. Reklame ist ihr Lebenselixier. Da aber ihr Produkt unablässig den Genuß, den es als Ware verheißt, auf die bloße Verheißung reduziert, so fällt es selber schließlich mit der Reklame zusammen, deren es um seiner Ungenießbarkeit willen bedarf.« (GS Bd. 3, S. 185)
Die Produkte der Kulturindustrie machen nur noch Reklame für sich selber, verweisen auf keinen außerhalb von ihnen liegenden Sinn; ihr Zweck ist es zu sagen, dass sie da und deshalb interessant und wichtig sind. Auch die avancierten Künste können sich der Tendenz, zur bloßen Reklame ihrer selbst zu werden, nicht entziehen. So gilt für jedes Konzert, jede Aufnahme und Darbietung: »Das Aufführen von Musik hat an sich etwas Aufschwät-

zendes, Überredendes, Propagandistisches und zeigt sich damit der heute herrschenden Kulturindustrie verschwistert. Übertrieben könnte man sagen, jede Aufführung eines musikalischen Werkes hat etwas von Reklame für dieses.« (Reproduktion, S. 210)

Resignation Am 9. Februar 1969, wenige Tage nach dem ↑Polizeieinsatz im ↑Institut für Sozialforschung, brachte der Sender Freies Berlin einen Vortrag Adornos mit dem Titel ›Resignation‹. Adorno verteidigt darin sein dialektisches Verhältnis zur ↑Praxis und kritisiert den ↑Aktionismus der protestierenden Studenten. Solche Pseudo-Aktionen, aufgeladen mit Ressentiments gegen die Theorie, zeugten davon, dass sich Resignation breit mache – in ↑Theorie und Praxis gleichermaßen. Wer allerdings die Schwierigkeiten der ↑Dialektik der ↑Praxis mitdenke, resigniere nicht, da Denken selbst bedeute, Praxis gegen Resignation zu setzen. »Das ↑Glück, das im Auge des Denkenden aufgeht, ist das Glück der Menschheit [...]. Wer es sich nicht verkümmern läßt, der hat nicht resigniert.« (GS Bd. 10·2, S. 798f.; ↑Hoffnung, ↑Verzweiflung)

Rettung »Wo aber Gefahr ist, wächst / Das Rettende auch«; aus dem Beginn von Hölderlins ›Patmos‹ zitieren Adorno und ↑Horkheimer im ersten Odyssee-Exkurs der ↑›Dialektik der Aufklärung‹ (vgl. GS Bd. 3, S. 65). Die Idee der Rettung wird dort, von ↑Walter Benjamin inspiriert, theologisch in der jüdischen Vorstellung von der Erlösung fundiert; der Idee der Rettung liegen also Messianismus und die ↑Utopie der ↑Versöhnung zugrunde. Bei Benjamin heißt es: »Die Rettung hält sich an den kleinen Sprung in der kontinuierlichen Katastrophe.« (BGS Bd. I·2, S. 683) Dieser Sprung korrespondiert mit dem ↑Sturz, von dem Adorno spricht, wenn er statt von einer Logik des Fortschritts von einer ↑Logik des Zerfalls ausgeht. Die ↑Bilder einer solchen Rettung sind in der Kunst bewahrt, allerdings nicht sicher aufgehoben, denn gerade die Kunst, die sich bemüht, die Idee der Rettung zu bewahren, ist angreifbar, zerbrechlich, der Gefahr des ↑Absterbens ausgesetzt. Noch in ihrem ↑Verstummen hört Adorno den Hilferuf der Menschen, für die jede Rettung zu spät kommt. Angesichts dessen verweist die Rettung nicht positiv auf ↑Hoffnung, sondern ist Rettung im Augenblick der größten Not und ↑Verzweiflung. – Auf den Hölderlin-Satz hat sich übrigens auch ↑Heidegger berufen (vgl. ›Die Frage nach der Technik‹).

Rottweiler, Hektor Pseudonym, das Adorno 1936, während des Dritten Reiches, gelegentlich verwendete. Unter diesem Namen veröffentlichte er in der ›Zeitschrift für Sozialforschung‹ den Aufsatz ›Über Jazz‹ (jetzt in: GS Bd. 17, S. 74 ff.). Hektor ist für Kampfhunde wie den Rottweiler ein geläufiger Name: Rottweil heißt zudem eine kleine Stadt in der Gegend des Schwarzwaldes, wo auch ↑Martin Heidegger philosophierte. Über den Grund für die Wahl des Pseudonyms lässt sich spekulieren: Auf einem Kinderfoto ist Adorno mit einem Hund zu sehen, der Hund ist aber kein Rottweiler. Arthur Schopenhauer ging gern in Hamburg mit seinem Hund spazieren, dabei handelte es sich allerdings um einen Pudel. Von des »Pudels Kern« ist in Goethes ›Faust‹ die Rede. Die Zyniker sind eigentlich philosophische Hunde – von griechisch kyon, Hund. ↑Marx zitiert den kurzen Satz: »Arme Hunde, sie wollen euch wie Menschen behandeln.« Am Ende von Kafkas ›Der Prozess‹ stirbt Josef K. »wie ein Hund«. Die ↑Kulturindustrie ist voller Hunde: »Pluto galoppiert mit dem Walkürenritt übers Eis.« (GS Bd. 15, S. 26) Und Goofy, Snoopy, Hong Kong Fui, Snoop Doogy Dog, Dackelblut kommen hinterher. Was immer wie ↑Science Fiction erschien, der Flug in den Weltraum, wurde Wirklichkeit mit dem Hund Laika, dem ersten Kosmonauten.

Dass Adorno gerade als Hektor Rottweiler über Jazz schreibt – man stellt sich einen bulligen, schnaufenden Wachhund vor, der Zigarre rauchend auf der Schreibmaschine seine Anklage gegen die Jazzmusik heruntertippt –, kommt vielleicht nicht von ungefähr und nimmt seinem Urteil über Jazz durch diese Spur von Ironie das Vernichtende: Ein Kampfhund wirkt wild und animalisch, aber beides ist Ausdruck zivilisatorischer Zähmung (↑Natur, Naturbeherrschung). In den ›Minima Moralia‹ ist von dem Hund die Rede, wie er »auf dem Spaziergang an irgendeiner Stelle minutenlang angespannt, unnachgiebig, unwillig-ernsthaft schnüffelt, um dann seine Notdurft zu verrichten, mit den Füßen zu scharren und weiterzulaufen, als wäre nichts geschehen. In wilden Zeiten mag davon Leben und Tod abgehangen haben; nach Jahrtausenden der Domestizierung ist ein irres Ritual daraus geworden.« (GS Bd. 4, S. 142) – Unabhängig davon, was man von dem mit dem Namen Rottweiler unterzeichneten Aufsatz halten mag, auch hier gilt die Regel: »Hunde die bellen, beißen nicht«. (↑Nilpferd, ↑Teddie, ↑Wiesengrund)

Trauriger Nachsatz: Rottweiler sind auch bei Neonazis beliebt, nicht zuletzt als lebende Waffen bei rassistischen Attacken gegen Menschen.

S

Schönberg, Arnold (1874–1951) Neben Anton Webern und ↑Alban Berg der wichtigste Vertreter der ↑Zwölftonmusik. Schönbergs Kompositionstechnik einer freien Atonalität ist exemplarisch für die ästhetische Modernität der ↑Neuen Musik. Wenn überhaupt noch Komponieren möglich sei, dann in der Weise, wie Schönberg es tat: In seiner ›Philosophie der neuen Musik‹ zeigte Adorno, für den Schönberg der wichtigste zeitgenössische Komponist blieb, jedoch zugleich, wie sehr dessen Musik auch von einer Dialektik des Umschlagens des Fortschrittlichen in das Gegenteil betroffen ist.

Der ↑Wahrheitsgehalt der Kompositionen Schönbergs liegt laut Adorno in den durch die Dissonanz provozierten Erkenntnissen: »Als erkennendes aber wird das Kunstwerk kritisch und fragmentarisch. Was heute an Kunstwerken eine Chance hat zu überleben, Schönberg und Picasso, Joyce und Kafka, auch Proust stimmen darin überein. Und das erlaubt vielleicht wiederum geschichtsphilosophische Spekulation. Das geschlossene Kunstwerk ist das bürgerliche, das mechanische gehört dem Faschismus an, das fragmentarische meint im Stande der vollkommenen Negativität die [↑] Utopie.« (GS Bd. 12, S. 120)

Die fragmentarischen, offenen Kompositionen Schönbergs fragmentieren den Sinn, die Bedeutungseinheit der Kunst; die Dissonanz der freien Atonalität bringt schließlich keine menschliche, sondern eine unmenschliche und hässliche Musik hervor. Doch »die Unmenschlickeit der Kunst muß die der Welt überbieten um des Menschlichen willen. Die Kunstwerke versuchen sich an den [↑] Rätseln, welche die Welt aufgibt, um die Menschen zu verschlingen.« (GS Bd. 12, S. 125) Schönbergs Musik, resümiert Adorno, »ist die wahre ↑Flaschenpost« (GS Bd. 12, S. 126). Schönberg selbst mochte Adorno übrigens nicht besonders; privat hatten die beiden, die sich in den vierziger Jahren in ↑Amerika in Los Angeles wohl gelegentlich gesehen haben, kein gutes Verhältnis.

Science Fiction »Der desperate Stand der Dinge liefert in grausiger Ironie ein Stilisationsmittel, das jene pragmatische Voraussetzung von der Kontamination mit kindischer Science Fiction schützt.« (GS Bd. 11, S. 286)
In dem Science Fiction-Roman ›Arnos Flucht‹ von Lino Aldani heißt es: »Auch als er neben Milena auf dem Boden liegt, raucht und zur Decke blickt, fühlt er sich zweigeteilt. Die Zigarette schmeckt bitter. Das Biest hat ihm Gras oder etwas Ärgeres gegeben. Er raucht aber trotzdem weiter. Lügner und hinterlistig. Und vor allem vulgär. Das Wort ist unpassend, er versteht nicht, wieso es ihm in den Sinn gekommen ist. Horkheimer? Nein, es war der andere Typ von der Frankfurter Schule, Adorno, der auf die Frage, was man unter Vulgarität versteht, eine beispielhafte Antwort gab: ›Auf Seiten seiner eigenen Entwürdigung stehen.‹« (Zit. nach Naeher 1984, S. 5) Jürgen Naeher wählte die Sätze als Motto für seine Studie über die ›Negative Dialektik‹. Aldani könnte anspielen auf: »Identifikation der Menschen mit der eigenen Erniedrigung« (GS Bd. 7, S. 466).
Die Szene gestattet, sich vorzustellen, wie heute über und mit Adorno zu diskutieren wäre: Man liegt auf dem Boden und genießt den Blick in den offenen Himmel. Ähnlich hat Adorno in den ›Minima Moralia‹ seine ↑Utopie beschrieben: »auf dem Wasser liegen und friedlich in den Himmel schauen, ›sein, sonst nichts, ohne alle weitere Bestimmung und Erfüllung‹« (GS Bd. 4, S. 179). – Wahrscheinlich ist Kant bei einem Königsberger Abendspaziergang die bekannte Formulierung in den Sinn gekommen, der Mensch solle auf das moralische Gesetz in sich und den bestirnten Himmel über sich vertrauen. Das moralische

Gesetz ist der ↑kategorische Imperativ, der Himmel ist der Weltraum, beides Inbegriff und Ort der Vernunft.
Science Fiction hat den Menschen weite Reisen antreten lassen, tief in den Weltraum hinein, wo längst nicht alle Wesen so »vernunftbegabt« (Kant) sind wie er. Aber: »Wäre tatsächlich unter allen Gestirnen allein die Erde von vernünftigen Wesen bewohnt, so wäre das ein Metaphysikum, dessen Idiotie die Metaphysik denunzierte; am Ende wären die Menschen wirklich die Götter, nur unter dem Bann, der ihnen verwehrt, es zu wissen; und was für Götter! – freilich ohne Herrschaft über den Kosmos, womit derlei Spekulationen zum Glück wiederum entfielen.« (GS Bd. 6, S. 392)
Adornos kritische Theorie gerät gelegentlich selbst zur Science Fiction: »In der abenteuerlichen Verkürzung des Fluges, als verkleinerte, wird die Erde zu dem Himmelskörper, den der Wunsch sich ausmalt, Stern unter Sternen, und entbindet die Hoffnung auf solche, die ihr nicht gleichen. Indem sie unter uns zurückbleibt und verschwindet, regt sich das zaghafte Vertrauen, es möchten die anderen Gestirne von Glücklicheren bewohnt sein als wir es sind.« (GS Bd. 20·2, S. 551) Dieses Vertrauen ist die ↑Hoffnung, die bleibt – samt ihrem messianischen Motiv der Erlösung: »Religion à la lettre gliche selbst schon der science fiction; Weltraumfahrt führte in den wirklichen verheißenden Himmel.« (GS Bd. 6, S. 391) – »Beam me up, [↑] Teddie!«

Sexualität, Sex, Erotik So wenig wie jedes andere menschliche Verhältnis ist auch das, was wir Sexualität – »Sex« – nennen, natürlich oder ursprünglich, sondern Resultat des Zwangs, der sich als Vergesellschaftung des Menschen durchsetzt. Adorno spricht unter Verweis auf die ↑Psychoanalyse von Integration.
Wenn die ↑kritische Theorie auch eine Emanzipation der Lust fordert, dann ist damit keine Rückkehr zu einer echten Sexualität gemeint, sondern überhaupt erst deren Entfaltung. Die so genannte sexuelle Revolution war keine: Sie hätte eine werden können als sexuelle Revolution der Gesellschaft, denn die Emanzipation der Lust ist nur denkbar als Lust der Emanzipation. ↑Herbert Marcuse versuchte diesen Zusammenhang mit dem Begriff der Neuen Sensibilität zu fassen.
Vorerst bleibt Sexualität pornografisch und ↑Pornografie Leit-

bild der herrschenden Sexualität, des Sexismus. Unter der Regie der ↑Kulturindustrie äußert sich diese pornografische Sexualität als Zwang zu medialen »exhibitionistischen Sündenbekenntnissen« (GS Bd. 10·2, S. 539). »Wahres erotisches Triebleben, die Beziehungen, in denen Lust sich realisiert, ist keineswegs jenes healthy sex life, das in den fortgeschrittensten industriellen Ländern heute alle Branchen der Wirtschaft, von der kosmetischen Industrie bis zur Psychotherapie, ermuntern« (GS Bd. 10·2, S. 537), heißt es bei Adorno mit Blick auf die Sexindustrie.

Im zweiten Exkurs der ↑›Dialektik der Aufklärung‹ beschäftigen sich Adorno und ↑Horkheimer mit den Zurichtungen und Entsagungen des menschlichen Trieblebens. Unter der Überschrift ›Juliette oder Aufklärung und Moral‹ zeigen die Autoren mit de Sade, ↑Kant und Nietzsche, dass gerade die sexuelle Aufklärung von der dialektischen Gegenbewegung gekennzeichnet ist, einem Zerrbild sexueller Libertinage, das in der bürgerlichen Zwangsmoral zum Ausdruck kommt. Die Disziplinierung der Menschen vollzieht sich im Namen der Sexualität; sie soll als Lust empfunden werden, die sexuelle Leistungsbereitschaft selbst als Sport. Die Erotik wird vom animalischen Begehren gereinigt, zum Sujet der Kunst, zur Aktfotografie in Schwarzweiß, der sich mit Kontemplation genähert werden soll, jedenfalls nicht mit triebhafter Geilheit. »Die modernen Sportsriegen, deren Zusammenspiel genau geregelt ist, so daß kein Mitglied über seine Rolle einen Zweifel hegt und für jeden ein Ersatzmann bereit steht, finden in den sexuellen teams der Juliette, bei denen kein Augenblick ungenützt, keine Köperöffnung vernachlässigt, keine Funktion untätig bleibt, ihr genaues Modell.« (GS Bd. 3, S. 107)

Zusatz (Geschlechterverhältnis): Mag auch eine Formulierung wie »das als sex dosierte Geschlecht« (GS Bd. 4, S. 69) so klingen, als habe Adorno bereits die Differenz zwischen Sex und Geschlecht bedacht, auf die von der Gender-Theorie aufmerksam gemacht wurde, so sind die tatsächlichen Anschlussmöglichkeiten an diese postfeministischen Strömungen, von denen die Zweigeschlechtlichkeit in Frage gestellt wird, doch äußerst dürftig. Vielmehr setzt gerade Adorno auf die Zweigeschlechtlichkeit: »Das Humane bilde sich als Sinn für die Differenz überhaupt an deren mächtigster Erfahrung, der von den Geschlechtern.« (GS Bd. 8, S. 84) Gelegentlich sind seine Äußerungen Homosexuellen gegenüber feindlich: »So zeigen Homosexuelle eine Art Farbenblindheit der Erfahrung, die Unfähigkeit zur Erkenntnis von Individuiertem; ihnen sind alle Frauen im doppelten Sinne ›gleich‹.« (GS Bd. 8, S. 84) Heterosexuelle ↑Dummheit Adornos: Seine Homosexuellen sind männlich, Lesben kommen nicht vor; solche Sätze haben freilich mit Blick auf das moderne Geschlechterverhältnis ihre besondere Pointe...

Spießer Der Spießer ist die ↑autoritäre Persönlichkeit, die ihren Konformismus als Nonkonformismus ausgibt. Alles Abweichende ist dem Spießer verdächtig; als Extremist der nivellierten Normalität sind für ihn alle Extreme gleich: Adorno verweist auf die »Spießbürgerweisheit«, wonach »Faschismus und Kommunismus« dasselbe seien (GS Bd. 10·2, S. 770). Auch in der ↑›Negativen Dialektik‹ kommt Adorno auf die »patzige Spießbürgerweisheit« zu sprechen (GS Bd. 6, S. 364). Der Spießer ist der Aktivist, der vor allem gegen das Neue ist und das Bestehende mit Hilfe der neuesten Parolen der ↑Reklame aggressiv verteidigt. Ordnung, Sauberkeit und Sicherheit sind die Regeln, auf die er sein Unbehagen gegen alles stützt, was er nicht versteht, was nicht in seine Ordnung passt, was ihm dreckig und unsicher scheint, weil es abweicht beziehungsweise »anders« ist. Letztendlich versteht er sich selbst nicht; deswegen versucht er den Platz, den er in der Welt hat, möglichst klein und rein zu halten und zu behaupten, auch mittels Androhung von Gewalt. Dabei schreckt er auch vor Vernichtung des Abweichenden nicht zurück, weder Menschen noch Dinge sind davor sicher. – Hinter den Ressentiments des Spießers steckt Menschenverachtung, die er in terroristischen Regimen offen praktiziert. In demokratischen Zeiten übt er sie harmlos, aber mit der Geste des ↑Bescheidwissens an Kunstwerken aus. In dem Satz »Das kann ja jedes Kind!« entwürdigt er, naiver als jedes Kind, das Kindliche, ja Menschliche überhaupt. Gelegentlich nennt Adorno die Frage »Was ist Kunst?« die Spießerfrage. Wer die Frage, was abstrakt sei, mit »Alles, was nicht konkret ist!« beantwortet, ist laut Adorno der »Onkel Bräsig des Konstruktivismus« (GS Bd. 20·2, S. 521).

Standpunktphilosophie »Über Standpunktphilosophie hinauskommen« (OD, S. 347), notierte Adorno für die erste Sitzung seiner Vorlesung ›Ontologie und Dialektik‹ im Wintersemester 1960/61. »Aufgabe der Philosophie ist es, nicht einen Standpunkt einzunehmen, sondern die Standpunkte zu liquidieren«, heißt es ›Zum Studium der [↑] Philosophie‹, denn »zur Standpunktphilosophie gehört das Moment des Ausschließenden« (GS Bd. 20·1, S. 325). Standpunktphilosophie beruft sich auf die Unmittelbarkeit vermeintlicher Fakten, nach denen die Welt so ist, wie sie erscheint. Kritische Theorie, die das Gegebene nicht hinnimmt, erst recht keine konstruktiven Vorschläge macht, gilt der Standpunktphilosophie als kontraproduktiv, wenn nicht als absurd und unsachlich. »Und dann kommen noch die angestellten Philosophen und machen uns zum Vorwurf, daß wir keinen festen Standpunkt hätten.« (GS Bd. 4, S. 82)

›**The Stars Down to Earth**‹ Mitte der fünfziger Jahre veröffentlichte Adorno unter dem Titel ›The Stars Down to Earth‹ eine »Astrologiestudie« über die Horoskopspalte der ›Los Angeles Times‹. Die empirische Arbeit knüpft an die Untersuchungen zu ›Autorität und Familie‹ (1936) und die ›Studien zum autoritären Charakter‹ (1950) an; als theoretische Grundlage nennt Adorno die ↑›Dialektik der Aufklärung‹ und die ›Minima Moralia‹. Sein Interesse gilt der Verbindung zwischen Horoskopen, dem Aberglauben und der ↑autoritären Persönlichkeit. Laut Adorno hat die Astrologie eine ähnliche Struktur wie der ↑Antisemitismus: Sie bietet »eine Art Mittelweg zwischen Realismus und paranoiden Fantasien« (GS Bd. 9·2, S. 29). Horoskope sind ›Aberglaube aus zweiter Hand‹, so der Titel eines Aufsatzes Adornos: »Wie [↑] Kulturindustrie insgesamt verdoppelt Astrologie, was ohnehin ist, im Bewußtsein der Menschen.« (GS Bd. 8, S. 175) Nach der astrologischen Lehre ist das vergesellschaftete Leben ein Schicksal, dem man entkommen kann, wenn man sich an die Tipps der Horoskope hält. Die Astrologie rät zu einem – paradoxen – ↑Aktionismus: Letztendlich fordert sie auf, nichts zu tun. Das Horoskop gibt Ratschläge in finanziellen Angelegenheiten und für den Beruf: Astrologisch ist der Kapitalismus bereits vorgesehen, denn in den Sternen steht auch, wie es um Job, Geld, Karriere bestellt ist – der Mythos, nach dem im Horoskop die

Welt, wie sie ist, bestätigt wird, ist ohnehin derselbe Mythos, an dem sich auch die Regeln des Wirtschaftslebens orientieren: »Das Horoskop entspricht den Direktiven der Büros an die Völker, und die Zahlenmystik bereitet auf die Verwaltungsstatistiken und Kartellpreise vor.« (GS Bd. 4, S. 323) Tatsächlich bedienen sich die Analysten zur Deutung der Aktienkurse nicht selten der Astrologie, der Zahlenmystik und ähnlicher esoterischer Pseudotheorien.

Strawinsky, Igor (1882–1971) Adornos ›Philosophie der neuen Musik‹ orientiert sich an ↑Arnold Schönberg als Vertreter einer progressiven Musik, der ↑Zwölftonmusik, und an Strawinsky als Vertreter einer formal und inhaltlich eher rückwärts gewandten, verklärenden, an mythischen Motiven angelehnten Musik, dem Neoklassizismus. In der Betonung des Rhythmischen, der Antizipation eines Charakteristikums des ↑Jazz, ist Strawinsky ein Reaktionär: »Der Wirkungszusammenhang, den Strawinskys Musik im Auge hat, ist zwar nicht die Identifikation des Publikums mit vermeintlich im Tanz ausgedrückten Seelenregungen, dafür aber ein Elektrisiertwerden gleich dem der Tänzer. Mit all dem erweist sich Strawinsky als Exekutor einer gesellschaftlichen Tendenz, des Fortschritts zur negativen Geschichtslosigkeit, zur neuen hierarchischen starren Ordnung. Sein Trick, Selbsterhaltung durch Selbstauslöschung, fällt ins behavioristische Schema der total eingegliederten Menschheit.« (GS Bd. 12, S. 179) – Wie sehr dieses Schema dem der Musik der späteren ↑Popkultur entspricht, zeigt die Beliebtheit Strawinskys in der Rockmusik der siebziger Jahre. Frank Zappa bezog sich auf ihn; die Gruppe Yes begann ihre Konzerte mit dem Finale des ›Feuervogels‹. Schon Walt Disney hatte Strawinskys Musik als Untermalung für seine Zeichentrickfilme benutzt.

Sturz Gelegentlich machte Adorno in dem Dorf Sils-Maria Urlaub, in dem der Philosoph Nietzsche einmal gelebt hatte. Vom Dach des Hotels aus »mußten wir abends den Sputnik beobachten. Er wäre von keinem Stern, nicht von der Venus zu unterscheiden gewesen, hätte er nicht auf seiner Bahn getorkelt. Das hat es mit den Siegen der Menschheit auf sich. Womit sie den Kosmos beherrschen, der verwirklichte Traum, das ist traumhaft verwackelt, ohnmächtig, als wolle es stürzen.« (GS Bd. 10·1, S. 326)

Man kann sich vorstellen, dass dieses Hotel, von dessen Dach der Niedergang der Zivilisation wie ein Himmelsschauspiel beobachtet wird, das ↑Grand Hotel Abgrund ist. Was verfolgt wird, ist der »geschichtsphilosophische Sturz der metaphysischen Ideen« (GS Bd. 6, S. 365), die ↑Logik des Zerfalls ist das Gravitationsgesetz dieses Sturzes. Die metaphysischen Ideen stürzen tief – und die ↑kritische Theorie versucht ihre ↑Rettung: im reflektierenden Denken. »Solches Denken ist solidarisch mit Metaphysik im Augenblick ihres Sturzes« (GS Bd. 6, S. 400), lautet der Schlusssatz der ↑›Negativen Dialektik‹. Der Sturz eines Engels.

Zusatz: Auch die Kunst braucht Solidarität, denn »kein Netz ist unter den authentischen Kunstwerken gespannt, das in ihrem Sturz sie behütete« (GS Bd. 7, S. 415).

System Ebenso wie der mit ihm eng verbundene Begriff der ↑Totalität hat auch der Begriff ›System‹ eine für die kritische Theorie wichtige Doppelbedeutung. System meint einmal das ökonomische beziehungsweise das politische System, das einer Gesellschaft zugrunde liegt. Zum anderen bezeichnet System ein in sich zusammenhängendes Denkgebäude, ein theoretisches Modell der Welt, das die Einzelerscheinungen strukturiert und eben als einander systematisch zugehörig vorstellt. Hegels Philosophie ist das bekannteste, weil für den deutschen Idealismus am höchsten entwickelte System. In der ›Enzyklopädie der philosophischen Wissenschaften‹ wird dieses philosophische System als ein zyklisches, kreishaftes System konzipiert: vom Sein zum Werden, zur Logik des Begriffs, als Entzweiung von Subjekt und Objekt, und zugleich als Zu-Sich-Selber-Kommen des Staates, der Philosophie, der Kunst und des Selbstbewusstseins im Weltgeist. In das Systemdenken, die Philosophie des Systems, wird zudem auch der Weltplan, der Lauf der Geschichte und dessen Logik, einbezogen: Geschichte ist die Entfaltung dieses in ihr selbst angelegten Systems, das bei Hegel als Weltgeist bezeichnet wird und zum Ziel hat, dass der Weltgeist am Ende zu sich selbst kommt. Spätestens hier berühren sich dann auch die beiden Bedeutungen des Systembegriffs: Das philosophische System, das Theoriegebäude, konvergiert mit dem geschichtlichen System, dem Weltgebäude. Folgt man dieser Doppelfigur »System«, dann ist Adorno ein Systemkritiker: Gegen ein hermetisch geschlossenes System der Philosophie setzt Adorno das Antisystem der ↑Negativen Dialektik‹; auch die Kritik des gesellschaftlichen Systems fungiert antisystematisch, verweist als bestimmte Negation der Verhältnisse in Richtung ↑Utopie. Wie tief Adornos Denken vom Moment des Antisystems durchdrungen war, zeigt sich im Aphoristischen der ›Minima Moralia‹ und dem Fragmentarischen der ↑›Dialektik der Aufklärung‹, ebenso wie in der Verteidigung des ›Essay[s] als Form‹: »Der Essay pariert nicht der Spielregel organisierter Wissenschaft und Theorie [...]. Weil die lückenlose Ordnung der Begriffe nicht eins ist mit dem Seienden, zielt er nicht auf geschlossenen, deduktiven oder induktiven Aufbau. [...] Er ist offener und geschlossener zugleich, als dem traditionellen denken gefällt. Offener insofern, als er Systematik durch seine Anlage negiert und sich selbst um so besser genügt, je strenger er es damit hält.« (GS Bd. 11, S. 17 u. S. 26)

T

Teddie »Und vielleicht sind die Namen nichts als versteinerte Gelächter, so wie heute noch die Spitznamen, die einzigen, in denen etwas vom ursprünglichen Akt der Namengebung fortlebt.« (GS Bd. 3, S. 97) Adornos Spitzname war Teddie. Mit »Teddie« unterzeichnete Adorno, der auch seine engsten Freunde noch bis in die späten Jahre siezte, gelegentlich seine Briefe. »Gegenüber ›Teddie‹ konnte man umstandslos die Rolle des ›richtigen‹ Erwachsenen ausspielen«, äußerte Habermas (Habermas 1987, S. 170f.) Adorno hätte »Haar wie Pulloverflausch«, schrieb Alexander Kluge einmal (↑Cool).
Teddy ist ein flauschiger Plüschstoff, der als Innenfutter für Mäntel verwendet wird und aus dem auch die berühmten Teddybären sind. Am 7. Juli 1967 störten Mitglieder der so genannten

Kommune II und des SDS (Sozialistischer Deutscher Studentenbund) Adornos Vortrag ›Zum Klassizismus von Goethes Iphigenie‹ (GS Bd. 11, S. 495 ff.): »Und wir, was machen wir mit dem feisten Teddy? Er soll alleine quatschen vor leerem Saal, soll sich zu Tode adornieren. [...] Also: Adorno findet nicht statt; aber die Revolution.« (Zit. nach Kraushaar 1998, S. 265) Nach Beendigung des Vortrags versuchte eine Studentin, Adorno einen roten Gummiteddy zu überreichen.

Kurz vor seinem ↑Tod schrieb Adorno an Marcuse: »Du mußt [...] wirklich mit einem schwer ramponierten Teddie rechnen.« (Zit. nach Kraushaar 1998, S. 454; ↑Nilpferd, ↑Wiesengrund)

Theodor-W.-Adorno-Archiv Seit den siebziger Jahren gibt es in ↑Frankfurt am Main das Theodor-W.-Adorno-Archiv unter der Leitung von Rolf Tiedemann. Das Archiv publiziert in loser Folge die ›Frankfurter Adorno Blätter‹ und die ›Dialektischen Studien‹, in denen Forschungsergebnisse zu Werk und Wirken Adornos und zur kritischen Theorie dokumentiert werden. Das Archiv fungiert zudem als Herausgeber der Schriften aus Adornos Nachlass.

An der Carl-von-Ossietzky-Universität Oldenburg haben die Sozialwissenschaftler Stefan Müller-Doohm und Dirk Auer vor einigen Jahren eine Adorno-Forschungsstelle eingerichtet. Sie hat die Aufgabe, Adornos intellektuelle Biografie »durch die Erschließung des systematischen Zusammenhangs, Zeitgeschichte und soziologische Theoriebildung zu rekonstruieren« (Internet, über www.uni-oldenburg.de).

Theorie und Praxis In welchem Verhältnis steht die ↑kritische Theorie zur ↑Praxis, insbesondere zu der die Gesellschaft verändernden? ↑Marx versuchte Theorie und Praxis noch im Sinne einer praktisch werdenden Theorie in der revolutionären Aktion zu vermitteln: »Die Waffe der Kritik kann allerdings die Kritik der Waffen nicht ersetzen, die materielle Gewalt muß gestürzt werden durch materielle Gewalt, allein auch die Theorie wird zur materiellen Gewalt, sobald sie die Massen ergreift.« (Marx, MEW Bd. 1, S. 385)

In der ↑verwalteten Welt ist dieser Umschlag von Theorie in Praxis nicht möglich. Es gibt keine revolutionäre Situation, die darauf schließen ließe, dass Theorie gewissermaßen aus der gesellschaftlichen Praxis selbst heraus in revolutionärer Praxis mündet. Die Kluft zwischen Theorie und Praxis hat sich vielmehr derart vergrößert, dass unmittelbares Handeln bloß pseudokonkreter ↑Aktionismus wäre, Theorie hingegen als abstrakt und realitätsfern erscheint. Adorno setzt dagegen auf die Vermittlung von Theorie und Praxis, denn »Praxis ohne Theorie [...] muß mißlingen« (GS Bd. 10·2, S. 766); die bürgerliche Revolution als Versuch der Emanzipation mündete in die ↑Katastrophe. Folglich sei Praxis erst recht »auf unabsehbare Zeit vertagt« und »nicht mehr die Einspruchsinstanz gegen selbstzufriedene Spekulation« (GS Bd. 6, S. 15), die alleinig mögliche Praxis sei vorerst der kritische Gedanke. Die Vermittlung von Theorie und Praxis meint Aufhebung von Theorie und Praxis. »Das Ziel richtiger Praxis wäre ihre eigene Abschaffung. [...] Fällige Praxis wäre allein die Anstrengung, aus der [↑] Barbarei sich herauszuarbeiten.« (GS Bd. 10·2, S. 769) Allein in diesem Sinne ist Praxis »Kraftquelle von Theorie, wird nicht von ihr empfohlen« (GS Bd. 10·2, S. 782). Das heißt, Theorie gibt keine Handlungsanweisungen, keine Anleitung für die Praxis ab, sondern Praxis ist vielmehr Impuls für die Theorie.

In seinem Vortrag zum fünfzigjährigen Jubiläum des ↑Instituts für Sozialforschung am 28. Juni 1974 griff ↑Herbert Marcuse unter Bezugnahme auf seine Kontroverse mit Adorno erneut die Frage nach dem ›Verhältnis von Theorie und Praxis‹ auf. Er resümierte: »Nicht aus der theorielosen Praxis, sondern aus der Theorie der Praxis kommt ihr die [↑] Hoffnung, die [↑] Verzweiflung erst zur verändernden Kraft werden läßt, nämlich im Wissen, daß die Menschen doch unter gegebenen Bedingungen ihre eigene Geschichte machen [...], daß die Menschen und die Welt verändert werden können. Diese, in der kritischen Analyse des Kapitalismus begründete Einheit von Verzweiflung und Hoffnung ist Ausdruck des antagonistischen Verhältnisses von Theorie und Praxis.« (Zit. nach Kraushaar 1998, S. 540)

Tod »Gleichwohl ist der Gedanke, der Tod sei das schlechthin Letzte, unausdenkbar.« (GS Bd. 6, S. 364) 1964 diskutierten Adorno und ↑Ernst Bloch in einem Rundfunkgespräch über die Problematik der ↑Utopie auch die Frage der möglichen Abschaffung des Todes. Adorno merkte an, dass der Gedanke der Abschaffung des Todes für eine Utopie unabdingbar ist. »Ja, wenn der Tod abgeschafft würde, wenn die Menschen nicht mehr sterben würden, das wäre das Allerschlimmste und das Allerentsetzlichste. Ich würde sagen, genau diese Reaktionsform ist das, was eigentlich dem utopischen Bewußtsein am allermeisten entgegensteht. Das, was noch über die Identifikation der Menschen mit bestehenden gesellschaftlichen Verhältnissen hinausgeht, worin sich die verlängern, ist die Identifikation mit dem Tod. Utopisches Bewußtsein meint ein Bewußtsein, für das also die *Möglichkeit*, daß die Menschen nicht mehr sterben müssen, nicht etwas Schreckliches hat, sondern im Gegenteil *das* ist, was man eigentlich will.« (Adorno 1985, S. 358)

Doch nach ↑Auschwitz bleibt auch diese Utopie verstellt. »Je weniger die Subjekte mehr leben, desto jäher, schreckhafter der Tod. [...] Tod und Geschichte, zumal die kollektive der Kategorie Individuum, bilden eine Konstellation.« (GS Bd. 6, S. 363; ↑Metaphysik; ↑Sturz) Das bürgerliche Individuum als solches sei bereits tot, noch ehe die Einzelnen als Individuen sterben können.

Adorno starb am 6. August 1969 während eines Ferienaufenthaltes in Visp (Wallis, Schweiz) an einem Herzinfarkt. Eine Woche später wurde der Philosoph auf dem Frankfurter Hauptfriedhof beerdigt. Die Trauerfeier fand »ohne irgendein religiöses Zeremoniell« statt (vgl. Kraushaar 1998, S. 457f.).

Alexander Kluge dachte sich über ›Adornos irdisches Ende‹ folgende Geschichte aus: »Er fühlte sich schwach, brach Spaziergänge ab. [...] Sie [Gretel Adorno] bettete ihn in seinem Bett. Den Kriminalroman nahm er an. Als sie eine Stunde später nach ihm sah, war er tot. [...] Aufruhr, einem hochrangigen Schweizer Hotel angemessen, das seine Dienstbereitschaft in einem solchen Ernstfall unter Beweis stellt. Schon nach Minuten sind Ärzte da, die nichts ausrichten können. Man lässt die Leiche, wie sie liegt. In einem Zinksarg fährt der Tote auf seiner letzten Bahnreise nach Frankfurt/M. Die Zollbehörde hat das Gefäß im Grand Hotel versiegelt. [...] Als Th. W. Adorno in Bergschuhen und dem weißen Gewand des Kandidaten den Parnass betritt, ist alles anders, als man sich vorstellt. Hier begrüßt ihn kein Voltaire, Bonaparte, kein Musiker wie Monteverdi, Schönberg oder

Schubert. Der Kandidat kommt vielmehr gedächtnislos. [...] In der Ferne sieht man fliehende Götter.« (Kluge 2000, S. 863f.) Der Filmemacher und Autor Alexander Kluge und der Soziologe Oskar Negt haben ihr Buch ›Öffentlichkeit und Erfahrung‹ dem Gedächtnis Adornos gewidmet: »*11. September 1903–†6. August 1969« (Kluge und Negt 1972, S. 5).

Totalität, totalitär »Totalität ist keine affirmative, vielmehr eine kritische Kategorie.« (PS, S. 19) Insofern handelt es sich bei »Totalität« um einen dialektischen Begriff, der zum einen im philosophischen Sinne »das Ganze« meint, zum anderen im gesellschaftstheoretischen Sinn auf die Gewalt- und Herrschaftsverhältnisse Bezug nimmt. Ein dialektischer Begriff ist Totalität auch deshalb, weil damit mehr als die Summe von Einzelmomenten gemeint ist: Totalität »produziert und reproduziert sich durch ihre einzelnen Momente hindurch. Viele von diesen bewahren eine relative Selbständigkeit [...].« (PS, S. 127) Totalität ist ein dialektisches Ganzes, kein statisches, unbewegliches Gebilde: Totalität ist eine von Widersprüchen. »Entweder die Totalität kommt zu sich selber, indem sie sich versöhnt, also durch den Austrag ihrer Widersprüche die eigene Widersprüchlichkeit wegschafft, und hört auf Totalität zu sein, oder das alte Unwahre dauert fort bis zur [↑] Katastrophe. Das Ganze der [↑] Gesellschaft, als ein Widersprüchliches, treibt über sich hinaus.« (GS Bd. 5, S. 317; ↑»Das Ganze ist das Unwahre«, ↑Versöhnung, ↑verwaltete Welt) – Seinen Vortrag ›Die Aktualität der Philosophie‹ beginnt Adorno mit dem Befund, dass es nicht mehr möglich sei, »die Totalität des Wirklichen zu ergreifen« (GS Bd. 1, S. 325). Nur im Fragment kann das Gebrochene, Verrätselte einer ↑Philosophie der Totalität deutlich werden – wie in einem zerbrochenen Spiegel, in dessen Splittern das Bild trotzdem noch vollständig erscheint: Der Philosoph vermag »nicht, die Totalität des Wirklichen zu erzeugen oder zu begreifen: aber er vermag es, im kleinen einzudringen, im kleinen die Maße des bloß Seienden zu sprengen« (GS Bd. 1, S. 344). Verschiebt man die Splitter des Spiegels, in denen sich das Ganze abzubilden scheint, dann ändern sich die Lichtverhältnisse, und der Blick richtet sich auf Ränder und Bereiche, die bisher im Dunkeln lagen, andere wiederum verschwinden aus dem Sichtfeld. Solche Splitter sind Vexierbilder der Wirklichkeit. Auf diese Vexierbilder richtet sich dialektisches Denken, es versucht die Bewegung in ihnen einzufangen; in dem Nachvollzug solcher dialektischen Bewegung allein läge der Sinn dieser ↑Rätsel. »Einzig dialektisch scheint mir philosophische Deutung möglich.« (GS Bd. 1, S. 338) Die ↑Bilder bleiben jedoch Rätsel; sie zu lesen, gewissermaßen als lesbare überhaupt erst zu erkennen, heißt kritische Erkenntnis.

Die Welt in ihrer Totalität zu denken ist der Philosophie heute unmöglich geworden, jedoch nicht etwa weil diese, wie einige Soziologen meinen, zu komplex, zu kompliziert oder unübersichtlich geworden ist, sondern weil sie in ihrer Einfachheit derart verdichtet ist: ganz nach dem Sprichwort, dass man den Wald vor lauter Bäumen nicht sieht. Je genauer der Zusammenhang der einzelnen Teile untersucht wird, desto deutlicher treten Feinstrukturen hervor, die scheinbar nichts mehr mit dem Ganzen zu tun haben: Ein allen Strukturen übergeordneter Sinn scheint abhanden gekommen zu sein.

Während ↑Martin Heidegger in ›Sein und Zeit‹ (1927) die Frage nach dem Sinn des Seins stellt, diagnostiziert die kritische Theorie die Sinnlosigkeit der Welt. Aufgabe sei es folglich, überhaupt erst Sinn in das Sein zu bringen, dem Leben überhaupt erst Sinn zu geben: »Aufgabe der Philosophie ist es nicht, verborgene und vorhandene Intentionen der Wirklichkeit zu erforschen, sondern die intentionslose Wirklichkeit zu deuten, indem sie kraft der Konstruktion von Figuren, von Bildern aus den isolierten Elementen der Wirklichkeit die Fragen aufhebt, deren prägnante Fassung Aufgabe der Wissenschaft ist.« (GS Bd. 1, S. 335)

Kunstwerke sind Rätselbilder, in denen Splitter oder Fragmente der Wirklichkeit zu einer Einheit verschmolzen sind. »Je totaler die Gesellschaft, je vollständiger sie zum einstimmigen System sich zusammenzieht, desto mehr werden die Werke, welche die Erfahrung jenes Prozesses aufspeichern, zu ihrem Anderen.« (GS Bd. 7, S. 53)

In dem Maße wie Kunstwerke das gesellschaftliche Ganze als Vexierbild bewahren, sind sie selbst »dynamische Totalitäten«, wie Adorno die Kunstwerke gelegentlich nannte. Kann die Welt nicht mehr in ihrer Totalität, als sinnvolles Ganzes oder totaler Sinnzusammenhang verstanden werden, ist in den Kunstwerken Sinn und Intention aufgehoben. Sie werden zu Kristallisationen des Ganzen, zu Vexierbildern einer sinnlosen Welt – ihr Sinn ist, dass sich in ihnen die Sinnlosigkeit, die in der Welt herrscht, manifestiert. – Im zwanzigsten Jahrhundert hat sich die Totalität jedoch derart zum Terror verkehrt, dass auch die avancierten Werke der Kunst nicht mehr das Ganze auszudrücken vermögen.

U

Umfragen Adorno hat gelegentlich an Umfragen teilgenommen, oder zu ihnen Stellung bezogen, so zum Beispiel in seinem Aufsatz ›Auf die Frage: Warum sind Sie zurückgekehrt?‹ (GS Bd. 20·1, S. 394f.) oder in »Meine stärksten Eindrücke 1953«, »Die zehn größten Romane der deutschen Literatur?«, »Umfrage über die Todesstrafe«, »Welches Buch beeindruckte Sie in den letzten 12 Monaten?«, »Drei Fragen in der Silvesternacht 1966«, »Händedruck – Symbol des guten Willens. Soll man oder soll man nicht?« sowie »Wohin steuern unsere Universitäten?« (alle: GS Bd. 20·2, S. 734ff.).
Gelegentlich reagierte Adorno auch mit glossenhaften Texten, so wie auf die Frage: »Was lieben Sie eigentlich an Ihrem Mann?«: »Vielleicht tut man den Antworten Unrecht. Alle haben es nicht so gemeint und sind bloß neckisch gewesen. Nur, ihre Neckerei ist ihr Ernst, weil sie keinen Ernst sonst haben. [...] Aber die Festung der [↑] Dummheit müßte in ihren infantilen Fundamenten gesprengt werden, wenn diese Welt verändert werden sollte.« (GS Bd. 20·2, S. 559) Zu einer anderen Umfrage schrieb er: »Die Frage ›wann hätten Sie am liebsten gelebt?‹, die von der ›Neuen Zeitung‹ an einen Kreis literarischer Mitarbeiter gerichtet wurde, war als Silvesterscherz gedacht und verstanden, als eine Art geistiger Maskenball, der den Menschen die Narrheit des Wünschens freigibt, die sonst im erwachsenen Dasein verpönt ist.« (GS Bd. 20·2, S. 567)
Als Sozialforscher war Adorno selbst an der Erstellung von Um-

fragen beteiligt, wie etwa im Rahmen der Studien zur ↑autoritären Persönlichkeit, für die man die ↑F-Skala entwickelte. – 1957 untersuchte Adorno zusammen mit Christoph Oehler die »Abhängigkeit des Ausbildungszieles von den Studienerwartungen der Studenten«. »Erstaunlich nüchtern und sachlich« seien die Antworten der Befragten über Studienabsichten gewesen: »Es ist keine Hemmung vorhanden, den Entschluß zum Studium auf utilitaristische Erwägungen zurückzuführen. Darin scheint sich vielfach Kapitulation auszudrücken: die Realität des Berufslebens ist weithin eintönig und trist; ursprüngliche Neigungen sind doch nicht zu verwirklichen.« (GS Bd. 20·2, S. 693) Deshalb wählten die Studenten wohl von vornherein Fächer, die sich später am besten bezahlt machten. – Daran dürfte sich bis heute wenig geändert haben. Anlässlich der Diskussionen über die Qualität der Universitätsausbildung und das Ranking der einzelnen Universitäten hat das Satiremagazin ›Titanic‹ Ergebnisse einer – freilich fiktiven – Umfrage veröffentlicht: »Was Abiturienten studieren wollen: Was mit Medien = 70 %, Was mit Geld = 98 %, Fahrpläne (Nahverkehr) = 27 %, Adorno = 0 %, dialektischen Nationalsozialismus = 33 %.« (Heft 6/2001, S. 26)

Universalgeschichte Die Quintessenz von Adornos geschichtsphilosophischen Überlegungen: »Keine Universalgeschichte führt vom Wilden zur Humanität, sehr wohl eine von der Steinschleuder zur Megabombe.« (GS Bd. 6, S. 314) Es gibt kein Prinzip des Fortschritts, das der Geschichte notwendig und inhärent wäre; stattdessen tendieren die geschichtlichen Kräfte zum Gegenteil, zur ↑›Dialektik der Aufklärung‹. In diesem negativen Konzept der Universalgeschichte kristallisiert sich die ↑Logik des Zerfalls. Adornos Auffassung der Geschichte dürfte wesentlich von ↑Walter Benjamins geschichtsphilosophischen Thesen beeinflusst sein. Im ›Passagen-Werk‹ notiert Benjamin: »Der echte Begriff der Universalgeschichte ist ein messianischer. Die Universalgeschichte im heutigen Verstande ist eine Sache der Dunkelmänner.« (BGS Bd. V·1, S. 608)

Unterhaltung Adornos Untersuchungen zur ↑Kulturindustrie lassen leicht den Eindruck entstehen, er hätte generell etwas gegen jede Form der Unterhaltung gehabt. Auch Benjamins

»Theorie der Zerstreuung« konnte Adorno nicht überzeugen. »Wäre es auch nur aus dem simplen Grunde, daß in der kommunistischen Gesellschaft die Arbeit so organisiert sein wird, daß die Menschen nicht mehr so müde und nicht mehr so verdummt sein werden, um der Zerstreuung zu bedürfen.« (AB, S. 172)

Dennoch findet sich in Adornos Aufsatz ›Orpheus in der Unterwelt‹ von 1968 eine für den Kritiker der ↑Massenkultur ungewöhnliche Verteidigung der Unterhaltung: »Das Recht auf Unterhaltung zu bestreiten und eine widerwillige Bevölkerung mit Kultur vollzustopfen, wäre schulmeisterliche Anmaßung. Dennoch tut Unterhaltung objektiv denen Unrecht, denen sie widerfährt und die subjektiv danach begehren. Sie ist nichts anderes als Ersatz für das den Menschen sonst Verweigerte. [...] Die Welt der Unterhaltung ist die Unterwelt, die sich für den Himmel ausgibt.« (GS Bd. 19, S. 554)

Unverständlichkeit, Adornos Sprache »Die prohibitive Schwierigkeit der Theorie heute zeigt sich an der Sprache. Sie erlaubt nichts mehr zu sagen wie es erfahren ist. Entweder sie ist verdinglicht, Waren-Sprache, banal und fälscht den Gedanken auf halbem Weg. Oder sie ist auf der Flucht vorm Banalen, feierlich ohne Feier, ermächtigt ohne Macht, bestätigt auf eigene Faust. Sucht man wie Brecht durch Aussparen beidem zu entgehen, so verfällt man der Neusachlichkeit als Stil, dem Schein des Unscheinbaren, dem zweideutigen Blitzen von Stahl. Ahnungslos vollstrecken die logischen Positivisten, die die Sprache durch mathematische Symbole ersetzen wollen, einen historischen Urteilsspruch. Die Sprache verweigert sich dem Gegenstand: sie ist von einer grauenvollen Krankheit befallen. Kraus hat sie ohnmächtig mit dem Naturheilverfahren behandelt. Daß die Gewalt der Fakten so zum Entsetzen geworden ist, daß alle Theorie, und noch die wahre, sich wie Spott darauf ausnimmt – das ist dem Organ der Theorie selber, der Sprache, als Mal eingebrannt.« (Adorno 1995, S. 7)

In Adornos ↑Philosophie finden sich Begriffstrümmer, fragmentarische Formulierungen und zerbrochene Sprachbilder. Was Adorno darüber hinaus immer wieder den Vorwurf der Unverständlichkeit eingebracht hat, sind seine Satzkonstruktionen:

Die endlosen Bandwurmsätze, die plötzlich und ohne jede Vorankündigung mit »Daß« beginnen; die Einschübe; das irgendwo platzierte »sich«; das Fehlen von »sein« oder eines anderen Verbs und dergleichen. Dann wieder gibt es ganz kurze Sätze, deren Inhalt zu einem Kristall zusammengepresst scheint und ebenso diamanten funkelt. Die kritische Theorie ist zum Teil auch deshalb unbeliebt, weil sie für eine Sprache bekannt ist, die beim Lesen viel Konzentration und Aufmerksamkeit verlangt. Wer jedoch vom kritischen Denken nichts wissen will, allein weil es ihm zu schwer erscheint, macht es sich zu leicht: So urteilt der Konformist, der das eine Magazin dem anderen wegen der schöneren Fotos oder der grafischen Aufbereitung an sich bedeutungsloser Informationen vorzieht. Nun will kritische Theorie nicht informieren oder mit ansprechenden ↑Bildern die hässliche Welt verschönern: Inwiefern es in der Philosophie jedoch nicht um Verständlichkeit an sich gehen kann, entwickelte Adorno bereits Anfang der dreißiger Jahre in seinen zehn ›Thesen über die Sprache des Philosophen‹. »Die intendierte Verständlichkeit philosophischer Sprache ist heute in allen Stücken als Trug zu enthüllen. Sie ist entweder banal: setzt also naiv Worte als vorgegeben und gültig, deren Beziehung zum Gegenstand in Wahrheit problematisch wurde; oder ist unwahr, indem sie unternimmt, jene Problematik zu verbergen.« (GS Bd. 1, S. 368) Der einzige berechtigte Anspruch auf Verständlichkeit, den man an Sprache stellen könne, bestünde darin, von ihr »getreue Übereinstimmung mit den gemeinten Sachen« zu verlangen (GS Bd. 1, S. 368), also Identität von ↑Begriff und Sache: Diese Identität, die für Hegel die Wahrheit bezeichnet, unterschlägt nach Adorno das Nichtidentische und wäre demnach erzwungen und unwahr. Die geforderte Übereinstimmung ist also nicht unmittelbar zu haben, auch nicht sprachlich durch die Identifikation des begrifflichen Denkens, denn Sprache, so Adorno, ist »einzig dialektisch zu denken« (GS Bd. 1, S. 369): Eine Übereinstimmung oder gar Einheit von Begriff und Sache besteht nicht unmittelbar; die Einheit von Begriff und Sache ist nur durch das Nichtidentische vermittelt möglich. Die Problematik der Sprache greift Adorno auch im ↑›Jargon der Eigentlichkeit‹ auf. Dort geht es vor allem um die vermeintliche Ursprünglichkeit »tiefer« und »echter« Sprache, wie etwa ↑Heidegger sie prägte. Zugleich richtet sich Adorno gegen den ↑Positivismus der Protokollsätze, wie er beispielsweise von ↑Wittgenstein vertreten wird: Sprache bilde nicht, wie es der Positivismus will, Wirklichkeit unmittelbar ab. Kritische Theorie reflektiert darauf, dass Wahrheit nach dialektischer Logik nicht mehr einfach die Übereinstimmung von Begriff und Sache meint, sondern ein Rest bleibt, den die identitätslogische Sprache ausspart. Dies ist Thema der ↑›Negativen Dialektik‹. Darüber hinaus ist Sprache – spätestens – seit dem ↑Nationalsozialismus beschädigt, und so »steht heute der Philosoph der zerfallenen Sprache gegenüber. Sein Material sind die Trümmer der Worte, an die Geschichte ihn bindet.« (GS Bd. 1, S. 368 f.)

Weil Wahrheit durch Begriffe nicht zu fassen ist, bedarf sie der Hilfe der ↑Kunst. Philosophische Sprache steht also zur »sachlichen Struktur eines philosophischen Gebildes [...] in einem gestalteten Spannungsverhältnis« (GS Bd. 1, S. 370) und bleibt, vorsichtig gesagt, im logischen Sinne unwahr, zumindest gezwungenermaßen unverständlich.

Zentral bleibt: In Sprache sich ausdrückende Wahrheit trägt wie Sprache ohnehin die Wundmale der Geschichte. Wahrheit wie Sprache sind nur geschichtlich zu verstehen, da in jedem Wort die Geschichte mitspricht. Kein philosophisches Wort ist eindeutig, sondern dialektisch vermittelt; als »dialektisches Bild« (↑Benjamin) von Sprache speichert es historische Wahrheit. Als solche dialektischen Bilder fungieren die Worte; in einer beschädigten und entfremdeten Sprache sind alle philosophischen Begriffe ↑Fremdwörter.

Adorno wandte sich gegen die starre Definition der Begriffe und verteidigte das »Leben der Begriffe«: Es ginge darum, »dieses in den Termini, in den Worten geronnene Leben zu erwecken« (PT Bd. 1, S. 18; ↑Adorno lesen). Die Lektüre der philosophischen Texte Adornos ist kein Freizeitausflug. Man muss, nach einem Wort ↑Benjamins, das Adorno in der ›Vorrede‹ seiner ›Negativen Dialektik‹ erwähnt, »durch die Eiswüste der Abstraktion hindurch, um zu konkretem Philosophieren bündig zu gelangen« (GS Bd. 6, S. 9). Als Schuhwerk für diesen Weg empfehlen sich die hegelschen Siebenmeilenstiefel des Begriffs – und das sind eben Stiefel und keine Badelatschen. Adornos Sprache für unverständlich zu halten, dennoch weiterzulesen, das Unverstandene zu reflektieren und die Probleme der Begriffe herauszuarbeiten, kommt Adornos Verständnis von Lektüre sehr nahe. – Dass Adorno mit dem Vorwurf der Unverständlichkeit schon als junger Mensch, als Kind in der Schule zu kämpfen hatte, kann man in den ›Minima Moralia‹ nachlesen. Dort erinnert Adorno an Mitschüler, »die keinen richtigen Satz zustande brachten, aber jeden von mir zu lang fanden – schafften sie nicht die deutsche Literatur ab und ersetzten sie durch das Schrifttum?« (GS Bd. 4, S. 219).

Zusatz: Im Vorwurf, etwas sei unverständlich, steckt auch immer der – heimliche, oft verheimlichte – Stolz dessen, der sich der gängigen Mode bewusst zu sein glaubt und annimmt zu wissen, »was geht« und wie darüber zu reden sei. Was sprachliche Moden sind, lässt sich an der ↑Reklame ablesen. Auch Philosophie selbst kann dabei zum Modewort werden (als Philosophie von Autos, Waschmaschinen, Badezimmern, Unternehmensphilosophie etc.). Wie verständlich muss das Geschriebene sein? Heute gibt die Reklame den Maßstab vor, an dem sich Verständlichkeit auszurichten hat; die auf die bloße Informationsvermittlung reduzierte Presse tut das ihre dazu. Verständlichkeit heißt Befehl; befohlen wird, dem Versprechen der Reklame Folge zu leisten und die eigenen Bedürfnisse daran auszurichten. Schließlich wird die Verständlichkeit der Reklame zum Maßstab und aus einer Automarke eine ›Generation Golf‹, die sich selbst überhaupt erst einmal erfindet und sich ihre eigene Soziologie ausspinnt.

Von solchen Sprachmoden weit entfernt, die Adorno als Jargon auch politisch verdächtig waren, haftet dem Unverständlichen von seinen Sätzen oft etwas Altmodisches an: Adornos Sprache sei »mega-out« (Schwanitz 2002, S. 454). »In« hingegen scheint heute Unverständlichkeit zu sein; eine besonders in den Publikationen der ↑Popkultur verbreitete Mode ist, im pseudowissenschaftlichen Jargon mit dem Gestus des ↑Bescheidwissens vor sich hin zu plappern; ↑Halbbildung.

Utopie Nach dem griechischen Wort bezeichnet eine »U-Topie« den »Nicht-Ort«, das »Nirgendwo« (im Englischen hat das Wort »nowhere« die treffende Doppeldeutigkeit »Nirgendwo« und »Jetzt-Hier«). Die Utopie ist der kritische Gegenentwurf zur bestehenden Gesellschaft. ↑Ernst Bloch hat in seiner Philosophie der Hoffnung systematisch eine ↑kritische Theorie der konkreten Utopie herausgearbeitet. Konkrete Utopie bedeutet für ihn das Erfassen der für eine bessere Gesellschaft gegebenen Möglichkeiten. Wie jede Utopie trifft auch eine solche Utopie allerdings das ↑Bilderverbot: Sie kann kein fertiges Bild von der emanzipierten Gesellschaft geben, wenn sie ihre utopische Dimension nicht verlieren will. Schon Marx hat weitgehend darauf verzichtet zu beschreiben, wie der Kommunismus genau aussehen könnte. Auch bei Adorno finden sich, was die emanzipierte Gesellschaft angeht, nur marginale Konzepte, die sich zudem weitgehend am Selbstverständlichen orientieren: etwa, dass dann niemand mehr hungern müsse oder wenigstens, wie Adorno vorschlug, ↑Mückenkuchen satt mache.

Nach ↑Auschwitz ↑verstummen die Utopien. Je totaler die Gesellschaft wird, desto radikaler muss ein utopischer Gegenentwurf zu ihr ausfallen, dieser Gegenentwurf kann sich aber umso weniger an dem orientieren, was ist. An Auschwitz zeigt sich endgültig, dass Utopien nur negativ denkbar sind: Sie stellen alle bestehenden Verhältnisse in Frage. Eine emanzipierte Gesellschaft wäre demnach zumindest eine ohne Geld, ohne Tausch, ohne Arbeit, ohne Ökonomie, ohne Staat; selbst Freiheit, der freie Wille, die Autonomie des Subjekts wäre aufgehoben (vgl. GS Bd. 6, S. 291). »Negative Utopie« heißt aber auch, das Schreckbild der ↑Katastrophe in Betracht zu ziehen, die Utopie stets mit der Möglichkeit der ↑Barbarei zu konfrontieren.

Utopische Entwürfe drohen allzu schnell zum weltfremden *wishful thinking* zu werden, zu phantastischen Luftschlössern, zu ↑Science Fiction. Deshalb hätte eine kritische Theorie der Utopie auch der Entwurf eines kritischen Begriffs von Utopie zu sein; sie muss die Möglichkeit des Scheiterns in ihre Überlegungen einbeziehen, ist notwendig eine negative Utopie der bestimmten Negation. (Bestimmte Negation meint nicht unvermittelte »Vernichtung«, sondern ↑immanente Kritik, gezielte Aufhebung aus dem Widerspruch heraus; ↑›Negative Dialektik‹.) Von dieser Schwierigkeit schreibt Adorno in einem Aphorismus in den ›Minima Moralia‹: Betitelt ist die 100. Reflexion, der Schluss des zweiten Teils, nach einer Novelle von Guy de Maupassant mit »Sur l'eau«. Sich auf dem Wasser treiben lassen, nichts zu tun, nur dem nächtlichen Mond zuzusehen: das utopische Bild des Glücks. Während einer Bootsfahrt wirft ein Mann den Anker aus, um dieses Glück zu genießen. Doch ihn erfasst ein unbestimmtes mulmiges Gefühl. Er möchte aufbrechen – doch sein Anker wird am Grund des Flusses festgehalten. Nebel steigt auf. Am nächsten Morgen die grausige Entdeckung: Der Anker hatte sich an der Leiche einer alten Frau verfangen. Der ›große Stein am Hals‹ der Toten lässt ahnen, dass die Frau offenbar – vielleicht in einer ähnlich schönen Mondnacht – Selbstmord begangen hat (vgl. Schweppenhäuser 2000, S. 105 f.).

Adorno glaubt aber dennoch, »daß im Innersten alle Menschen, ob sie es sich zugestehen oder nicht, wissen: es wäre möglich, es könnte anders sein. Sie könnten nicht nur ohne Hunger und wahrscheinlich ohne Angst leben, sondern auch als Freie leben. Gleichzeitig hat ihnen gegenüber, und zwar auf der ganzen Erde, der gesellschaftliche Apparat sich so verhärtet, daß das, was als greifbare Möglichkeit, als die offenbare Möglichkeit der Erfüllung ihnen vor Augen steht, ihnen sich als radikal unmöglich präsentiert.« (Adorno 1985, S. 353)

V

Verblendungszusammenhang Die Moderne ist von der Vorherrschaft des Auges gegenüber den anderen Sinnesorganen bestimmt. Die neuzeitliche Philosophie ist geprägt von optischen Metaphern. Aufklärung bezeichnet in dieser Weise durchaus wörtlich, dass ein Licht aufgeht, dass sich ein Zustand oder Sachverhalt – gleich der Morgendämmerung – erhellt. Zu viel Licht allerdings blendet. Das benennt der Begriff Verblendungszusammenhang. Aufklärung schlägt in ihr Gegenteil um: Sie erhellt nicht die Umstände und Bedingungen des Lebens, um sie zu verbessern und die Not abzuschaffen, sondern es tritt gewissermaßen eine Überbelichtung, eine Verblendung ein: In der ↑›Dialektik der Aufklärung‹ wird entwickelt, wie diese in der

↑Kulturindustrie als Verblendungszusammenhang zum Tragen kommt: »Aufklärung als Massenbetrug«, so der Untertitel des Abschnitts über die Kulturindustrie.

Der Verblendungszusammenhang resultiert aus der strukturellen Dynamik der in sich widersprüchlichen ↑Kraftfelder der kapitalistischen Moderne: Der ökonomische Liberalismus des Marktes des neunzehnten Jahrhunderts führt schließlich zum Ende des Marktes im zwanzigsten Jahrhundert; die Befreiung des bürgerlichen Individuums führt zum Individualismus; die tatsächliche Verwirklichung des freien, selbstbestimmten Individuums bleibt uneingelöstes Versprechen, ja, das Individuum selbst bleibt Schein, ↑autoritäre Persönlichkeit. Die demokratischen Strukturen der Massengesellschaft besiegeln eine totalitäre, inhumane Propaganda; ↑Ideologie geriert sich als Kulturindustrie. Die Mündigkeit des Menschen, nach ↑Kant das erklärte Ziel der Aufklärung, zeigt im ↑Antisemitismus ihre Kehrseite: die freiwillige Selbstbeherrschung von Unmündigen, die sich weigern, dem den anderen angetanen Unrecht anders als mit Gleichgültigkeit zu begegnen. Nicht eine Logik des Fortschritts, sondern eine ↑Logik des Zerfalls kennzeichnet den Entwicklungsprozess der bürgerlichen Gesellschaft.

Die Medien, deren vielfältige Angebote Freiheit und Befriedigung verheißen, fesseln den Konsumenten an den ↑Fetischcharakter der Waren. Die Beziehungen der Menschen untereinander sind in der ↑verwalteten Welt von ↑Verdinglichung gekennzeichnet; ↑Glück gibt es nur als Surrogat, als Glücksversprechen.

Kritiker Adornos haben eingewendet, dass es wissenschaftlich unlogisch sei, zu behaupten, es handele sich dabei um einen Verblendungszusammenhang. Das sei eine ↑Aporie, weil es einen Ausweg nicht gebe. Adorno hat dagegen an vielen Stellen auf den dialektischen Charakter des Verblendungszusammenhangs hingewiesen: »Jeder einzelne Zug im Verblendungszusammenhang ist doch relevant für sein mögliches Ende.« (GS Bd. 10·2, S. 622) Und: »Der Verblendungszusammenhang, der alle Menschen umfängt, hat teil auch an dem, womit sie den Schleier zu zerreißen wähnen.« (GS Bd. 6, S. 364) Zugleich gab Adorno zu bedenken, dass der Zusammenhang eben nicht total sei. »Die Integration von Bewußtsein und Freizeit ist offenbar doch nicht ganz gelungen.« (GS Bd. 10·2, S. 655) Die gesellschaftliche ↑Totalität hat Risse und Randzonen, in denen sich Brüche des Verblendungszusammenhangs abzeichnen: »Totalität ist in den demokratisch verwalteten Ländern der industriellen Gesellschaft eine Kategorie der Vermittlung, keine unmittelbarer Herrschaft und Unterwerfung. Das schließt ein, daß in der industriellen Tauschgesellschaft keineswegs alles Gesellschaftliche ohne weiteres aus ihrem Prinzip zu deduzieren ist. Sie enthält in sich unzählige nicht-kapitalistische Enklaven.« (PS, S. 127) Wie eine Durchbrechung des Verblendungszusammenhangs vorzustellen ist, bleibt allerdings eine Frage der ↑Praxis in spezifischen, nicht vorhersehbaren Situationen; die kritische Theorie entwirft diese Möglichkeit als negative ↑Utopie.

Verdinglichung Ein Schlüsselkonzept der kritischen Theorie des zwanzigsten Jahrhunderts, das Georg Lukács in Anlehnung an ↑Hegel in dem 1923 veröffentlichten Buch ›Geschichte und Klassenbewusstsein‹ entwickelt hat.
»[...] Eine Biene beschämt durch den Bau ihrer Wachszellen manchen menschlichen Baumeister. Was aber von vornherein den schlechtesten Baumeister vor der besten Biene auszeichnet, ist, daß er die Zelle in seinem Kopf gebaut hat, bevor er sie in Wachs baut. Am Ende des Arbeitsprozesses kommt ein Resultat heraus, das beim Beginn desselben schon in der Vorstellung des Arbeiters, also schon ideell vorhanden war.« (MEW Bd. 23, S. 193) Marx beschreibt in dieser Passage aus dem ›Kapital‹, was Hegel die Entäußerung beziehungsweise die Vergegenständlichung nannte: Der Mensch (Subjekt) entäußert seine Idee von einem Tisch, einem Stuhl, einem Haus als etwas ihm Gegenüberstehendes, als Gegenstand (Objekt). Dieser – idealtypisch gefasste – Prozess verkehrt sich allerdings im Laufe der Geschichte, im Zuge der Vergesellschaftung des Menschen – beziehungsweise diese Verkehrung manifestiert sich als Geschichte und Vergesellschaftung: Die entäußerten Gegenstände treten dem Menschen als etwas Äußeres entgegen, als Fremdes. Der entäußerte Gegenstand muss sich erst wieder angeeignet werden. Gesellschaftlich ist das durch die Eigentumsverhältnisse und durch die Organisation der Produktion, die Arbeitsteilung, geregelt. Diesen Prozess der Entäußerung beschreibt Marx in seinen

›Ökonomisch-philosophischen Manuskripten‹ von 1844 mittels des Konzeptes der Entfremdung. In der kapitalistischen Gesellschaft kulminieren Entfremdung und Eigentum in der Verdinglichung der sozialen Beziehungen: Die Menschen treten sich gleich Dingen gegenüber, werden zu Objekten von Tauschbeziehungen. In der vollends verdinglichten Gesellschaft identifizieren sich die Menschen schließlich mit den Gegenständen, mit dem Eigentum; sie sind, was sie besitzen; alle menschlichen Angelegenheiten werden zu Verhältnissen zwischen Dingen.

Der Begriff der Verdinglichung gehört zum kritischen Kern der Theorie vom ↑Fetischcharakter der Ware. Adorno hat in seiner ↑›Negativen Dialektik‹ gezeigt, wie das identifizierende Denken in ↑Begriffen umso stärker verdinglichtes Denken wird, je glatter die Identifikation mit dem, was ist, gelingt. Zugleich hat er davor gewarnt, dass die Kategorie der Verdinglichung von einer verdinglichten Wissenschaft als Etikett gebraucht wird: »Aber Verdinglichung selbst ist die Reflexionsform der falschen Objektivität; die Theorie um sie, eine Gestalt des Bewußtseins, zu zentrieren, macht dem herrschenden Bewußtsein und dem kollektiven Unbewußten die kritische Theorie idealistisch akzeptabel. [...] Worunter die Menschen leiden, darüber gleitet mittlerweile das Lamento über Verdinglichung eher hinweg, als es zu denunzieren. Das Unheil liegt in den Verhältnissen, welche die Menschen zur Ohnmacht und Apathie verdammen und doch von ihnen zu ändern wären; nicht primär in den Menschen und der Weise, wie die Verhältnisse ihnen erscheinen. Gegenüber der Möglichkeit der totalen [↑] Katastrophe ist Verdinglichung ein Epiphänomen; vollends die mit ihr verkoppelte Entfremdung, der subjektive Bewußtseinszustand, der ihr entspricht.« (GS Bd. 6, S. 191)

Adorno reflektiert hier das Problem der ↑Aporie: Wenn die gesellschaftlichen Strukturverhältnisse durch Verdinglichung charakterisiert sind, dann betrifft das auch die Theorien über diese Strukturverhältnisse. Deshalb ist auch hier, ähnlich wie beim ↑Verblendungszusammenhang, eine ↑immanente Kritik des Konzepts unerlässlich: »Was Verdinglichung heißt, tastet, wo es radikalisiert wird, nach der Sprache der Dinge.« (GS Bd. 7, S. 96) Die Verdinglichung zu ignorieren heißt, sie bereits zu akzeptieren. »Verdinglichtes Bewußtsein, das die Unausweichlichkeit

und Unabänderlichkeit des Seienden voraussetzt und bestätigt, ist als Erbe des alten Banns die neue Gestalt des Mythos des Immergleichen.« (GS Bd. 7, S. 342)
Je weiter die Verdinglichung fortschreitet, desto mehr treibt sie aber auch ihrer möglichen Aufhebung entgegen: Verdinglichung wäre – im Bewusstsein von der Verdinglichung – dialektisch aufzusprengen: »Als Bann ist das verdinglichte Bewußtsein total geworden. Daß es ein falsches ist, verspricht die Möglichkeit seiner Aufhebung: daß es nicht dabei bleibe, daß falsches Bewußtsein unvermeidlich sich über sich hinaus bewegen müsse, nicht das letzte Wort behalten könne.« (GS Bd. 6, S. 339)

Verfransung der Künste »In der jüngsten Entwicklung fließen die Grenzen zwischen den Kunstgattungen in einander oder, genauer: ihre Demarkationslinien verfransen sich« (GS Bd. 10·1, S. 432), heißt es 1966 in einem Vortrag Adornos: Die These von der Verfransung der Künste verweist auf das ↑Abgebrochensein der Kunst, deren Liquidation.
Einen ähnlichen Prozess hat Adorno als ihr »Altern« für die ↑Neue Musik diagnostiziert – in der ›Ästhetischen Theorie‹ ist von einer »Entkunstung der Kunst« die Rede (GS Bd. 7, S. 32). Die Verfransung der Künste ist das Resultat der ästhetischen Moderne: Der ästhetische Aspekt der Kunst tritt immer mehr in den Hintergrund, während ihre gesellschaftliche Funktion immer wichtiger wird. Solche Dialektik zeichnet sich im Inhalt der Kunst als Tendenz zum Dekorativen ebenso ab wie in der Auflösung der ästhetischen Form, dem ↑Verstummen der ästhetischen Formen. Malerei wird zur Literatur, Literatur wird zur Grafik; Musik wird zur Performance, Performance zur Musik. John Cage hat schließlich das Umgießen von Orangensaft von einem Glas in ein anderes zur Komposition erklärt; bei Jannis Christou müssen sich die Musiker gegenseitig Stofftiere zuwerfen; Frank Zappa nimmt ein Formular der US-Einwanderungsbehörde als Partitur.
Durch die Verfransung ist der ↑Wahrheitsgehalt der Kunstwerke bedroht, nicht zuletzt, weil das »Werk« als Ganzes, als ↑Totalität, in Frage steht. Die Künste provozieren statt mit Werken nun mit Konzepten, mit Happenings und Manifesten. Schließlich »verfranst« auch die Grenze zum Außerkünstlerischen, zum Alltags-

leben, wie es bereits die Surrealisten gefordert hatten. Radikalisiert haben eine solche ↑Praxis der Avantgarde dann – von Adorno wenig beachtete – Gruppen wie die Situationisten: Sie begriffen die Verfransung der Künste als eine ästhetische Praxis, die zu der politischen Praxis der Zweckentfremdung umfunktioniert werden kann, um damit die bestehenden Gesellschaftsstrukturen zu irritieren und schließlich aufzulösen. Ein Beispiel sind die Bedeutungsverschiebungen, die entstehen können, wenn etwa kapitalistische Waren aus dem bekannten Kontext herausgenommen beziehungsweise Bildstrukturen aus der ↑Reklame auf revolutionäre Forderungen übertragen werden, wenn also sozialer Widerstand mit den Mustern der ↑Kulturindustrie arbeitet. Die ↑Cultural Studies haben ähnliche Strategien der Verfransung, vor allem im Umgang mit der Mode, bei jugendlichen Subkulturen analysiert. Ohnehin kann der Wandel von der ↑Massenkultur zur ↑Popkultur als Teil einer Verfransung bezeichnet werden, mit der jenseits des offiziellen ↑Amüsierbetriebs die Konzepte der historischen Avantgarden weiterverfolgt werden. Mit Strategien der Verfransung haben im Übrigen bereits Musikgruppen wie die ↑Beatles gearbeitet, in den siebziger Jahren dann der ↑Punk. Heute sind das gängige Verfahren der Kulturindustrie.

Veröffentlichungen Mit Adornos unvollendeter ›Ästhetischer Theorie‹ (GS Bd. 7) erschien 1970 der erste Band seiner insgesamt zwanzig Bände umfassenden ›Gesammelten Schriften‹ beim Frankfurter Suhrkamp-Verlag; 1986 wurde die von Rolf Tiedemann herausgegebene Edition abgeschlossen, an der neben Klaus Schultz und Susan Buck-Morss auch Adornos Frau beteiligt war (↑Margarete Karplus); seit 1997 liegt – ebenfalls bei Suhrkamp – auch eine Taschenbuchausgabe vor. Im gleichen Verlag kommen auch die auf ungefähr dreißig Einzelbände angelegten Nachlassschriften, Vorlesungen und Briefwechsel Adornos heraus, die das ↑Theodor-W.-Adorno-Archiv ediert. Zu Adornos wichtigsten Veröffentlichungen gehören neben der ↑›Dialektik der Aufklärung‹ (zusammen mit ↑Max Horkheimer, 1947) etwa die ›Philosophie der neuen Musik‹ (1949), die ›Minima Moralia‹ (1951) und die ↑›Negative Dialektik‹ (1966). In den sechziger und siebziger Jahren wurden zudem innerhalb der studentischen Protestbewegung viele Schriften – Aufsätze, Vorlesungsmitschriften, Vortragsmanuskripte – von Adorno als Raubdrucke vertrieben.

Heinz-Klaus Metzger hat die Noten der ↑Kompositionen Adornos herausgegeben. Einige Kompositionen sind auf Tonträgern erhältlich: 1988 wurden unter anderem die ›Zwei Stücke für Streichquartett op. 2‹ (1925/26), die ›Sechs kurzen Orchesterstücke op. 4‹ (1929) und zwei Lieder aus dem geplanten Singspiel ↑›Der Schatz des Indianer-Joe‹ aufgenommen (Wergo 1990). Zudem sind einige Vorlesungen, Rundfunk- und Fernsehbeiträge Adornos als CD und Video verfügbar, zum Beispiel ›Aufarbeitung der Vergangenheit. Reden und Gespräche‹ (5 CDs, Hörverlag 1999).

Die meisten Schriften Adornos sind ins Englische, Französische, Spanische, Portugiesische (wegen der breiten Adorno-Rezeption in Brasilien) und Japanische übersetzt. Selbstverständlich sind auch im Internet zahlreiche Texte von und Informationen über Adorno vorhanden.

Zusatz: Adorno gehörte nicht zu denen, die einmal Veröffentlichtes zurückziehen oder gravierend verändern, auch wenn beispielsweise die ↑›Dialektik der Aufklärung‹ bearbeitet und die radikale Gesellschaftskritik teilweise entschärft wurde, wie ein Vergleich der Ausgaben von 1944 und 1947 und der Neuausgabe von 1969 zeigt. Charakteristisch ist, was Adorno 1966 anlässlich der Wiederveröffentlichung seines frühen ›Kierkegaard‹-Buches schrieb: »Von früh auf hegte er [i. e. Adorno] Mißtrauen gegen solche, die ihre Jugendschriften verleugnen, Manuskripte verbrennen, überhaupt ihre Unbestechlichkeit sich selbst gegenüber spektakulär bekunden. Seine tiefe Abneigung, je ein neues Leben zu beginnen, teilt sich auch seinem Verhältnis zu den eigenen Büchern mit. Er argwöhnt hinter demütiger Selbstkritik, der nichts gut genug sein will, die geduckte Hybris dessen, der wähnt, später habe er es erreicht; ein vom bürgerlichen Vorurteil genährtes Vertrauen in Reife, hinter dem sich die Gerontokratie verschanzt.« (GS Bd. 2, S. 261 f.)

Jede Arbeit, auch das abgeschlossene Werk, ist in Hinblick auf den Gedanken, den es verfolgt und expliziert, *work in progress* und kein abgeschlossenes ↑System. In diesem Sinne sind die ›Minima Moralia‹ ›Reflexionen aus dem beschädigten Leben‹, wie

der Untertitel lautet; deshalb ist die ›Dialektik der Aufklärung‹ zunächst unter dem Titel ›Philosophische Fragmente‹ erschienen. Auch die unbeabsichtigt Fragment gebliebenen Nachlassschriften überraschen mit der klaren Struktur eines philosophischen Antisystems, als ob es darum ginge, noch nachträglich zu beweisen, dass kritische Theorie mit den herrschenden Zuständen nicht fertig werden darf. Die Verhältnisse in der Welt sind zu katastrophal, als dass auf den endgültigen Gedanken gewartet werden könnte; andererseits sind die Verhältnisse in der Welt aber auch zu katastrophal, als dass ihre Widersprüche und ihre Dynamik in einem letzten Gedanken Platz hätten: Ein abschließendes Wort zur ↑verwalteten Welt gibt es nicht; der kritische Nekrolog richtet niemals über die Zukunft, die den Überlebenden bevorsteht. Zugleich heißt kritische Theorie aber auch, auf »Einschränkung und Zurücknahme« – auf die falsche Vornehmheit des akademischen ↑Betriebs – zu verzichten, denn sie sind »keine Darstellungsmittel der Dialektik« (GS Bd. 4, S. 96).
Gerade das Sperrige, Zersplitterte der Texte Adornos ist als Aufforderung zur Kritik zu verstehen. Der Unfug beispielsweise, den Adorno über ↑Jazz geschrieben hat, wird erst dann wirklich zum Unfug, wenn er für bare Münze genommen oder in der Manier des ↑Bescheidwissens ignoriert und im Sinne von ↑Halbbildung kolportiert wird.
Vgl. ↑Anbruch, ↑Klopapier, ↑Wohnen im Text, Schreiben im Café, ↑Zwergobst.

Versöhnung Die Versöhnung bezeichnet die ↑Utopie der kritischen Theorie Adornos und ist zugleich ihr radikalster Ausdruck: In der Idee der Versöhnung ist das Bild der Befreiung des Menschen, der Möglichkeit der Aufhebung des Widerspruchs zwischen Subjekt und Objekt (↑Vorrang des Objekts), der Abschaffung des ↑Todes bewahrt. Versöhnung fordert den Verzicht auf jegliche Abbildung, denn Versöhnung ist das utopische Moment der bestimmten Negation: Die wirkliche Befreiung müsse von der Kategorie der Befreiung befreit werden, wie Adorno in der ↑›Negativen Dialektik‹ schreibt (vgl. GS Bd. 6, S. 347).
Die Möglichkeit der Versöhnung zeigt sich »überall da [...], wo die Welt am scheinhaftesten sich darstellt« (GS Bd. 1, S. 365), insbesondere in der ↑Kunst, die Ausdruck des ästhetischen Scheins

ist. Wird allerdings der ästhetische Schein realistisch auf die Abbildung dessen verpflichtet, was ohnehin schon ist, gerät die Utopie zur ›Erpressten Versöhnung‹ (GS Bd. 11, S. 251 ff.), wie Adorno in seiner Auseinandersetzung mit Georg Lukács' ›Wider den missverstandenen Realismus‹ kritisierte. Realismus ist einzig dann gerechtfertigt, wenn Kunst die Möglichkeit der Versöhnung nicht im positiven utopischen Entwurf demonstriert, sondern an der stattfindenden ↑Katastrophe gewissermaßen deren Unmöglichkeit beweist, wie etwa in Becketts ↑›Endspiel‹.
Die Utopie der Versöhnung steckt im Scheinhaften der Kunstwerke – ↑Bloch spricht von einer »Ästhetik des Vor-Scheins« –, nicht in ihrem unmittelbaren Inhalt; insofern gerinnt die Utopie der Versöhnung erst im Eingedenken der Kunstwerke, in ihrer Wahrnehmung, zur Idee. Man müsse dabei weinen, ohne wirklich zu wissen, warum, schreibt Adorno 1928 über die Musik Schuberts. Man könne die Musik »nicht lesen; aber dem schwindenden, überfluteten Auge hält sie vor die Chiffren der endlichen Versöhnung« (GS Bd. 17, S. 33).

Verstummen Die Musik verstummt; ein extremes Beispiel ist nach wie vor John Cages ›4′ 33″‹, eine mehrsätzige Komposition aus Pausen, bei der vier Minuten und 33 Sekunden lang Stille zu hören ist. Als ästhetisches Verfahren wird mit dem »Verstummen« in verschiedenster Weise von der ironischen Provokation bis zum Belangloswerden der Musik gespielt: Heute gibt es Musik, die nicht zur Aufführung bestimmt ist, Konzerte ohne Instrumente, Verlangsamungen oder Beschleunigungen des musikalischen Verlaufs bis zur Unhörbarkeit der Musik, Lärm als Verstummen der Musik im bloßen Geräusch. Verstummen der Musik meint bei Adorno aber auch die Liquidation der Kunst, da diese in der ↑Kulturindustrie vollends zur Ware wird. Ihr Verstummen steht in einem Spannungsverhältnis zu Adornos Theorie von der »Sprachähnlichkeit« der Kunst. Heute spricht Kunst aus, dass sie nicht sprechen kann. »Die Paradoxie, daß Kunst es sagt und doch nicht sagt, hat zum Grunde, daß jenes Mimetische, durch welches sie es sagt, als Opakes und Besonderes dem Sagen zugleich opponiert.« (GS Bd. 7, S. 305) Kunst verstummt, weil das, was sie sagen könnte, ihr zugleich versagt und unaussprechlich ist.

Ohnehin scheint ernste Musik, die ↑Neue Musik, dem alltäglichen Lärm nicht gewachsen zu sein; sie ist, sei es auch gegen ihren Willen, zum Schweigen verurteilt, kapituliert vor der Lautstärke des ↑Amüsierbetriebs: Kunst verstummt, weil sie zur ↑Unterhaltung wird. Dem will sich die bürgerliche Kunstmusik nicht preisgeben – und kann damit ohnehin auch nicht mithalten. Anders die Musik der ↑Popkultur: Sie hat ihren ›Sound of Silence‹ längst entwickeln können. Der DJ Hans Nieswandt schreibt: »DJs sind wie das Tanzorchester auf der Titanic. Sie können nichts für den Untergang, sie können ihn auch nicht verhindern, sie spielen einfach nur die Musik dazu. Manche tun das extrem laut, ›damit man nicht hört, wie die Welt zusammenbricht‹, um einen alten [↑] Punk-Slogan zu verwenden.« (Nieswandt 2002, S. 12)

Verwaltete Welt Die von Adorno und ↑Horkheimer in der ↑›Dialektik der Aufklärung‹ beschriebene Entwicklung mündet in der verwalteten Welt. Vernunft meint nicht mehr die unbedingte Wahrnehmung der menschlichen Interessen, zielt nicht mehr darauf, ein Leben ohne Herrschaft einzurichten. In der verwalteten Welt meint Vernunft die Effektivität rationeller und rationaler Maßnahmen zur Steuerung der bestehenden Verhältnisse, das Prinzip der Herrschaft selbst. Ebenso wenig wie man sich die ↑Kulturindustrie als eine Fabrik vorzustellen hat, bezeichnet »verwaltete Welt« eine Art Behörde oder einen bürokratischen Vorgang. Vielmehr ist damit eine – von Menschen verwaltete – Welt gemeint, in der alle Aktivität, überhaupt jede menschliche Tätigkeit, dem ökonomischen Ziel untergeordnet ist, die Gesellschaft um des ↑Profitmotivs willen so zu lassen, wie sie nun einmal ist. Menschliches Handeln wird nivelliert und an den Verhaltensmustern der Produzenten und Konsumenten ausgerichtet, aller »Freiheit und Spontaneität [wird] unter Bedingungen planender, organisierender Erfassung [...] die gesellschaftliche Basis entzogen« (GS Bd. 14, S. 9).
Die verwaltete Welt dringt als ↑Verdinglichung bis in die letzten Reservate des Individuums vor. In der veralteten Welt organisieren sich die Menschen freiwillig in ↑Rackets. Der kritische Befund von der totalen Verwaltung hat durchaus Parallelen zu Formulierungen wie »Normierungsmacht« und »Kontrollgesell-

schaft«, die von den ↑französischen Philosophen Michel Foucault und Gilles Deleuze geprägt wurden.

In welchem Ausmaß wir es mit einer verwalteten Welt zu tun haben, zeigt sich nicht zuletzt an der gesellschaftlichen Funktion der Kunst. Adorno nannte seinen Sammelband ›Dissonanzen‹ im Untertitel ›Musik in der verwalteten Welt‹ und erklärte: »Der Funktionswechsel der Musik rührt an Grundbestände des Verhältnisses von Kunst und Gesellschaft. Je unerbittlicher das Prinzip des Tauschwerts die Menschen um die Gebrauchswerte bringt, um so dichter vermummt sich der Tauschwert selbst als Gegenstand des Genusses.« (GS Bd. 14, S. 25) Das verweist auf den Grundmechanismus der Kulturindustrie zurück, die Menschen ständig in Beschäftigung zu halten. »Die Erscheinung des Tauschwerts an den Waren hat eine spezifische Kittfunktion übernommen. Die Frau, die Geld zum Einkaufen hat, berauscht sich am Akt des Einkaufens. Having a good time heißt es in der amerikanischen Sprachkonvention: beim Vergnügen der andern dabeisein, das seinerseits auch bloß das Dabeisein zum Inhalt hat.« (GS Bd. 14, S. 25 f.) In einer Kaufhauskette heißt es über Lautsprecher zum Ladenschluss: »Sehr geehrte Kundinnen und Kunden, wieder geht ein wunderschöner Einkaufstag zu Ende. Genießen Sie den Feierabend, und kommen Sie schon morgen wieder!«

Verzweiflung »Es gibt einen Satz von Grabbe, der lautet: ›Denn nichts als nur Verzweiflung kann uns retten.‹ Das ist provokativ, aber gar nicht dumm. – Ich kann darin keinen Vorwurf sehen, daß man in der Welt, in der wir leben, verzweifelt, pessimistisch, negativ sei«, sagte Adorno 1969 kurz vor seinem ↑Tod im Interview (GS Bd. 20·1, S. 405).

In der ›Konstruktion des Ästhetischen‹ zitiert Adorno ↑Kierkegaard: »In dieser letzten Bedeutung ist nun Verzweiflung die Krankheit zum Tode, dieser qualvolle Widerspruch, diese Krankheit im selbst, ewig zu sterben, zu sterben und doch nicht zu sterben; des Todes zu sterben. Denn Sterben bedeutet, daß es vorbei ist, aber des Todes sterben bedeutet, daß man das Sterben erlebt, und läßt sich dieses einen einzigen Augenblick erleben, so erlebt man es damit für ewig. Würde ein Mensch an Verzweiflung sterben, wie man an einer Krankheit stirbt, dann müsste das Ewige in ihm, das Selbst, in demselben Maße sterben können, wie der Leib an der Krankheit stirbt. Dies ist aber eine Unmöglichkeit; das Sterben der Verzweiflung setzt sich beständig in ein Leben um. Der Verzweifelte kann nicht sterben; ›so wenig wie der Dolch Gedanken töten kann‹, ebenso wenig kann die Verzweiflung das Ewige, das Selbst verzehren, das der Verzweiflung zugrunde liegt, deren Wurm nicht stirbt, und deren Feuer nicht erlischt.« (Kierkegaard, Die Krankheit zum Tode, zit. nach GS Bd. 2, S. 120) Alles Existieren ist Verzweiflung, darin findet auch der Existenzialismus der ↑französischen Philosophie sein Grundmotiv; es gibt keine ↑Hoffnung, keine ↑Rettung, keine ↑Versöhnung. Im Prinzip ist hier vorweggenommen, wovon bei Adorno Anfang der sechziger Jahre in der ↑›Negativen Dialektik‹ als ↑»Ontologie des falschen Zustands« die Rede ist: eine sich nicht nur ›objektiv‹ in den geschichtlichen Strukturen blind vollziehende Entwicklung, sondern eine dem Subjekt selbst überantwortete, in ihm sich durchsetzende und damit sozusagen ›subjektive‹ ↑»Logik des Zerfalls«. Adorno spricht von einer »Ontologie der Hölle«, in welcher der »Geist des Existierenden durch die Strudel kreisender Wiederholung endlich versinkt« und der »Subjektivismus auf seinen Boden« aufschlägt (GS Bd. 2, S. 120).

In ›Die Aktualität der Philosophie‹ heißt es ähnlich, die Subjektivität zerfalle in Verzweiflung, ihre »letzte Tiefe« sei »eine objektive Verzweiflung, die den Entwurf des Seins in Subjektivität zu einem Entwurf der Hölle verzaubert« (GS Bd. 1, S. 329).

Verzweiflung ist die Signatur des Individuums und bildet die soziale wie psychische Grunderfahrung des Menschen im zwanzigsten Jahrhundert, ihr Ausdruck ist ↑Angst. Die moderne Kunst nimmt diese Erfahrung auf, der Musiker Knarf Rellöm etwa singt: »Verzweiflung ja, Selbstmitleid nein« (auf den Platten ›Paradies der Ungeliebten‹, 1998, sowie ›Fehler Is King‹, 1999).

Vorrang des Objekts Erkenntnistheoretische Figur aus der ↑›Negativen Dialektik‹ und dem Aufsatz ›Zu Subjekt und Objekt‹. In Adornos Philosophie des Nichtidentischen stellt die These vom Vorrang des Objekts sozusagen das Epizentrum dar.

Ausgangspunkt dafür ist die idealistische Philosophie der Neuzeit. Zu nennen sind zuallererst namentlich ↑Kant und ↑Hegel, die von einer Entzweiung zwischen Subjekt (Zugrundeliegendes) und Objekt (Gegenüberstehendes, Gegenstand) ausgehen: Der Mensch tritt aus dem unmittelbaren Naturverhältnis heraus, und die Entzweiung zwischen Subjekt und Objekt wird umso größer, je mehr er sich die Welt – durch Beherrschung der ↑Natur – zum Gegenstand macht. Die Besonderheit der Dinge wird dem allgemeinen ↑Begriff von ihnen, mit dem wir jeweils die Objekte identifizieren, untergeordnet: Mit Hilfe der Begriffe herrscht das Subjekt über die Objekte, es ›unterwirft‹ sie.

Adorno möchte dem Objekt Gerechtigkeit widerfahren lassen: Folglich soll diesem im Erkenntnisprozess der Vorrang gegeben werden – und zwar durch ein »Mehr an Subjekt« (GS Bd. 6, S. 50; Wiggershaus 1987, Thyen 1989): »Vorrang des Objekts heißt vielmehr, daß Subjekt in einem qualitativ anderen, radikaleren Sinn seinerseits Objekt sei als Objekt, weil es nun einmal anders nicht denn durch Bewußtsein gewußt wird, auch Subjekt ist.« (GS Bd. 10·2, S. 746) Um diesen Satz zu verstehen, hilft es zu wissen, dass für Adorno a) Erkenntnis immer auch Selbsterkenntnis ist und b) Erkenntniskritik und Gesellschaftskritik nicht zu trennen sind (GS Bd. 10·2, S. 748; Schweppenhäuser 2000, S. 55 u. 61).

Die Denkfigur, die dahinter steht, ist eine dialektische: Subjekt und Objekt sind zwar entzweit (wenn es um Erkenntnisse geht, um Begriffe), aber doch nicht vollständig getrennt (wenn es zum Beispiel um das gesellschaftliche Verhältnis von Subjekt und Objekt geht): Der Mensch hat sich aus dem Naturzusammenhang gelöst, bleibt aber Teil der Natur. Er beherrscht Natur, indem er sich selbst beherrscht. Das Subjekt ist immer auch ein Objekt; und das Objekt wiederum hat auch etwas Subjektives – das hervortritt, wenn wir ihm den Vorrang geben. Ein vereinfachendes Beispiel sind die Namen, die wir den Dingen verleihen. Vor mir habe ich: Lampe, Papier, Kugelschreiber, Kaffeetasse – und einen kleinen Teddy (↑Teddie), ein Objekt aus meiner ↑Kindheit. Er hat einen Namen, ist etwas Besonderes, im Gegensatz zu Lampe, Papier, Stift etc.

Den Dingen bleibt ein Rest, der sich nicht mittels Begriffen erfassen lässt, sie bewahren gewissermaßen ihr Subjektives. Je stärker ich den Objekten den Vorrang gegenüber ihren Begriffen einräume, umso näher komme ich dem Subjektiven, Einzigartigen,

Besonderen, Lebendigen der Dinge – eben ohne sie vollends zu verdinglichen. Dies berührt den auch für die Ästhetik Adornos zentralen Begriff der Vermittlung (↑Kunst, ↑Wahrheitsgehalt). »Vermittlung des Objekts besagt, daß es nicht statisch, dogmatisch hypostasiert werden darf, sondern nur in seiner Verflechtung mit Subjektivität zu erkennen sei; Vermittlung des Subjekts, daß es ohne das Moment der Objektivität buchstäblich nichts wäre. [...] Einzig subjektiver Reflexion, und der aufs Subjekt, ist der Vorrang des Objekts erreichbar.« (GS Bd. 6, S. 186f.; ↑Versöhnung)

W

Wagner, Richard (1813–1883) Wagners Kompositionen markieren einen Wendepunkt in der Musik des neunzehnten Jahrhunderts: Sie bilden den Höhepunkt der romantischen Epoche und antizipieren bereits die Moderne. Die großen Opernwerke sind mit deutschen Heldenmythen überladen, verweisen ins dunkle Mittelalter, in die Traumwelt der Sagen und Schätze. Formal allerdings ist die Musik Wagners, nach einem ursprünglich als Schmähung verwendeten Wort eines Musikkritikers, Zukunftsmusik: Wagners Opern sind Gesamtkunstwerke, in denen Schauspiel, Musik, Tanz miteinander verschmelzen, wobei Handlung, Erzählung und Vertonung aus der Werkstruktur selbst zu erwachsen scheinen. Auf Wagner geht die Leitmotivtechnik zurück. Sie war für seinen Stil prägend: Mit Leitmotiven werden Personen oder Situationen gekennzeichnet, sie erhalten sozusagen eine Erkennungsmelodie.

Wagner eröffnete in Bayreuth ein eigenes Theater (1872 war die Grundsteinlegung, bei der Wagner ↑Beethovens neunte Sinfonie aufführte), das er selbst leitete. Mit der Gründung des Theaters und den in Bayreuth stattfindenden Festspielen hat Wagner Grundzüge des Musiklebens des zwanzigsten Jahrhundert, des Konzertwesens und der ↑Kulturindustrie, vorweggenommen. Dem Prinzip nach funktionieren heute die Großveranstaltungen der ↑Popkultur ähnlich: Auch dabei wird beispielsweise mit der Wiedererkennbarkeit der Melodien operiert.

In seinem ›Versuch über Wagner‹ arbeitet Adorno heraus, inwiefern in der Musik Wagners eine Dialektik von Fortschritt und Rückschritt, Mythos und Rationalität zum Ausdruck kommt, die der ↑Dialektik der Aufklärung, das heißt im konkreten Fall der Entfaltung der antagonistischen kapitalistischen Gesellschaftsordnung im neunzehnten Jahrhundert, folgt, und inwiefern sich in der Musik die Verwertungslogik der Tauschgesellschaft, der ↑Fetischcharakter der Ware, manifestiert. »Die Verdeckung der Produktion durch die Erscheinung des Produkts ist das Formgesetz Richard Wagners. Das Produkt präsentiert sich als sich selbst Produzierendes: daher auch der Primat von Leitton und Chroma. Indem die ästhetische Erschung keinen Blick mehr durchläßt auf Kräfte und Bedingungen ihres realen Produziertseins, erhebt ihr Schein als lückenloser den Anspruch des Seins. [...] Wagners Opern tendieren zum Blendwerk.« (GS Bd. 13, S. 82)

Wahrheitsgehalt »Gesellschaftliche Kämpfe, Klassenverhältnisse drücken in der Struktur von Kunstwerken sich ab; die politischen Positionen, die Kunstwerke von sich aus beziehen, sind demgegenüber Epiphänomene, meist zu Lasten der Durchbildung der Kunstwerke und damit am Ende auch ihres Wahrheitsgehalts. Mit Gesinnung ist wenig getan.« (GS Bd. 7, S. 344) Kunstwerke haben Erkenntnischarakter; was an ihnen Erkenntnis ist, drückt sich in ihrem »Gehalt« aus, in der Vermittlung von Form und Inhalt. Anders gesagt: Was am Kunstwerk wahr ist, spricht nicht aus seinem Inhalt, aus der dort vermittelten politischen oder sozialen Position und der damit verbundenen Funktion, erst recht nicht aus der Gesinnung des Künstlers, sondern daraus, wie der *Inhalt sich durch die ästhetische Form hindurch im Wahrheitsgehalt kristallisiert.*

In seiner ästhetischen Theorie beschreibt Adorno Kunstwerke als Kristalle oder Kristallisationen der Wahrheit; in ihren Facetten sind sie ↑Rätsel. »Der Geist der Kunstwerke ist nicht was sie bedeuten, nicht was sie wollen, sondern ihr Wahrheitsgehalt. Der ließe sich umschreiben als das, was an ihnen als Wahrheit aufgeht.« (Beethoven, S. 247) Kunstwerke sprechen aus, was etwa durch ↑Philosophie nicht ausgesprochen werden kann. Der Wahrheitsgehalt der Kunst verweist auf die gesellschaftliche Funktion der Kunst, nicht umgekehrt; wahr ist an den Kunstwerken, was sie als das gesellschaftliche Unwahre auszusprechen vermögen. »Kunst ist, emphatisch, Erkenntnis, aber nicht die von Objekten. Ein Kunstwerk begreift einzig, wer es als Komplexion von Wahrheit begreift.« (GS Bd. 7, S. 391) Der Wahrheitsgehalt ist beides, Vermitteltes und Vermittelndes; deshalb spricht Adorno hier von »Komplexion«.

Der Wahrheitsgehalt ist in dem ästhetischen Begriff des Materials fundiert; Material sind alle zur Verfügung stehenden Mittel und Bedingungen der Kunst, die Art und Weise, wie deren besonderer Charakter im Kunstwerk zur Geltung kommt. Entgegen Adorno, der nur den avancierten Werken der ästhetischen Moderne einen Wahrheitsgehalt zubilligte, wäre im Sinne eines adäquaten Umgangs mit Material auch bei solchen Arbeiten von Wahrheitsgehalt zu sprechen, die der ↑Kulturindustrie entstammen. Adorno hat durchaus selbst nahe gelegt, dass auch Produkte der ↑Popkultur an ihrem Materialstand und ihrem Wahrheitsgehalt bemessen werden können – obwohl es sich dabei um ↑Amüsierwaren handelt, denn: »Noch in Kunstwerken [...], die bis ins Innerste mit [↑] Ideologie versetzt sind, vermag der Wahrheitsgehalt sich zu behaupten.« (GS Bd. 7, S. 345)

Wien Im März 1925 ging Adorno nach Wien, um bei ↑Alban Berg Komposition zu studieren. »Ein Zimmer mit Flügel, das einigermaßen günstig gelegen ist, wird sich ja wohl auftreiben lassen.« (Berg, S. 12) Sein Klavierlehrer war Eduard Steuermann, der zusammen mit dem Geiger Rudolf Kolisch zu den maßgebenden Interpreten der ↑Zwölftonmusik gehörte. Steuermann und Kolisch hat Adorno 1963 sein Buch ›Der getreue Korrepetitor‹ gewidmet (GS Bd. 15). – In Wien konzentrierte sich Adornos Interesse ganz auf das Musikleben der Stadt, und selbst das bekam er offenbar nur ausschnittweise mit. »Adorno hat allerdings Wien nicht wirklich verstanden«, so Heinz Steinert in seiner Studie ›Adorno in Wien‹ (Steinert 1989, S. 1): Weder habe Adorno das kommunistisch bewegte ›Rote Wien‹ wahrgenommen, noch habe ihn der damals in Wien besonders starke ↑Antisemitismus beschäftigt. Bereits im Sommer 1925 kehrte Adorno nach Frankfurt am Main zurück, um dort bei Hans Cornelius Philosophie zu studieren. In den Jahren danach war Adorno nur noch sporadisch in Wien.

Wiesengrund Am 11. September 1903 wurde Theodor Ludwig Wiesengrund in Frankfurt am Main geboren. Wiesengrund-Adorno lautete der Nachname, unter dem Adorno registriert wurde; seine Mutter Maria Calvelli-Adorno della Piana bestand darauf. Als Wiesengrund-Adorno unterschrieb er in der Vorkriegszeit seine Musikkritiken. Erst 1943, in der Emigration, schrumpfte das Wiesengrund zum W. und Adorno wurde amtlich als Nachname bestätigt. Seine erste Veröffentlichung, ›Zur Psychologie des Verhältnisses von Lehrer und Schüler‹, die im Oktober 1919 in der ›Frankfurter Schüler-Zeitung‹ publiziert wurde (vgl. GS Bd. 20·2, S. 715ff.; ↑Teddie), zeichnete Adorno mit Teddie Wiesengrund.

Adorno klingt weniger jüdisch als Wiesengrund; auch im von antisemitischen Ressentiments nicht freien Amerika könnte dies bei der Entscheidung, den Namen der Mutter anzunehmen, eine Rolle gespielt haben. Namen sind eben nicht Schall und Rauch (vgl. GS Bd. 20·2, S. 533f.). Zur Namenkunde heißt es in den ›Minima Moralia‹ im Aphorismus »Der Böse Kamerad«: »Wenn die Bürgerklasse seit undenklichen Zeiten den Traum der wüsten Volksgemeinschaft, der Unterdrückung aller durch alle hegt, dann haben Kinder, die schon mit Vornamen Horst und Jürgen und mit Nachnamen Bergenroth, Bojunga und Eckhardt hießen, den Traum tragiert, ehe die Erwachsenen historisch reif dazu waren.« (GS Bd. 4, S. 219) Der »tragierte Traum« ist der Faschismus. Scheible nennt Adornos Deutung denunziatorisch, weil damit Menschen »schon« aufgrund ihres Namens zu »Wegbereitern des Faschismus stigmatisiert werden. Ein solches Urteil ist von dem antisemitischen Ressentiment, das sich etwa gegen den Namen Wiesengrund richtete, kaum zu unterscheiden.« (Scheible, Adorno, S. 20) Heinz Paetzold zog den zitierten Aphorismus für die Rekonstruktion einer Ästhetik nach ↑Auschwitz heran, weil Adorno darin »psychische Mechanismen« verdeutliche, »die zum späteren Unheil führten« (Paetzold 1989, S. 99). (Vgl. ↑Hektor Rottweiler; ↑Teddie; ↑Nilpferd)

Wittgenstein, Ludwig (1889–1951) Vom Selbstwiderspruch der bestehenden kapitalistischen Ordnung, der sich in der ↑Dialektik der Aufklärung manifestiert, will bürgerliches Denken, der offizielle philosophische ↑Betrieb nichts wissen; alles soll so bleiben, wie es ist. Die Theorie nimmt die Verhältnisse in der Gesellschaft als nun einmal gegebene hin und protokolliert ihre Existenz. Insbesondere Adorno sah darin die Gemeinsamkeit der beiden wichtigen Strömungen der akademischen Philosophie seiner Zeit: der Existenzphilosophie und Fundamentalontologie ↑Martin Heideggers und des Positivismus der analytischen Philosophie und des späteren kritischen Rationalismus, der für Adorno maßgeblich mit dem Namen Wittgensteins und mit dessen ›Tractatus Logico-Philosophicus‹ verbunden war. Der ›Tractatus‹ war indes wohl die einzige Arbeit, die Adorno von Wittgenstein gelesen hatte. Gelegentlich zitierte Adorno in Vorlesungen einzelne Sätze aus dem ›Tractatus‹ und äußerte sich nicht gerade wohlwollend dazu: »Der Spruch Wittgensteins: ›Wovon man nicht sprechen kann, darüber muß man schweigen‹, in dem das positivistische Extrem in den Habitus ehrfürchtig-autoritärer Eigentlichkeit hinüberspiegelt, und der deshalb eine Art intellektueller Massensuggestion ausübt, ist antiphilosophisch schlechthin. Philosophie ließe, wenn irgend, sich definieren als Anstrengung, zu sagen, wovon man nicht sprechen kann; dem Nichtidentischen zum Ausdruck zu helfen, während der Ausdruck es noch immer identifiziert. [↑]Hegel versucht das.« (GS Bd. 5, S. 336) – Die Auseinandersetzung mit der analytischen Philosophie setzt sich in den sechziger Jahren in der Soziologie im so genannten ↑Positivismusstreit fort.

Wohnen im Text, Schreiben im Café Eine Gemeinsamkeit der Texte der beiden kritischen Philosophen Adorno und Benjamin, die sich 1923 kennen gelernt hatten, ist deren fragmentarischer Charakter, der sich dem ↑System verweigernde kritische Gedanke. Das Unterschiedliche wiederum hat zu tun mit der Entstehung der Texte und den ins Schreiben eingehenden Beobachtungen. So schreibt Adorno in den ›Minima Moralia‹ (1945): »In seinem Text richtet der Schriftsteller häuslich sich ein. Wie er mit Papier, Büchern, Bleistiften, Unterlagen, die er von einem Zimmer ins andere schleppt, Unordnung anrichtet, so benimmt er sich in seinen Gedanken. Sie werden ihm zu Möbelstücken, auf denen er sich niederläßt, wohlfühlt, ärgerlich wird. Er streichelt sie zärtlich, nutzt sie ab, bringt sie durcheinander, stellt sie um, verwüstet sie. Wer keine Heimat mehr hat, dem wird wohl das Schreiben zum Wohnen.« (GS Bd. 4, S. 98) – Adorno bevorzugt beim Schreiben die Sicherheit des ↑Elfenbeinturms.

Hingegen schreibt Benjamin, der philosophierende Flaneur und Theoretiker der urbanen Praxis, in der ›Einbahnstraße‹ (1928): »Der Autor legt den Gedanken auf den Marmortisch des Cafés. Lange Betrachtung: denn er benutzt die Zeit, da noch das Glas – die Linse, unter der er den Patienten vornimmt – nicht vor ihm steht. Dann packt er sein Besteck allmählich aus: Füllfederhalter, Bleistift und Pfeife. Die Menge der Gäste macht, amphitheatralisch angeordnet, sein klinisches Publikum. Kaffee, vorsorglich eingefüllt und ebenso genossen, setzt den Gedanken unter Chloroform. Worauf er sinnt, hat mit der Sache selbst nicht mehr zu tun, als der Traum des Narkotisierten mit dem chirurgischen Eingriff. In den behutsamen Lineamenten der Handschrift wird zugeschnitten, der Operateur verlagert im Innern Akzente, brennt Wucherungen der Worte heraus und schiebt als silberne Rippe ein Fremdwort ein. Endlich näht ihm mit feinen Stichen Interpunktion das Ganze zusammen und er entlohnt den Kellner, seinen Assistenten, in bar.« (BGS Bd. IV·1, S. 131)

Z

Zärtlichkeit »Mütterlich fährt Mahlers Musik denen, welchen sie sich zuwendet, über die Haare.« (GS Bd. 13, S. 177) Diese Zärtlichkeit ist aber weniger eine, die sich in idyllischer Harmonie abspielt, sondern dürfte eher das beruhigende Streicheln sein, mit der die Mutter ihr Kind in größter Gefahr zu schützen versucht. Spätestens seit Hitler den Mädchen und Jungen lächelnd übers Haar fuhr, wird selbst noch die Zärtlichkeit von der ↑›Dialektik der Aufklärung‹ eingeholt: »Das lässige Streicheln über Kinderhaar und Tierfell heißt: die Hand hier kann vernichten.« (GS Bd. 3, S. 291) Dennoch oder gerade deshalb bleibt Zärtlichkeit der Ausdruck von Menschlichkeit, von ↑Liebe: »Zärtlichkeit ist der Psychoanalyse zufolge die Reaktionsbildung auf den barbarischen Sadismus, aber sie wurde zum Modell von Humanität.« (GS Bd. 5, S. 47)

Für die kritische Theorie der ↑Utopie gilt grundsätzlich: »Zart wäre einzig das Gröbste: daß keiner mehr hungern soll.« (GS Bd. 4, S. 178)

Zum Ende Die letzte Reflexion in den ›Minima Moralia‹ steht unter der Überschrift »Zum Ende«. Hier heißt es: »Philosophie, wie sie im Angesicht der [↑] Verzweiflung einzig noch zu verantworten ist, wäre der Versuch, alle Dinge zu betrachten, wie sie vom Standpunkt der Erlösung aus sich darstellten. Erkenntnis hat kein Licht, als das von der Erlösung her auf die Welt: alles andere erschöpft sich in der Nachkonstruktion und bleibt ein Stück Technik.« (GS Bd. 4, S. 283; ↑Utopie; ↑Kritische Theorie; ↑Dialektik)

Eine Philosophie, die vom Standpunkt der Erlösung aus argumentiert – nicht zu verwechseln mit der ↑Standpunktphilosophie –, trifft keine Zukunftsprognose, keine Vorhersage, wie sie dem Judentum wie auch der materialistischen Theorie versagt ist; sie berührt das Problem der ↑Utopie, des ↑Bilderverbots. »Zum Ende« ist eine Reminiszenz an ↑Benjamins Thesen ›Über den Begriff der Geschichte‹. Benjamin hat dort im Sinne einer negativen ↑Universalgeschichte die Idee der Erlösung vom Fortschritt entkoppelt; Erlösung muss jederzeit möglich sein, »jede Sekunde [ist] die kleine Pforte [...], durch die der Messias eintreten kann« (BGS Bd. I·2, 704). Zum Standpunkt der Erlösung gehört, dass der Messias »nicht mit Gewalt die Welt verändern wolle, sondern nur um ein Geringes sie zurecht stellen werde« (BGS Bd. II·2, S. 432).

Zusatz: Dass Adorno für diese Reflexion die Überschrift »Zum Ende« wählte, kann auch als Anspielung auf eine Stelle bei Kafka zu lesen sein: »Der Messias wird erst kommen, wenn er nicht mehr nötig sein wird. Er wird erst einen Tag nach seiner Ankunft kommen, er wird nicht am letzten Tag kommen, sondern am allerletzten.« (Kafka 1953, S. 90)

Zwergobst »Zweite Lese«, »Monogramme« oder »Zwergobst« lauten die Überschriften, unter denen in den ›Minima Moralia‹ kurze, prägnante Aphorismen, die zum Teil aus nur einem Satz bestehen, versammelt sind. »Zwergobst« sind die Früchte niedriger, durch starkes Schneiden zurechtgestutzter Obstbäume. Ähnlich geht Adorno in diesen konzentrierten Reflexionen mit Sprache um: »Keine Verbesserung ist zu klein oder geringfügig, als daß man sie nicht durchführen sollte.« Und »Nie darf man kleinlich sein beim Streichen«, denn es sammelt sich »Abfall und Bodenramsch«. Mit »äußerster Wachsamkeit« muss man dem »Nachlassen der gedanklichen Spannkraft begegnen und alles eliminieren, was als Kruste der Arbeit sich ansetzt«. Schließlich »soll man die beste Formulierung auswählen und an ihr weiterarbeiten« (GS Bd. 4, S. 95ff.). Überall in den Schriften Adornos finden sich solche wie Obst veredelten Sätze, die man seinen liebsten Feinden als Aphorismen ins Poesiealbum des »falschen Lebens« schreiben könnte:
»Normal ist der Tod.« (GS Bd. 4, S. 62)
»Alle [↑] Verdinglichung ist ein Vergessen.« (AB, S. 417)
»Weil die Sprache die Scham verlernt hat, versagt sie sich der Trauer.« (GS Bd. 20·2, S. 571)
»Der durch seine Gesundheit erkrankte Menschenverstand.« (GS Bd. 6, S. 295)
»Langeweile ist objektive [↑] Verzweiflung.« (GS Bd. 10·2, S. 650)
»Falsche [↑] Praxis ist keine.« (GS Bd. 10·2, S. 766)
»[↑] Aktionismus ist regressiv.« (GS Bd. 10·2, S. 776)
»Daß die Kultur bis heute mißlang, ist keine Rechtfertigung dafür, ihr Mißlingen zu befördern.« (GS Bd. 4, S. 49)
»Das lax Gesagte ist schlecht gedacht.« (GS Bd. 6, S. 29)
Eine ganze Reihe von Adornos prägnanten Sätzen ließen sich besonderen Anlässen zuordnen:
Für Verliebte und solche, denen die ↑Liebe verwehrt wird: »Geliebt wirst du einzig, wo du schwach dich zeigen darfst, ohne Stärke zu provozieren.« (GS Bd. 4, S. 218)
Für Studierende im ersten Semester: »Wann immer man die Schriften von Philosophen als Dichtungen zu begreifen trachtete, hat man ihren [↑] Wahrheitsgehalt verfehlt.« (GS Bd. 2, S. 9)
Für Studierende im höheren Semester: »Wahr sind nur die Gedanken, die sich selber nicht verstehen.« (GS Bd. 4, S. 218)

Für Adorno-Liebhaber: »Herr Adorno steht hier und ist wirklich Herr Adorno und hat sich nicht etwa heimlich einen Doppelgänger angeschafft.« (PT Bd. 2, S. 135)
Für Bach-Liebhaber: »Sie genießen die Ordnung seiner Musik, weil sie sich unterordnen dürfen.« (GS Bd. 10·1, S. 138)
Dem Mann gilt als Rat, er »soll vorsichtig sein. Sonst kann es ihm passieren, daß das süße Mädel sauer wird, wozu es allen Grund hätte [...].« (GS Bd. 18, S. 789)
Gegen den Mann heißt es: »Gib den Anspruch deiner Männlichkeit auf, laß dich kastrieren.« (GS Bd. 10·1, S. 133)
An Normale oder sich für normal Haltende, an die Konformisten: »Wahrscheinlich wäre für jeden Bürger der falschen Welt eine richtige unerträglich, er wäre zu beschädigt für sie.« (GS Bd. 6, S. 345)
Für Neurotiker: »Die Paranoia ist der Schatten der Erkenntnis.« (GS Bd. 3, S. 221)
Für den Abend in der Kneipe: »Die Menschen sind immer noch besser als ihre Kultur.« (GS Bd. 4, S. 51)
Wenn's schnell gehen soll: »Das Neue ist das Alte.« (GS Bd. 5, S. 363)
Für alle Zeiten: »Was anders wäre, hat noch nicht begonnen.« (GS Bd. 6, S. 148)
Für Spaßbremsen: »Fun ist ein Stahlbad.« (GS Bd. 3, S. 162)
Siehe auch:
»Bei vielen Menschen ist es bereits eine Unverschämtheit, wenn sie Ich sagen.« (GS Bd. 4, S. 55), ↑Ich; ↑»Das Ganze ist das Unwahre.« (GS Bd. 4, S. 55)

Zwitschern Auch die Schönheit der singenden Vögel ist, so Adorno, bereits ↑Verdinglichung: Was uns als hübscher, fröhlicher Gesang der Natur erscheint, ist Lüge; tatsächlich zwitschern die Vögel nicht fröhlich vor sich hin, sondern singen, weil sie ihr Revier verteidigen oder weil sie einsam in ihrem Käfig hocken und ihnen langweilig ist. ↑Angst, Konkurrenz und Einsamkeit – das steckt als Wahrheit hinter jeder Melodie, an der wir Menschen uns heute erfreuen. In der Freude am Gezwitscher der Vögel offenbart sich das zivilisatorische Herrschaftsverhältnis des Menschen zur ↑Natur.
Zusatz: Von Paul Klee, den Adorno als Maler schätzte, gibt es eine

Zeichnung mit dem Titel ›Zwitschermaschine‹: Ein kleiner Vogel sitzt auf einem Gestell, wohl einer Antenne. Ähnlich kann man sich die Jazzmaschine vorstellen, die, nach Adorno und Horkheimer, ewig stampft (vgl. GS Bd. 3, S. 171). In Adornos und ↑Eislers ›Komposition für den Film‹ heißt es: »Für Flötenmelodien, die den Ruf eines Vogels ins Schemabereich runder Nonenakkorde zwingen, ist unter keinen Umständen Raum.« (GS Bd. 15, S. 23)

Zwölftonmusik »Zwölftonmusik heißt nicht: ein Komponierrezept, mit dem Rechenschieber einzulösen. Sondern: *Vorformung* des Materials, das früher durch Tonalität vorgeformt war, durch *Konstruktion*« (GS Bd. 18, S. 397), schreibt Adorno 1934 über Arnold Schönberg (1874–1951).

Das tonale System, auf dem die neuzeitliche europäische Kunstmusik ebenso basiert wie die gängigen Varianten der populären Musik, von den Volksliedern bis zum Rock, Pop und Techno, besteht aus sieben Tönen (c – d – e – f – g – a – h) sowie deren Verminderungen und Erhöhungen um jeweils einen Halbtonschritt. Eine Tonart, die mit einem Leitton das Gerüst für ein musikalisches Arrangement hergibt, wird in der Regel aus Tonfolgen gebildet, die sich in einem bestimmten harmonischen Verhältnis von Ganz- und Halbtonabständen befinden (außereuropäische Musik kennt etwa den Vierteltonschritt). Die Musik orientiert sich an dem Leitton beziehungsweise wird immer wieder auf ihn zurückgeführt.

In ästhetischer Hinsicht kommt dem Leitton und der Tonart also eine gewisse präskriptive Kraft zu. Je weniger harmonische Spannungen oder Tonartenwechsel in der Musik auftauchen, desto vertrauter klingt sie. Für Adorno ist das eine der Ursachen für die Stereotype und den Schematismus der von ihm gescholtenen ›leichten Musik‹, der Schlagermusik. Solche Musik ist einfach wiederzuerkennen und irritiert die Hörgewohnheiten nicht; die ästhetische Erfahrung dient hier im Wesentlichen der Unterhaltung, sie regt nur bedingt zur ästhetischen Reflexion und damit kaum zum Erkenntnisgewinn an.

Dieses Prinzip der Tonalität wird nun in der musikalischen Moderne, hörbar schon in der Spätromantik, aufgebrochen. Leittöne und feste Tonarten verlieren an präskriptiver Kraft, und die Kompositionen klingen zunehmend dissonanter. Charakteristisch ist etwa der so genannte Tristanakkord Richard Wagners, bei dem zwölf Töne auf einmal erklingen. Die Vertreter der Wiener Schule, namentlich ↑Arnold Schönberg, Anton Webern und ↑Alban Berg, überwinden die leittonalen Prinzipien. Ihre Musik ist stattdessen von einer »freien Atonalität« bestimmt, also von einem Komponieren, bei dem alle Töne gleichberechtigt sind. Grob gesagt: Um jeden Verdacht zu vermeiden, dass es einen Leitton gibt, darf ein Ton erst wieder verwendet werden, wenn alle anderen erklungen sind. Zudem werden die Intervalle vermieden, die für das leittonale Prinzip typisch waren (Terzen, Quarten, Quinten). Die Musik klingt »schräg«, »falsch«, disharmonisch.

Für Adorno bedeutet dies zweierlei: Einerseits verkörpert diese Musik durch die Gleichberechtigung der Töne das Ideal einer freien Gesellschaft, andererseits verdeutlichen die Dissonanzen auch die bestehenden Verhältnisse und kritisieren damit gleichzeitig deren Widersprüchlichkeit. Dialektisch ist diese Musik darüber hinaus insofern, als dass die Utopie einer freien Gesellschaft nur negativ, als unvollständige, und niemals als harmonische, vollendete darstellbar ist. Adorno hat selbst einige ↑Kompositionen nach dem Prinzip der freien Atonalität geschrieben.

Paradoxerweise wurden nun sehr strenge Kompositionsregeln eingeführt, um die freie Atonalität, die formale Gleichberechtigung der Töne, zu gewährleisten. Diese Regeln haben viel mit der barocken Fugentechnik gemein und heißen Reihe, Krebs oder Umkehrung; sie beschreiben kompositorische Figuren. Dies ist die Zwölftontechnik im engeren Sinne. Gerade wegen ihrer strengen, mathematischen Verfahren hat Adorno später in der ›Philosophie der neuen Musik‹ die Zwölftonmusik kritisiert, obgleich sie ihm als adäquater künstlerischer Ausdruck der gesellschaftlichen Bedingungen galt: »Das Mißlingen des technischen Kunstwerks läßt an allen Dimensionen des Komponierens sich bezeichnen. Die Fesselung der Musik vermöge ihrer Entfesselung zur schrankenlosen Herrschaft übers Naturmaterial ist universal. Das erweist sich vorweg an der Definition der Grundtonreihe durch die zwölf Töne der chromatischen Skala. Es ist nicht einzusehen, warum eine jede solche Grundgestalt alle zwölf Töne, ohne einen auszulassen, enthalten soll und nur die zwölf Töne, ohne einen öfters zu bringen.« (GS Bd. 12, S. 71f.)
Adorno hat in zahlreichen Schriften, Aufsätzen und Vorträgen

zu der Problematik der Zwölftonmusik Stellung bezogen, neben der ›Philosophie der neuen Musik‹, die als »ausgeführter Exkurs zur ↑›Dialektik der Aufklärung‹ genommen werden« möchte (GS Bd. 12, S. 11), vor allem in der musikalischen Monografie über seinen Kompositionslehrer ↑Alban Berg: ›Alban Berg. Der Meister des kleinsten Übergangs‹ (GS Bd. 13).

Die Zwölftontechnik begründete die ↑Neue Musik. Von ihr wurden nicht nur Komponisten wie John Cage (↑Verfransung der Künste) oder Pierre Boulez (↑Adorno-Preis) beeinflusst, sondern auch die ↑Filmmusik erhielt viele wichtige Impulse. Schönberg, der wie Adorno in die USA emigrierte – er lebte ab 1934 in Los Angeles –, unterrichtete in Hollywood Komposition. Seine Musik eignete sich durchaus, um dramatische Filmszenen – Verfolgungsjagden, bedrohliche Situationen – musikalisch zu untermalen. Ausgerechnet die Zwölftontechnik wurde also für musikalische Stereotypien verwendet. Adorno hat daran in dem zusammen mit dem Komponisten ↑Hanns Eisler verfassten Buch ›Komposition für den Film‹ Kritik geübt: Wirkliche »radikale Neuerungen« seien dabei »aus kommerzieller Rücksicht weithin ausgeschlossen«, die Verwendung von atonalen Elementen im Film verliefe nach dem Prinzip: »modern, aber nicht zu sehr«. Die Folge: eine »kunstgewerbliche, pseudo-moderne Routine« (GS Bd. 15, S. 49).

Schönberg soll im Übrigen über Adorno gesagt haben: »Ich habe ihn ja nie leiden können.« (Zit. nach Scheible 1989, S. 152)

Zwutsch Folgende Geschichte hielt Adorno um 1930 fest: In ↑Wien habe ihn eine junge »Dame«, die »sich auskannte«, ein Stück durch die Stadt geführt und ihm den Weg gezeigt. Sie war im Café Herrenhof mit einer Freundin verabredet: »Die Freundin hatte lange spitze Hände, eine klagende Stimme und hieß Elsie. Nachdem wir den süßen und gewichtigen weißen Kaffee getrunken, beschlossen zögernd die beiden Mädchen, es sei gut, mir mehr noch von der Stadt zu zeigen.« (GS Bd. 20·2, S. 536) Es ist von Adorno nicht bekannt, dass er sich jemals irgendwelchen exzessiven Abenteuern hingegeben hätte; Ausschweifungen welcher Art auch immer scheinen unvorstellbar. Man wünscht ihm beinahe, dass er wenigstens mit den beiden ↑Mädchen einen ↑zwitschern war ...

Literatur

1. Siglen

GS (mit Bandangabe; arabische Zahlen): Adorno, Theodor Wiesengrund, Gesammelte Schriften in zwanzig Bänden, hrsg. von Tiedemann, Rolf unter Mitwirkung von Adorno, Gretel; Buck-Morss, Susan und Schultz, Klaus. Frankfurt am Main 1997.

AB: Adorno, Theodor Wiesengrund, Briefe und Briefwechsel, Bd. 1. Briefwechsel 1928-1940. Theodor W. Adorno und Walter Benjamin, hrsg. von Lonitz, Henri. Frankfurt am Main 1994.

OD: Adorno, Theodor Wiesengrund, Ontologie und Dialektik. Nachgelassene Schriften, Abt. IV: Vorlesungen Bd. 7, hrsg. von Theodor-W.-Adorno-Archiv und Tiedemann, Rolf. Frankfurt am Main 2002.

PS: Adorno, Theodor Wiesengrund et al., Der Positivismusstreit in der deutschen Soziologie. Darmstadt und Neuwied 1972.

PT Bd. 1: Adorno, Theodor Wiesengrund, Philosophische Terminologie Bd. 1. Frankfurt am Main 1973.

PT Bd. 2: Adorno, Theodor Wiesengrund, Philosophische Terminologie Bd. 2. Frankfurt am Main 1974.

Beethoven: Theodor W. Adorno, Beethoven. Philosophie der Musik. Nachgelassene Schriften, Abt. I, Bd. 1, hrsg. von Theodor-W.-Adorno-Archiv und Tiedemann, Rolf. Frankfurt am Main 1993.

Berg: Adorno, Theodor Wiesengrund und Berg, Alban, Briefwechsel 1925-1935, hrsg. von Theodor- W.-Adorno-Archiv und Lonitz, Henri (Briefe und Briefwechsel Bd. 2). Frankfurt am Main 1997.

Blätter: Frankfurter Adorno Blätter III, hrsg. vom Theodor-W.-Adorno-Archiv. Frankfurt am Main 1994.

Exkurse: Institut für Sozialforschung, Soziologische Exkurse. Nach Vorträgen und Diskussionen (Adorno, Theodor Wiesengrund und Horkheimer, Max). Hamburg 1991.

Reproduktion: Adorno, Theodor Wiesengrund, Zu einer Theorie der musikalischen Reproduktion. Nachgelassene Schriften, Abt. 1: Fragment gebliebene Schriften, Band 2, hrsg. von Lonitz, Henri. Frankfurt am Main 2001.

Soziologie: Adorno, Theodor Wiesengrund, Einleitung in die Soziologie. Nachgelassene Schriften, Abt. IV, Bd. 16, hrsg. von Theodor-W.-Adorno-Archiv und Gödde, Christoph. Frankfurt am Main 1993.

Studien: Adorno, Theodor Wiesengrund et al., Studien zum autoritären Charakter. Aus dem Amerikanischen von Weinbrenner, Willi mit einer Vorrede von Ludwig Friedeburg. Frankfurt am Main 1982.

BGS (mit Bandangabe): Benjamin, Walter, Gesammelte Schriften, hrsg. von Tiedemann, Rolf und Schweppenhäuser, Hermann. Frankfurt am Main 1991.

HGS (mit Bandangabe): Horkheimer, Max, Gesammelte Schriften, hrsg. von Schmid Noerr, Gunzelin und Schmidt, Alfred. Frankfurt am Main 1985ff.

MEW (mit Bandangabe): Marx, Karl und Engels, Friedrich, Marx-Engels-Werke, hrsg. vom ZK der SED. Berlin 1957ff.

2. Weitere Schriften Adornos (nach Erscheinungsjahr geordnet)

Adorno, Theodor Wiesengrund, Zur gesellschaftlichen Lage der Musik. In: Zeitschrift für Sozialforschung (Reprint München 1980), Jg. 1 (1932), Teil I: S. 103–124, Teil II: S. 356–378.

Adorno, Theodor Wiesengrund, Über den Fetischcharakter in der Musik und die Regression des Hörens. In: Zeitschrift für Sozialforschung (Reprint München 1980), Jg. 7 (1938), S. 321–356.

Adorno, Theodor Wiesengrund, Fragmente über Wagner. In: Zeitschrift für Sozialforschung (Reprint München 1980), Jg. 8 (1939/40), S. 1–49.

Adorno, Theodor Wiesengrund, On Popular Music. In: Zeitschrift für Sozialforschung (Reprint München 1980), Jg. 9 (1941), S. 17–48.

Adorno, Theodor Wiesengrund, Im Gespräch mit Peter von Haselberg. Über die geschichtliche Angemessenheit des Bewusstseins. In: Akzente, 12. Jg., Nr. 6, Juni 1965, S. 487–497.

Adorno, Theodor Wiesengrund, Erziehung zur Mündigkeit. Vorträge und Gespräche mit Hellmut Becker 1959–1969, hrsg. von Kadelbach, Gerd. Frankfurt am Main 1971.

Adorno, Theodor Wiesengrund und Křenek, Ernst, Briefwechsel, hrsg. von Henri Lonitz. Franfurt am Main 1974.

Adorno, Theodor Wiesengrund, Der Schatz des Indianer-Joe. Singspiel nach Mark Twain, hrsg. und mit einem Nachwort versehen von Rolf Tiedemann. Frankfurt am Main 1979.

Adorno, Theodor Wiesengrund, Kompositionen. Zwei Bände, hrsg. von Metzger, Heinz-Klaus und Riehn, Rainer. Band 1: Lieder für Singstimme und Klavier, München 1980; Band 2: Kammermusik, Chöre, Orchestrales. München 1980.

Adorno, Theodor Wiesengrund und Bloch, Ernst, Etwas fehlt. Über die Widersprüche der utopischen Sehnsucht. In: Bloch, Ernst, Tendenz –

Latenz – Utopie. Werkausgabe Ergänzungsband. Frankfurt am Main 1985, S. 350–368.

Adorno, Theodor Wiesengrund, Über Walter Benjamin. Aufsätze, Artikel, Briefe, hrsg. und mit Anm. versehen von Tiedemann, Rolf (revidierte u. erw. Ausgabe). Frankfurt am Main 1990.

Adorno, Theodor Wiesengrund; Horkheimer, Max, Soziologische Exkurse. Hamburg 1991.

Adorno, Theodor Wiesengrund; Sohn-Rethel, Alfred, Briefwechsel 1936–1969, hrsg. von Gödde, Christoph. München 1991.

Adorno, Theodor Wiesengrund, Aus einem Schulheft ohne Deckel. Bar Harbor, Sommer 1939. In: Frankfurter Adorno Blätter IV, hrsg. vom Theodor-W.-Adorno-Archiv. München 1995.

Adorno, Theodor Wiesengrund; Eisler, Hans, Komposition für den Film. Hamburg 1996.

Adorno, Theodor Wiesengrund, Metaphysik. Begriff und Probleme (1965). Nachgelassene Schriften, Abt. IV: Vorlesungen, Bd. 14, hrsg. von Theodor-W.-Adorno-Archiv und Tiedemann, Rolf. Frankfurt am Main 1998.

Adorno, Theodor Wiesengrund, Zur Lehre von der Geschichte und von der Freiheit (1964/65). Nachgelassene Schriften, Abt. IV: Vorlesungen, Bd. 13, hrsg. von Theodor-W.-Adorno-Archiv und Tiedemann, Rolf. Frankfurt am Main 2001.

3. Weitere Literatur

Anders, Günther, Günther Anders antwortet. Interviews & Erklärungen. Hrsg. v. Elke Schubert. Mit einem einleitenden Essay von Hans-Martin Lohmann. Berlin 1987.

Anders, Günther, Stenogramme. München 1993.

Auer, Dirk; Bonhacker, Thorsten und Müller-Doohm, Stefan (Hrsg.), Die Gesellschaftstheorie Adornos. Themen und Grundbegriffe. Darmstadt 1998.

Behrens, Roger, Pop Kultur Industrie. Zur Philosophie der populären Musik. Würzburg 1996.

Behrens, Roger, Ton Klang Gewalt. Texte zu Musik, Gesellschaft und Subkultur. Mainz 1998.

Bloch, Ernst, Das Prinzip Hoffnung. Drei Bände. Frankfurt am Main 1973.

Borkenau, Franz, Zur Soziologie des mechanistischen Weltbildes. In: Zeitschrift für Sozialforschung (Reprint München 1980), Jg. 1 (1932), S. 311 ff.

Dawydow, Juri, Die sich selbst negierende Dialektik. Kritik der Musiktheorie Theodor Adornos. Frankfurt am Main 1971.

Debord, Guy, Die Gesellschaft des Spektakels. Hamburg 1978.
Deck, Jan; Dellmann, Sarah; Loick, Daniel; Müller, Johanna, Ich schau Dir in die Augen, gesellschaftlicher Verblendungszusammenhang. Texte zu Subjektkonstitution und Ideologieproduktion. Mainz 2002.
Demirović, Alex, Der nonkonformistische Intellektuelle. Die Entwicklung der Kritischen Theorie zur Frankfurter Schule. Frankfurt am Main 1999.
Derrida, Jacques, Die Sprache des Fremden und das Räubern am Wege. In: Le Monde diplomatique. Berlin Januar 2002, S. 12 ff.
Eco, Umberto, Apokalyptiker und Integrierte. Zur kritischen Kritik der Massenkultur. Frankfurt am Main 1986.
Eichel, Christine, Vom Ermatten der Avantgarde zur Verfransung der Künste. Frankfurt am Main 1993.
Fiske, John, Lesarten des Populären. Aus dem Englischen von Lutter, Christina; Reisenleitner, Markus und Erdei, Stefan. Wien 2000.
Freud, Sigmund, Das Unbehagen in der Kultur. In: Studienausgabe Band IX (Fragen der Gesellschaft – Ursprünge der Religion). Frankfurt am Main 2000, S. 191–270.
von Friedeburg, Ludwig; Habermas, Jürgen (Hrsg.), Adorno-Konferenz 1983. Frankfurt am Main 1983.
Frith, Simon, Jugendkultur und Rockmusik. Soziologie der englischen Musikszene. Aus dem Englischen von Harbort, Hans-Hinrich. Reinbek 1981.
Fromm, Erich, Arbeiter und Angestellte am Vorabend des Dritten Reiches. Eine sozialpsychologische Untersuchung. Bearbeitet und hrsg. von Bonß, Wolfgang. München 1983.
Habermas, Jürgen, Der philosophische Diskurs der Moderne. Zwölf Vorlesungen. Frankfurt am Main 1985.
Habermas, Jürgen, Philosophisch-politische Profile. Erweiterte Ausgabe. Frankfurt am Main 1987.
Hager, Frithjof; Pfütze, Hermann (Hrsg.), Das unerhört Moderne. Berliner Adorno-Tagung. Lüneburg 1990.
Hegel, Georg Wilhelm Friedrich, Werke. Auf der Grundlage der Werke von 1832–1845, neu ed. Ausgabe [Red.: Moldenhauer, Eva; Michel, Karl Markus]. Frankfurt am Main 1970.
Heidegger, Martin, Sein und Zeit. Tübingen 1986.
Holert, Tom; Terkessidis, Mark (Hrsg.), Mainstream der Minderheiten. Pop in der Kontrollgesellschaft. Berlin 1996.
Holtmeier, Ludwig, Schönbergs Berliner Schule. In: Musik & Ästhetik, 2. Jg. (Stuttgart 1998), Heft 5, S. 5–25.
Honneth, Axel, Kritik der Macht. Reflexionsstufen einer kritischen Gesellschaftstheorie. Frankfurt am Main 1989.

Honneth, Axel, Das Andere der Gerechtigkeit. Aufsätze zur praktischen Philosophie. Frankfurt am Main 2000.

Horkheimer, Max, Autorität und Familie (1935/36), ohne Jahr u. Ort [Raubdruck].

Horkheimer, Max, Traditionelle und kritische Theorie. In: Zeitschrift für Sozialforschung, Jg. 6 (1937). München 1980 (Reprint), S. 245-294.

Horkheimer, Max, Gesellschaft im Übergang. Aufsätze, Reden und Vorträge 1942-1970. Frankfurt am Main 1981.

Horkheimer, Max, Zur Kritik der instrumentellen Vernunft. Frankfurt am Main 1985.

Huyssen, Andreas; Scherpe, Klaus R. (Hrsg.), Postmoderne. Zeichen eines kulturellen Wandels. Reinbek 1986.

Jameson, Fredric, Postmoderne – zur Logik der Kultur im Spätkapitalismus, in: Huyssen, Andreas; Scherpe, Klaus R. (Hrsg.), Postmoderne. Zeichen eines kulturellen Wandels. Reinbek 1986, S. 45-102.

Jameson, Fredric, Spätmarxismus. Adorno oder Die Beharrlichkeit der Dialektik. Aus dem Amerikanischen von Haupt, Michael. Hamburg und Berlin 1991.

Jameson, Fredric, Lust und Schrecken der unaufhörlichen Verwandlung aller Dinge: Brecht und die Zukunft. Aus dem Amerikanischen von Pelzer, Jürgen. Hamburg und Berlin 1998.

Jay, Martin, Adorno. Cambridge (Mass.) 1984.

Jay, Martin, Dialektische Phantasie. Die Geschichte der Frankfurter Schule und das Instituts für Sozialforschung 1923-1950. Aus dem Amerikanischen von Herkommer, Hanne und Greiff, Bodo. Frankfurt am Main 1985.

Jay, Martin, Force Fields. Between Intellectual History and Cultural Critique. New York und London 1993.

Johannes, Rolf, Das ausgesparte Zentrum. Adornos Verhältnis zur Ökonomie. In: Schweppenhäuser, Gerhard (Hrsg.), Soziologie im Spätkapitalismus. Zur Gesellschaftstheorie Theodor W. Adornos. Darmstadt 1995, S. 41-67.

John, Eckhard, Musikbolschewismus. Die Politisierung der Musik in Deutschland 1918-1938. Stuttgart und Weimar 1994.

Kafka, Franz, Hochzeitsvorbereitungen auf dem Lande. Frankfurt am Main 1953.

Klaus, Georg; Buhr, Manfred (Hrsg.), Marxistisch-Leninistisches Wörterbuch der Philosophie. Reinbek 1983.

Klein, Gabriele, Electronic Vibration. Pop Kultur Theorie. Hamburg 1999.

Klein, Richard; Mahnkopf, Claus-Steffen (Hrsg.), Mit den Ohren denken. Adornos Philosophie der Musik. Frankfurt am Main 1998.

Kluge, Alexander, Neue Geschichten. Hefte 1-18, Unheimlichkeit der Zeit. Frankfurt am Main 1977.

Kluge, Alexander, Chronik der Gefühle. Zwei Bände. Frankfurt am Main 2000.

Kluge, Alexander; Negt, Oskar, Öffentlichkeit und Erfahrung. Zur Organisationsanalyse von bürgerlicher und proletarischer Öffentlichkeit. Frankfurt am Main 1972.

Kneif, Tibor, Rockmusik. Ein Handbuch zum kritischen Verständnis. Hamburg 1982.

Kraushaar, Wolfgang, Frankfurter Schule und Studentenbewegung. Von der Flaschenpost zum Molotowcocktail 1946 bis 1995. Drei Bände. Hamburg 1998.

Löwenthal, Leo, Mitmachen wollte ich nie. Ein autobiografisches Gespräch mit Helmut Dubiel. Frankfurt am Main 1980.

Löwenthal, Leo, Judaica · Vorträge · Briefe, Schriften Bd. 4, hrsg. von Dubiel, Helmut. Frankfurt am Main 1990.

Maase, Kasper, Grenzenloses Vergnügen. Der Aufstieg der Massenkultur 1850-1970. Frankfurt am Main 1997.

Mahnkopf, Claus-Steffen, Kritik der neuen Musik. Entwurf einer Musik des 21. Jahrhunderts. Kassel, Basel et al. 1998.

Marcus, Greil, Lipstick Traces. A Secret History of the Twentieth Century. Cambridge (Mass.) 1990.

Marcuse, Herbert, Reflexion zu Theodor W. Adorno – Aus einem Gespräch mit Michaela Seiffe. In: Schweppenhäuser, Hermann (Hrsg.), Theodor W. Adorno zum Gedächtnis. Frankfurt am Main 1971.

Marcuse, Herbert, Der eindimensionale Mensch. Studien zur Ideologie der fortgeschrittenen Industriegesellschaft. Darmstadt und Neuwied 1979.

Marcuse, Herbert, Feindanalysen. Über die Deutschen, hrsg. von Peter-Erwin Jansen und mit einer Einleitung von Detlev Claussen. Lüneburg 1998.

Müller-Doohm, Stefan, Die Soziologie Theodor W. Adornos. Eine Einführung. Frankfurt am Main und New York 1996.

Naeher, Jürgen (Hrsg.), Die Negative Dialektik Adornos. Opladen 1984.

Nieswandt, Hans, plus minus acht. DJ Tage. DJ Nächte. Köln 2002.

Paetzold, Heinz, Profile der Kunst. Der Status von Kunst und Architektur in der Postmoderne. Wien 1989.

Plessner, Monika, Die Argonauten auf Long Island. Begegnungen mit Hannah Arendt, Theodor W. Adorno, Gershom Scholem und anderen. Berlin 1995.

Pohl, Friedrich-Wilhelm, Positivität kritischer Theorie? In: Schweppenhäuser, Gerhard und Löbig, Michael (Hrsg.), Hamburger Adorno-Symposium. Lüneburg 1984, S. 57-66.

Pohrt, Wolfgang, [Autoritätsgebundener Charakter BRD 1990]. In: konkret, (1990), Heft 5ff. Vgl. vor allem: Der Weg zur inneren Einheit. konkret (1990), Heft 5, S. 39-41.

Poschardt, Ulf, Über Sportwagen. Berlin 2002.

Prieberg, Fred K., Musik im NS-Staat. Frankfurt am Main 1982.

Prokop, Dieter, Der Kampf um die Medien. Das Geschichtsbuch der neuen kritischen Medienforschung. Hamburg 2001.

van Reijen, Willem; Schmid Noerr, Gunzelin (Hrsg.), Grand Hotel Abgrund. Eine Photobiographie der Frankfurter Schule. Erweiterte und überarbeitete Neuausgabe. Hamburg 1990.

Roth, Jürgen, Kultur? Betrieb! Essays und Polemiken zu Literatur und Geistesleben. Münster 1999.

Sandner, Wolfgang (Hrsg.), Rockmusik. Aspekte zur Geschichte, Ästhetik, Produktion. Mainz 1977.

Sandner, Wolfgang, Popularmusik als somatisches Stimulans. Adornos Kritik der ›leichten Musik‹, in: Kolleritsch, Otto (Hrsg.), Adorno und die Musik. Graz 1979.

Schädler, Stefan, Drei ungleiche Versuche zur Ästhetik. In: Jungheinrich, Hans-Klaus (Hrsg.), Nicht versöhnt. Musikästhetik nach Adorno. Kassel 1987.

Scheible, Hartmut, Theodor W. Adorno. Mit Selbstzeugnissen und Bilddokumenten. Reinbek 1999.

Schmidt, Alfred, Adorno – Ein Philosoph des realen Humanismus. In: Neue Rundschau, Jg. 80 (Frankfurt am Main 1969), Heft 4, S. 654 bis 673.

Scholz, Roswitha, Das Geschlecht des Kapitalismus. Feministische Theorien und die postmoderne Metamorphose des Patriarchats. Bad Honnef 2000.

Schwanitz, Dietrich, Bildung. Alles, was man wissen muss. München 2002.

Schweppenhäuser, Gerhard; Löbig, Michael (Hrsg.), Hamburger Adorno-Symposium. Lüneburg 1984.

Schweppenhäuser, Gerhard, Ethik nach Auschwitz. Adornos negative Moralphilosophie. Hamburg und Berlin 1993.

Schweppenhäuser, Gerhard, Theodor W. Adorno zur Einführung. Hamburg 2000 (2., verbesserte Auflage).

Schweppenhäuser, Gerhard, Am Ende der bürgerlichen Geschichtsphilosophie. In: Erhart, Walter; Jaumann, Herbert (Hrsg.), Jahrhundertbücher. Große Theorien von Freud bis Luhmann. München 2000, S. 184-205.

Shusterman, Richard, Kunst leben. Die Ästhetik des Pragmatismus. Aus dem Amerikanischen von Reiter, Barbara. Frankfurt am Main 1994.

Steinert, Heinz, Adorno in Wien. Über die (Un-)Möglichkeit von Kunst, Kultur und Befreiung. Wien 1989.

Steinert, Heinz, Die Entdeckung der Kulturindustrie. oder: Warum Professor Adorno Jazz-Musik nicht ausstehen konnte. Wien 1992.

Steinert, Heinz, Kulturindustrie (Reihe: Einstiege). Münster 1998.

Thyen, Anke, Negative Dialektik und Erfahrung. Zur Rationalität des Nichtidentischen bei Adorno. Frankfurt am Main 1989.

Tiedemann, Rolf, Gretel Adorno zum Abschied. In: Frankfurter Adorno Blätter III, hrsg. vom Theodor-W.-Adorno-Archiv, Frankfurt am Main 1994, S. 148–151.

Tiedemann, Rolf, »Nicht die Erste Philosophie sondern eine Letzte«. Anmerkungen zum Denken Adornos. In: Tiedemann, Rolf (Hrsg.), Theodor W. Adorno, »Ob nach Auschwitz noch sich leben lasse«. Ein philosophisches Lesebuch. Frankfurt am Main 1996, S. 7–27.

Wellmer, Albrecht, Zur Dialektik von Moderne und Postmoderne. Vernunftkritik nach Adorno. Frankfurt am Main 1985.

Welsch, Wolfgang, Ästhetisches Denken. Stuttgart 1990.

Wiggershaus, Rolf, Die Frankfurter Schule. Geschichte. Theoretische Entwicklung. Politische Bedeutung. München 1986.

Wiggershaus, Rolf, Adorno. München 1987.

Wiggershaus, Rolf, Wittgenstein und Adorno. Essen 2001.